Erinnerungen an die Hohenzollernherrschaft in Franken, etc

Julius Meyer

Erinnerungen an die Hohenzollernherrschaft in Franken, etc.
Meyer, Julius
British Library, Historical Print Editions
British Library
1890
276 p. ; 8??.
10235.g.8.

The BiblioLife Network

This project was made possible in part by the BiblioLife Network (BLN), a project aimed at addressing some of the huge challenges facing book preservationists around the world. The BLN includes libraries, library networks, archives, subject matter experts, online communities and library service providers. We believe every book ever published should be available as a high-quality print reproduction; printed on- demand anywhere in the world. This insures the ongoing accessibility of the content and helps generate sustainable revenue for the libraries and organizations that work to preserve these important materials.

The following book is in the "public domain" and represents an authentic reproduction of the text as printed by the original publisher. While we have attempted to accurately maintain the integrity of the original work, there are sometimes problems with the original book or micro-film from which the books were digitized. This can result in minor errors in reproduction. Possible imperfections include missing and blurred pages, poor pictures, markings and other reproduction issues beyond our control. Because this work is culturally important, we have made it available as part of our commitment to protecting, preserving, and promoting the world's literature.

GUIDE TO FOLD-OUTS, MAPS and OVERSIZED IMAGES

In an online database, page images do not need to conform to the size restrictions found in a printed book. When converting these images back into a printed bound book, the page sizes are standardized in ways that maintain the detail of the original. For large images, such as fold-out maps, the original page image is split into two or more pages.

Guidelines used to determine the split of oversize pages:

- Some images are split vertically; large images require vertical and horizontal splits.
- For horizontal splits, the content is split left to right.
- For vertical splits, the content is split from top to bottom.
- For both vertical and horizontal splits, the image is processed from top left to bottom right.

Die Burg in Nürnberg.

Erinnerungen
an die
Hohenzollernherrschaft
in Franken.

Von
Dr. Julius Meyer.

Mit 20 Abbildungen.

Ansbach.
Druck und Verlag von C. Brügel und Sohn.
1890.

Seiner Majestät

dem Deutschen Kaiser und Könige
von Preußen

Wilhelm II

in tiefster Ehrfurcht gewidmet.

Vorwort.

Überblickt man die vom Burggrafentum Nürnberg ausgegangene Herrschaft der Hohenzollern in Franken, so drängt sich die Wahrnehmung auf, daß zwischen den räumlich weit auseinander gelegenen Ländern, der Mark und den Fränkischen Fürstentümern, schon vor Jahrhunderten eine Verbindung bestand, welche für beide Teile gleich fruchtbringend war. Wie das Stammland in Franken in vielen Dingen Muster und Vorbild für die Bildung des großen preußischen Staatswesens wurde, so waren auch die Einrichtungen in der Mark vielfach von heilsamen Einfluß auf die Fränkischen Lande. Diesen Zusammenhang, diese Wechselwirkung zwischen Süd und Nord in Wort und Bild zur Darstellung zu bringen, ist mit gegenwärtiger Schrift beabsichtigt.

Es wurde die Form von Einzelaufsätzen gewählt, die aber doch ein geschlossenes Ganze darstellen.

Möge die Schrift dazu beitragen, daß das durch Napoleon I. zerrissene Band, welches Jahrhunderte lang zwischen Franken und der Mark zum Vorteil beider Länder bestanden hat und das durch die Einfügung des Frankenlandes mit Bayern in das Deutsche Reich unter Hohenzollern'scher Führung wieder angeknüpft ist, sich immer inniger und herzlicher zum Wohle beider befestige.

Ansbach, Herbst 1890.

Der Verfasser.

Inhalts-Verzeichnis.

	Seite
Das Burggrafentum (mit 1 Abbildung)	1
Die Schwanenordensritter-Kapelle (mit 7 Abbildungen)	7
Sagen und Legenden (mit 2 Abbildungen)	41
Wallfahrten	52
Der Pillenreuther Fischzug und der Kirchweihschutz von Affalterbach	62
Schön Else (mit 1 Abbildung)	78
Das brandenburgische Gestirn (mit 1 Abbildung)	88
Hohenzollerndenkmale in Heilsbronn (mit 2 Abbildungen)	98
Die Fürstengruft bei St. Johannis (mit 1 Abbildung)	134
Das markgräfliche Schloß (mit 1 Abbildung)	153
Ahnengallerie der Hohenzollern im Schlosse	168
Verzeichnis der in der Sammlung des Historischen Vereins für Mittelfranken befindlichen Hohenzollern-Bilder	171
Der letzte Markgraf und sein Hof (mit 3 Abbildungen)	177
Unter preußischer Herrschaft (mit 1 Abbildung)	235

Das Burggrafentum.

Die Burggrafschaft Nürnberg mit den fränkischen Fürstentümern Ansbach-Bayreuth war die Etappe, auf der die Hohenzollern in den Besitz der Mark und zur Kur-, in der Folge zur Königs- ja zur Kaiserwürde gelangten. Von dem Fels der alten Hohenzollernburg in Schwaben über die fränkischen Lande Nürnberg-Ansbach-Bayreuth ging der Flug des Hohenzollern-Aares zur Mark.

Es sind jetzt ungefähr 700 Jahre, daß dem schwäbischen Zollerngrafen Friedrich, der mit einer Tochter des Burggrafen von Nürnberg vermählt war, vom Hohenstaufenkaiser Heinrich VI. mit Rücksicht auf seine dem Kaiserhause geleisteten Dienste die Nachfolge in dem Burggrafenamte verliehen ward, welche Reichswürde alsbald im Zollern-Geschlecht erblich blieb.

Zu dem Amte eines Kaiserlichen Burggrafen gehörte hauptsächlich die Verwaltung der Reichsgüter im Herzogtum Franken, die höchste Gerichtsbarkeit dortselbst an des Kaisers Statt und die oberste Kriegsleitung. Ihre Stellung als Burggrafen von Nürnberg benützten sodann die Hohenzollern, um sich ringsherum eine Hausmacht zu gründen. Es gelang ihnen auch, teils durch Erbschaft, Mitgift und Schenkung, teils durch Kauf, Tausch und Pfandschaft mit der Zeit ein wahrhaft fürstliches Ländergebiet zu erwerben.

Seit der ersten Hälfte des dreizehnten Jahrhunderts war die Grafschaft Abenberg mit der Vogtei über das Kloster Heilsbronn, wo sie ihre Familiengrabstätte hatten, in den Besitz der Hohenzollern gekommen. Im Jahre 1248 kam durch die Meran'sche Erbschaft Bayreuth und die Herrschaft Cadolzburg dazu und blieben diese Besitzungen bis zum Pariser Vertrag von 1806 unter Hohenzollern'scher Herrschaft.

Um ihre vereinzelten Besitzungen zu verbinden, zwischen die freie Reichsstadt Nürnberg und das Bistum Würzburg ihre Herrschaft hineinzuschieben und insbesondere um Heilsbronn, ihre Familien=Grablegstätte, herum möglichste Sicherheit und hinlängliche Gewalt zu erlangen, benützte Burggraf Friedrich IV. die pekuniäre Verlegenheit des Grafen von Oettingen und kaufte von ihm Ansbach mit der Veste Dornberg. Die Kaufsurkunde datiert vom 22. März 1331. Seitdem ist das Gebiet von Ansbach 475 Jahre lang (bis 1806) ununterbrochen im Besitze der Hohenzollern geblieben.

Sehr frühe schon gewannen die Burggrafen von Nürnberg eine so einflußreiche Stellung im Reiche, daß ihre Namen zu den bedeutendsten der deutschen Geschichte ihrer Zeit gerechnet wurden. Rudolf von Habsburg fand in Burggraf Friedrich III. (1260—1297) seinen ergebensten Waffengefährten und vertrautesten Berater. Dieser Burggraf war es vornehmlich, der die Augen der deutschen Fürsten auf Rudolf lenkte und durch klug überredende Worte das meiste zur Wahl des neuen Reichsoberhauptes beitrug. Dafür erlangte er großen Einfluß auf die deutschen Verhältnisse. In der blutigen Entscheidungsschlacht auf dem Marchfelde im August 1278, in der Rudolf seinen Hauptgegner König Ottokar von Böhmen endgültig besiegte, trug Burggraf Friedrich III. das Banner des Reiches beim Sturme auf die feindlichen Scharen.

In seinem Nachfolger und Sohn, Burggraf Friedrich IV. (1297 bis 1332), fand Kaiser Ludwig der Bayer den Siegesgenossen von Mühldorf. Von daher hieß Friedrich „der Retter des Reiches", und willig folgte Ludwig den weisen und bewährten Ratschlägen desselben.

Burggraf Friedrich V. (1358 bis 1396) herrschte bereits über ein fürstenmäßiges Gebiet. Mit ihm beginnt die Reihe jener drei Fürsten aus der älteren Linie der fränkischen Hohenzollern, welche schon damals die Macht und das Ansehen ihrer Herrschaft so gehoben hatten, daß sie zu den ersten nach dem Kaiser gerechnet wurden. Um dem burggräflich hohenzollernschen Hause einen besonderen Beweis seiner Gewogenheit zu geben, erklärte Kaiser Karl IV. im Jahre 1363 auf dem Reichstage zu Nürnberg durch die goldene Bulle, daß die Burggrafen, die schon seit Menschengedenken keinem Fürsten untergeben und ebensolang als Fürstengenossen behandelt worden wären, nunmehr von Jedermann als Reichsfürsten anzuerkennen seien, und daß das Burggrafentum „als ein edles würdiges Glied des heiligen Reiches" alle Vorzüge zu genießen habe, die bisher nur ein Attribut der größeren geschlossenen Fürsten= und Kurfürstentümer bildeten.

Dem Burggrafen Friedrich VI. (1396 bis 1440), dem Gemahl der „schönen Else" von Bayern=Landshut, wurde 1415 vom Kaiser Sigismund wegen seiner vielen Verdienste um das Reich die Mark Brandenburg mit der Kurfürstenwürde verliehen. Seit dieser Zeit nannten sich alle Nachkommen Friedrichs Markgrafen von Brandenburg, auch wenn sie nicht zur Regentschaft der Mark berufen waren, insbesondere auch die fränkischen Fürsten von Ansbach und Bayreuth oder wie ihre Gebiete offiziell genannt wurden: Burggrafschaften oberhalb und unterhalb des Gebirgs. Friedrichs Sohn, der gewaltige Albrecht Achilles (1440 bis 1486), der weitblickende Kurfürst, stellte sodann 1473 durch eine feste Erbordnung, genannt dispositio Achillea, das brandenburgische Haus für ewige Zeiten vor all jenen Erb= und Teilungshändeln sicher, die so viele andere Fürstentümer zerrütteten, indem er der Teilbarkeit seines Erbes enge Grenzen setzte.

Mit der Reichsstadt Nürnberg hatten die Burggrafen

fortwährend Fehden, indem die Bürger dieser mächtigen freien Stadt sich mehr und mehr von dem Burggrafentum unabhängig zu machen und die burggräflichen Rechte einzuschränken suchten. So hatten sie einmal (1390) dem Burggrafen um seine Veste neben der Reichsburg eine Mauer gezogen, worüber es zu blutiger Fehde kam. In dem Kriege, der in Abwesenheit des Markgrafen Friedrich in der Mark mit den Bayernherzogen wegen eines vermeintlichen Uebergriffs des burggräflichen Landgerichts entstand, konnte es Friedrichs Gemahlin, die schöne Else, nicht hindern, daß der Feind die fränkische Stammburg der Hohenzollern in Nürnberg am St. Simon Judätag des Jahres 1420 einäscherte. Die Hohenzollern verzichteten darauf, die Burg wieder aufzubauen, und verkaufte im Jahre 1427 Burggraf Friedrich VI., als Kurfürst in der Geschichte der erste genannt, die fränkische Stammburg und die dazu gehörigen großen Waldungen zu St. Lorenz und St. Sebald, jedoch unter Vorbehalt des Burggrafentums Herrlichkeit und des Wildbannes an die schon damals überaus mächtige Reichsstadt, die durch diese käufliche Erwerbung erst wirkliche Herrin in ihren eigenen Mauern wurde. Fast um dieselbe Zeit (1424) sind die vorher in Ungarn aufbewahrt gewesenen Reichsinsignien nach Nürnberg gebracht worden, wodurch diese Stadt, was sie ihrer Lage nach in der That schon war, der ideale Mittelpunkt des Reiches wurde. Uebrigens gab es auch nach dem Verkauf der Burg noch öfters Streitigkeiten zwischen der immer mehr aufblühenden Reichsstadt und den benachbarten Burggrafen, die nunmehr in Cadolzburg oder Onolzbach residierten. Eingriffe in die Jagdgerechtsame, Differenzen wegen der Zölle, dann namentlich der Umstand, daß die Reichsstadt die Kompetenz des burggräflichen Landgerichts, als eines „höchsten Reichsgerichts über alle richtenden Gerichte", nicht anerkennen wollte, waren die Haupturfachen dieser Streitigkeiten.

Im Jahre 1796 wären die Burggrafen von Nürnberg,

deren Nachkommen sich seit 1701 zu Königen von Preußen emporgeschwungen, beinahe wieder in den Besitz ihrer alten, fränkischen Stammesveste gekommen. Nachdem 1791 die Fürstentümer Ansbach-Bayreuth infolge Verzichtes des letzten Markgrafen Karl Alexander an die Krone Preußen gelangt waren, wurde in Berlin auf diese Erwerbung sehr hoher Wert gelegt. Insbesondere hielt der preußische Statthalter v. Hardenberg mit Energie an dem staatsmännischen Gedanken fest, die fränkischen Fürstentümer zu einem der vornehmsten Stützpunkte der preußischen Monarchie zu erheben und so entscheidenden Einfluß auf Süddeutschland zu gewinnen. Hardenberg hat es sogar in Verfolgung dieser Bestrebungen (1796) zu Wege gebracht, daß die Reichsstadt Nürnberg mit ihrem die beiden Fürstentümer trennenden Gebiet auf ihre Reichsunmittelbarkeit verzichtete und sich der Territorialgewalt ihrer alten Burggrafen unterwerfen wollte. Der preußische Statthalter glaubte hiermit ein großes Werk vollbracht und dem Hause Brandenburg ein besonderes Gewicht in Süddeutschland verschafft zu haben, zumal auch die Reichsstädte Windsheim und Weissenburg ihre Unterwerfung antrugen. Hardenberg zweifelte nicht, daß die Ratifikation des Königs die Erwerbung bestätigen werde. Man war auch in Berlin nicht unempfänglich für die Vorteile dieser Besitznahme und ihrer Folgen. Aber auf den Rat des Ministers von Haugwitz, der den Einspruch Frankreichs fürchtete, und weil der König glaubte, daß das eingeschlagene Verfahren auch Österreich veranlassen könnte, zu Inkorporationen zu schreiten, zu denen Preußen das Beispiel nicht geben dürfe, bekam Hardenberg von Berlin aus bestimmten Befehl, der Stadt Nürnberg die Königliche Ablehnung der Unterwerfung anzukündigen. Am 1. Oktober 1796 verließ die schon eingerückt gewesene preußische Garnison wieder die Reichsstadt.

Den fränkischen Fürstentümern Ansbach-Bayreuth hat das Königreich Preußen, trotzdem diese nur 15 Jahre (v. J. 1791 bis 1806) in seinem Besitze blieben, seinen Stempel aufgedrückt, indem es das preußische Landrecht einführte, das heute noch dort Geltung hat.

In letzter Zeit sollten die Hohenzollern wenigstens noch in den idealen Besitz ihrer seit 1427 verloren gegangenen fränkischen Stammesveste gelangen. Nachdem Preußen im Jahre 1866 die anfänglich beanspruchte Abtretung von Oberfranken fallen gelassen und Bayern den Friedensvertrag vom 22. August unterzeichnet hatte, richtete König Ludwig II. am 30. August 1866 nachstehenden Brief an König Wilhelm: „Nachdem der Friede zwischen uns geschlossen und eine feste und dauernde Freundschaft zwischen unsern Häusern und Staaten begründet ist, drängt es mich, dieser auch einen äußern symbolischen Ausdruck zu geben, indem ich Ew. Königl. Majestät anbiete, die ehrwürdige Burg ihrer Ahnen zu Nürnberg gemeinschaftlich mit mir zu besitzen. Wenn von den Zinnen dieser gemeinschaftlichen Ahnenburg die Banner von Hohenzollern und Wittelsbach vereinigt wehen, möge darin ein Symbol erkannt werden, daß Preußen und Bayern einträchtig über Deutschlands Zukunft wachen, welche die Vorsehung durch Ew. Königl. Majestät in neue Bahnen gelenkt hat."

So oft seitdem der König von Preußen und deutsche Kaiser in Nürnbergs Mauern weilt, wird diesem acceptierten Anerbieten entsprechend auf der Burg die Hohenzollern'sche Hausflagge gehißt.

Mit Rücksicht auf diesen historischen Zusammenhang führen die Hohenzollern heute noch den Titel „Burggrafen von Nürnberg" und das burggräfliche Wappen mit dem Löwen, indem dadurch angedeutet sein soll, daß von dem Burggrafentum aus der Anfang ihrer Macht und Herrschaft datiert. Dort stand die Wiege unseres Kaiserhauses, hier, im Herzen von Deutschland, hat das hohenzollern'sche Herrscherhaus, welches zu so beispiellosem Glanze emporblühte, die Kräfte zur Durchführung seines weltgeschichtlichen Berufes gesammelt. —

Die Schwanenritter-Kapelle.

Nach einer allerdings hinsichtlich ihrer Echtheit nicht unangefochtenen Urkunde vom 27. März 786 hat Gumbertus (Gund=Krieg, brecht=hervorragend), ein vornehmer Vasall Karls des Großen, zur Ehre der heiligen Jungfrau ein Benediktiner=Kloster vier Meilen unterhalb des Waldes Vircunnia (Virngrund) am Zusammenflusse der Rethratenza (Rezat) und des Onoldisbaches gegründet und diese Stiftung dem Kaiser Karl dem Großen übergeben, der dafür dem Kloster mancherlei Privilegien, so freie Abtswahl der Mönche, erteilt hat. Eine gewisse Bestätigung für die Richtigkeit des Inhalts der erwähnten Urkunde bildet eine aus dem Jahre 837 datierte Originalurkunde Ludwig des Frommen, des Sohns Karls des Großen, die noch in dem Reichsarchiv zu München aufbewahrt wird, und inhaltlich welcher Ludwig der Fromme einen bereits von seinem Vater vorgenommenen Tausch bestätigt, durch welchen der im Rangau gelegene Ort Onoltespah, der früher von Gumbertus besessen worden, an das Bistum Würzburg überging.

Eine urkundliche Erwähnung findet das Gumbertuskloster erst wieder im Jahre 911. Am 10. November des genannten Jahres stellte der von den fränkischen und sächsischen Großen in Forchheim zum römischen König erwählte Frankenherzog Conrad eine Schenkungsurkunde aus, wonach er einen Teil seiner slavischen Orte dem zum Bistum Würzburg gehörigen Gumbertuskloster schenkte.

Zwar scheint schon vor der Gründung des Klosters eine Ansiedlung am Bach des Onold (Aunold) vorhanden gewesen zu sein. Jedenfalls ging, wie in so vielen anderen Städten Deutschlands, der Anwachs des Ortes auch hier von der kirchlichen

Niederlassung aus. Um das Jahr 1040 war Onolzbach bereits ein größerer Ort, indem von ihm in Urkunden die Bezeichnung „Villa" gebraucht wird. Gumbertus, der Gründer des Klosters, wurde, zumal er auch heilig gesprochen worden ist, der Patron desselben. Aus der Prozession, bei der alljährlich an seinem Todestage Reliquien des Heiligen öffentlich mit umhergetragen wurden, entstand der Gumbertusmarkt.

Die Schirmvogtei über das Kloster ward von den Würzburger Fürstbischöfen, den Herzogen von Franken, dem in der Nähe begüterten Dynastengeschlecht derer von Scalehusen und von Dornberg übertragen. In der Mitte des eilften Jahrhunderts ist dann das Benediktinerkloster in ein weltliches Kollegiatstift umgewandelt worden, dessen Kapitel aus etwa 18 Chorherren unter einem Probst und Dechanten stand. Die Chorherren gehörten bis ins 15. Jahrhundert meist nur Adelsgeschlechtern an und ließen diese häufig ihre Funktionen durch Vikarien ausüben, wozu sie eigene Stiftungen machten. Unter den Chorherren des mit kaiserlichen, päpstlichen und bischöflichen Privilegien reich ausgestatteten Stifts sind die Familien Castell, Hohenlohe, Teck, Öttingen, Sparneck, Rotenhahn, Eyb, Henneberg, Seinsheim, Seckendorf u. a. vertreten. Zwei von den Pröbsten wurden Fürstbischöfe von Würzburg. Das Stift gewann an Ausdehnung und Bedeutung derart, daß es bald als eines der ansehnlichsten, als „das edelste" in Franken betrachtet wurde. Dieses Stift besaß in der Stadt Onolzbach 30 bürgerliche Häuser und auf dem Land 526 Gutsunterthanen, viele Zehnten, Weiher und Waldungen.

Von den wissenschaftlichen und künstlerischen Leistungen des Stiftes ist uns allerdings nicht viel bekannt. Doch ist noch ein aus dem zwölften Jahrhundert stammender, auf Pergament geschriebener und mit vielen herrlichen Gemälden verzierter Codex erhalten, zu dessen für die damalige Zeit äußerst kostspieligen Ausstattung der Dekan des Stiftes (Gotibold von Sommer=

hausen) und einige Ansbacher Bürger die Mittel beschafften. Dieser Pergament-Codex kam nach Auflösung des Gumbertus-Stiftes Anfang des 17. Jahrhunderts in die Ansbacher Konsistorial-, von da später in die Schloß-Bibliothek und wurde im Jahre 1806 mit vielen anderen Antiquitäten, um sie vor den Franzosen zu retten, in die damals preußische Stadt Erlangen geschafft, wo er der Universitäts-Bibliothek einverleibt wurde und als einer der kostbarsten Schätze derselben sich heute noch befindet.

Von einem der Chorherren des Stiftes, Frederikus Barbarus (Bavarus), sind uns aus der Mitte des vierzehnten Jahrhunderts zwei lateinische Lobgedichte erhalten. Das eine in vierzig Hexametern war vieren vom Geschlecht derer von Hohenlohe gewidmet, von denen einer, Albert, Bischof von Würzburg, der andere Friedrich, Bischof von Bamberg war. Das zweite Lobgedicht preist den Bischof Otto von Bamberg.

Dem Stifte gegenüber erwiesen sich die Herren von Dornberg mehr wie Zwing- denn als Schirmherrn; sie wußten auch das ursprünglich persönliche Amt der Schirmvogtei nach und nach in ein erbliches Lehen zu verwandeln. Im Jahre 1288 erlosch mit Wolfram der Dornberg'sche Mannsstamm und kamen deren Besitzungen und Rechte in die Hände der mit ihnen durch Heirat verwandten Grafen von Öttingen. Indeß blieb das Gebiet von Onolzbach kaum ein halbes Jahrhundert im Öttingen'schen Besitz, während welcher Zeit Kaiser Ludwig der Bayer (1326) den Dechant und Custos des Stiftes gefangen nahm, weil dieses gewagt hatte, den Bannfluch des Papstes gegen ihn zu veröffentlichen.

Der Hohenzollern'sche Burggraf Friedrich IV. benützte im Jahre 1331 eine pekuniäre Verlegenheit des verwandten Grafen von Öttingen und kaufte von ihm um 23000 Pfund Heller die Veste Dornberg mit den dazu gehörigen Rechten. Dadurch bekam das Hohenzollern'sche Haus auch die Schirmvogtei über das Kollegiatstift bei St. Gumbertus. Das Stift fand sich nach der Sitte der Zeit veranlaßt, dem neuen Schirmherrn sich dadurch zu verpflichten, daß es zu der Kaufsumme 120 Pfund Heller beisteuerte, wogegen der Burggraf das Versprechen abgab, die Freiheiten des Klosters gebührend zu achten und zu schützen. Und in der That blieben die Burggrafen dem Stifte stets gewogen. Es rechneten sich's aber auch die Chorherren zur hohen Ehre an, daß ihr Beirat in weltlichen Dingen von den fürstlichen Schirmherrn vielfach in Anspruch genommen wurde.

Das Stift ward von den Burggrafen mit mancherlei Begabungen und Schenkungen bedacht. Schon der Nachfolger Friedrichs IV., Burggraf Albrecht der Schöne, verlieh den Chorherren das ihnen von den früheren Schirmvögten vorenthalten gewesene Recht, über ihren Nachlaß „nach ihres Gotshauß gewohnheit" frei zu verfügen, wodurch das Stift sich dadurch dankbar bezeigte, daß es in einem Revers gelobte, „der Herrschaft ewiglich im Gebet zu gedenken und jährlich alle Freytag in der gemain Wochen eine Prozession aus dem Stifft in die Pfarrkirche zu thun und eine große Vigilie und Seelmesse daselbst zu singen."

Von der Freigebigkeit seines Nachfolgers Friedrich V. (1358 bis 1396) gegen das Stift zeugen etliche 20 „Schenkungs-, Eignungs-, Befreiungs-, Verwilligungs- und Tehdigungsbriefe". So verschenkte dieser Burggraf u. a. am 13. Septbr. 1390 verschiedene Güter und Einkünfte an das Stift „zu dem End, daß von solchen in Zukunft ein erbarer Priester zu einem Gesellen oder Caplan in der Pfarr angenommen oder gehalten werden solle".

Die Erhöhung der Burggrafen zu Kurfürsten und Markgrafen von Brandenburg blieb nicht ohne Einfluß auf das Gumbertusstift. Der fromme Kurfürst Friedrich I. (1396 bis 1440), welcher von seiner Residenz zu Cadolzburg häufig nach Onolzbach kam und viel mit den dortigen Stiftsherren verkehrte, brachte ein regeres wissenschaftliches Leben unter dieselben.

Zwei von ihnen mit Namen Sesselmann wurden seine einflußreichen Räte. Peter Sesselmann, ein Lehrer der geistlichen Rechte, ward vom Kurfürsten vielfach zu Geschäften in der Mark verwendet. Doch mußte sich das Stift zur Zeit der Rothenburger Fehde (1409) gefallen lassen, daß der Markgraf die stiftischen Grundholden mit 1000 Gulden besteuerte. Freilich verlangte das Stift einen Revers, daß „die Steuer den Freyheiten unschädlich seyn und hinfüro keine Steuer mehr von ihnen eingenommen werden solle", welchen Revers dann auch Burggraf Friedrich und seine Gemahlin Elisabeth dem Dechant und Kapitel des Stifts an St. Agnesen Tag a. 1410 zu Onolzbach ausstellte. Noch einmal im Jahre 1428 sah sich der Kurfürst genötigt, die Stiftsangehörigen zu besteuern, aber auch diesmal stellten Friedrich und Elisabeth am Montag vor St. Endres Tag in Cadolzburg einen Revers aus, „daß die von allen armen leuten des Stiffts zu Onolspach geforderte und eingenommene Steuer des zehenden Pfennings aus keiner Schuldigkeit, sondern aus freyen willen gegeben worden, auch hinfüro nicht mehr gefordert und eingenommen werden solle". Unter des ersten Kurfürsten Regierung, im Jahre 1414, traf ein Ablaßbrief des Papstes Johann XXIII. zu Gunsten des Stifts ein. Martin V., der erste Papst nach beendigter Kirchenspaltung, machte das Stift mehrmals, 1418 und 1424, zum Vollstrecker seiner Anordnungen.

In einer Nebenkapelle des Stiftes (desgleichen an der St. Johanniskirche) befand sich, wie weiland Konsistorialrat Lälius (geb. 1572) berichtet, ein Stein, „darin gehauen ist, wie Papst Gregorius Meß hält, nebst allen Instrumenten der Passion, und dabey Christus, wie er nach seiner Geiselung und Krönung dem Volk ist vorgestellt worden. Darunter ist geschrieben: wer vor dieser Figur knieet und betet 5 Paternoster und 5 Ave Maria, der hat auf 24000 Jahre (!) Ablaß aller seiner Sünden vom Papst Gregorio".

Eine der frühesten Stiftungen eines deutschen Predigtamts

in Deutschland war die des Kurfürsten Friedrich I. vom Jahre
1430, wodurch er, um den Einwohnern der Stadt die Wohl=
that der Predigt häufiger zu verschaffen, ein eigenes deutsches
Predigtamt am Gumbertusstift errichtete und reichlich, durch
Überweisung eines Zehnten in Röckingen, dotierte. Der Pre=
diger sollte „ein Meister der Schrift aus einer hohen bestätigten
Schule sein, damit die Pfaffheit etwas Ursach habe, die Schrift
und ihr Verständniß zu lernen und damit dem Volke desto
minder die Speise des Gotteswortes gebreche" und sollte selbiger
alle Sonn= und Feiertage und die ganze Adventzeit predigen,
auch alle Mittwoche eine Lektion in der Schrift thun. So
wurde also durch den Kurfürsten im Frankenlande schon lange
vor der Reformation Sinn und Verlangen nach Läuterung in
religiösen Dingen geweckt. Die interessante Urkunde, am 4. August
1430 in Cadolzburg ausgestellt, ist noch im Reichsarchiv zu
München vorhanden. Man hielt diese Stiftung für so wichtig,
daß man sie durch das Basler Konzil im Jahre 1437 be=
stätigen ließ.

Im Jahre 1432 benützte Kurfürst Friedrich das Ansehen
des Stiftes, um von dessen Dechant am 3. Februar einen kaiser=
lichen Oberachtsbrief gegen Lüttich vidimieren zu lassen. Als
es zwischen Bürgermeister und Rat der Stadt Onolzbach und
dem Stift daselbst wegen der Bestellung „der Pfarr" zu Streitig=
keiten kam, erließ Kurfürst Friedrich von Cadolzburg aus, am
Sonntag nach St. Lucie Tag a. 1436, einen Spruch= und
Schiedsbrief. Einen weiteren „Entscheidungsbrief" gab der
Kurfürst zwischen denselben Parteien wegen eines Reichnisses zu
dem Stift am Montag vor St. Elisabeth a. 1438.

Ein Chorherr des Gumbertusstiftes, Joh. Medlinger, war
es, der von Kurfürst Friedrich als Treuhänder und Mitvoll=
strecker seines am 14. Septbr. 1440 zu Cadolzburg errichteten
Testamentes bestellt ward. Darin kommt u. a. die Stelle vor:
„Item wir schaffen, das man uns Jartag bestellen soll in dem

Stifft zu Onolzbach, und das unser lieben frawen Messe Sambs=
tags wochentlich in dem genanten Stifte bestelt und gehalten
werde, als wir die angefangen haben, das nicht abgehe, der
Herrschaft zu gnaden und seligkeit. Item einen ewigen Gulden,
den Psalter zu lesen in der Marterwoche. Item einen ganz
guten Ornat von Sammet oder besser, mit einem guten Creuz,
davon solch Jartag soll bestellt werden".

Unter Friedrichs Sohn und Nachfolger, dem gewaltigen
Kurfürsten Albrecht Achilles (1440 bis 1486), der die mark=
gräfliche Residenz von der alten stolzen Cadolzburg nach Onolz=
bach verlegte, wurde die dortige Gumbertuskirche, obwohl auch
eine eigene Schloßkapelle dort gebaut ward, zugleich die mark=
gräfliche Hofkirche. Gleich im ersten Jahr seiner Regierung,
am St. Gallus Tag 1441, stellte er den Chorherren des Stifts
den „Freiheitsbrief" aus, daß sie nämlich über ihren Nachlaß
frei verfügen dürften, welche Urkunde fast gleichlautet mit der,
welche schon Albrecht der Schöne im Jahre 1359 dem Stift
ausgestellt hatte. Durch Bulle des Papstes Eugen IV vom
Jahre 1446 wurde sodann dem Markgrafen Albrecht das Pa=
tronat über die Kirche bei St. Gumbertus feierlichst übertragen.
In dieser Kirche hatte sich Albrechts erste Gemahlin, Marga=
retha von Baden, „einen Altar vor ihrem Stuhl aufrichten
lassen". Als im Jahre 1457 die Markgräfin starb, stiftete
noch im selbigen Jahre der markgräfliche Witwer „mit Bewilli=
gung des Dechants und Kapitels" und unter Bestätigung des
Bischofs von Würzburg eine Pfründe und ewige Meß auf dem
St. Georgen=Altar in der Pfarrkirche zu Onolzbach zum ewigen
Heil und Gedächtnis seiner Gemahlin Margaretha, einer ge=
bornen Markgräfin zu Baden von und aus Gütern zu Elpersdorf.
In der Gumbertuskirche und zwar im nördlichen Teile der=
selben war dem heiligen Georg eine eigene Kapelle errichtet,
die Albrecht Achilles in Urkunden die „newe Capellen, der
Ritterschaft Capell" nennt. Höchst wahrscheinlich rührt diese

Widmung daher, daß Kurfürst Friedrich I. und seine beiden Söhne Albrecht und Friedrich der Gesellschaft des St. Georgenschildes beigetreten waren, die sich „Maria, der hochgelobten Himmelskönigin zu lobe" unter kaiserlichem Schutze in Schwaben gebildet hatte, welche Rittergesellschaft den Zweck verfolgte, für die öffentliche Sicherheit zu sorgen und die Schwächeren gegen rohe Gewalt in Schutz zu nehmen. Die treffenden Aufnahmsurkunden sind aus den Jahren 1437 und 1439 datiert. Da schon ein Jahr darnach, im Jahre 1440, Kurfürst Friedrich II. als eine seiner ersten Regierungshandlungen in der Mark den Schwanenorden „eine Rittergesellschaft im Dienste unserer lieben Frauen" stiftete, so liegt die Vermutung nahe, daß Kurfürst Friedrich die in Süddeutschland vorgefundene Organisation der Gesellschaft des St. Georgenschildes, deren Mitglied er seit 1437 war, in anderer Form auf die nordische Mark übertragen wollte. Damals diente ein Ritterorden nicht blos als Ehrenzeichen, er bildete zugleich einen Freundschafts- und Tugendbund mit religiösen und sittlichen Zwecken. Der märkische Adel sollte zu einem gottgefälligen Leben, zur Milderung der Sitten und Denkweise veranlaßt werden. Die Mitglieder sollten in nähere Verbindung mit einander treten. Ein eigenes Ordensgericht verpflichtete bei Strafe des Ausschlusses, sich dem ritterlichen Stande gemäß zu verhalten und gegen einander in Treue zu handeln. Zugleich erscheint die Stiftung des Ordens als ein Einigungsversuch, um die Vasallen in der Mark denen, welche den ersten Hohenzollern von Franken nach dem Norden gefolgt waren, näher zu bringen.

Es war wohl der erste soziale Einigungsversuch, der zwischen Nord- und Süddeutschland angebahnt ward. Die Insignien des Ordens bestanden aus einem goldenen oder silbernen (eine feine Mark Silber wiegenden) Ordenskette mit dem Bilde der Jungfrau, eines Schwans und einer weißen Binde. Die Kette hatte anstatt der Glieder sog. Premsen, die ein Herz ein-

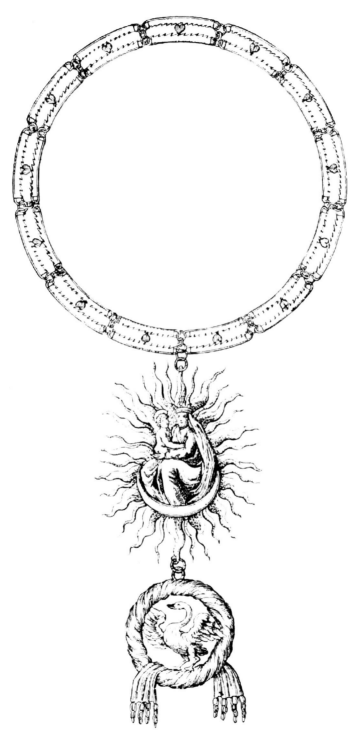

Die Schwanenordenskette.

pressen. Sie war mittels eines Ringes mit dem Bilde Mariä, das Jesuskind auf dem Arm, verbunden. Unterhalb desselben trägt ein Halbmond die Inschrift: „Ave mundi Domina". Weiter unten hängt das eigentliche Ordenssymbol: der Schwan; umschlungen wird derselbe von einer weißen Dwele (Binde), von welcher zwei Enden herabhängen, deren jedes in fünf Fransen, Kettchen mit anhängenden Glöckchen ausläuft. (Eine Abbildung ist beigegeben.)

Die Stiftungsurkunde gibt selbst die symbolische Bedeutung des Ordenszeichens: „Daß unserer lieben Frauen Bild vor der Brust in einem Mond- und Sonnenschein hänget mit dem Gruß: „„gegrüßet seist Du Frau der Welt"", sei ein Zeichen, daß wir der Gnad, die wir durch sie empfangen, in unserm Herzen gedenken und nimmer vergessen sollen . . ." „In der Gesellschaft (Kette) sind auch Premsen, die um den Hals gehangen, darinnen Herzen gepeinigt werden, in der Meinung, daß wir unsere Herzen mit Premsen wahrer Reue, Beicht und Buße also kräftigen sollen, daß wir gleich einer weißen unbefleckten Dwele, die um unserer Frauen Bild gewunden ist, mit Übung der zehn Gebote, welche die Fransen an der Dwele bebedeuten, befunden werden . . ." „Den Schwan haben wir unter dem Bilde unserer lieben Frauen hängen lassen, weil der Schwan seinen Tod zuvor weiß, wir aber die Stunde unseres Todes nicht wissen und also mit Reue und Buße desto sorgfältiger seien." In dem im Manuskript bei der Gumbertusregistratur vorhandenen Collectaneenband des Archivars Strebel vom Jahre 1737 findet sich die Deutung, daß die auf jeder Seite der Kette befindlichen sieben als Herzen aus Rubin geschnittenen Glieder an die heiligen sieben Sakramente erinnern sollen.

Den Vereinigungspunkt der Ordensmitglieder sollte die wunderthätige Marienkirche auf dem Harlunger Berg in Brandenburg bilden, da wo ehedem der Tempel des dreiköpfigen Wendengottes Triglaw gestanden hatte. Zu dieser Kirche hatten die

Eltern des Stifters, Kurfürst Friedrich I und Schön' Else, im Jahre 1435 zum Danke für die glückliche Heimkehr der Söhne Johann und Albrecht von der Wallfahrt zum heiligen Grabe ein Kloster erbauen lassen, dessen Brüder die Aufgabe hatten, bei Tag und Nacht durch Messen und Lobgesänge Maria die Himmelskönigin zu feiern. An diese Stiftung der Eltern knüpfte der fromme Sohn Kurfürst Friedrich II. an, indem er die Kirche zum Mittelpunkte des von ihm gestifteten Schwanenordens machte. Dort sollten die Kapitel gehalten, dorthin die Abgaben (vierteljährlich 4 Groschen) entrichtet, hier sollten für die Verstorbenen die Exequien, denen die Mitglieder womöglich persönlich anzuwohnen hatten, gefeiert, in dieser Ordenskirche für jedes Mitglied nach dem Ableben ein Todenschild aufgehängt werden. Vermöge der vom Kurfürsten dahin gemachten Stiftungen mußte von den Mönchen der Kirche zu Brandenburg täglich zu Ehren der hl. Jungfrau eine Messe gelesen, eine Salve Regina gesungen, für die lebenden und verstorbenen Ordensglieder, für Fürst und Vaterland, für die ganze Christenheit gebetet und Maria um Gnade angerufen werden. Im Verarmungsfalle wurden die Mitglieder vom Kurfürsten, als Großmeister des Ordens, unterstützt. Jeder in den Orden Tretende mußte geloben, zur Ehre der heiligen Jungfrau täglich sieben Vaterunser und sieben Ave Maria oder das für den Orden eigens verfaßte Lied zu beten, dessen Anfangs- und Schlußstrophe also lautete:

"Muder aller Selicheit
Dy lovet dy Christenheit
By Plicht to allen Stunden
Doch in vorder Innicheit
To dines Loves Werdicheit
Hebbe ik my verbunden . . .

An der lesten Stunde myn
Van ik lide Smert unde Pyn

Und van hir vorscheide
Do my denne Maria Trost
Dat ick selich gantz verlost
Vare hen in dyn Geleide. Amen!"

Pünktliche Beobachtung dieser Gebetsvorschriften erwarb vierzigtägigen Ablaß; der Säumige hatte sieben Pfennige zum besten der Armen zu entrichten. Alle Marientage mußten gegefeiert werden, insbesondere durch Fasten.

Weil hienach der Orden auch einen ausgesprochen geistlichen Charakter hatte, bedurfte derselbe der Bestätigung des Papstes, welche denn auch im Jahre 1447 durch eine Bulle Nikolaus V. erfolgte. Der Orden zählte schon nach wenigen Jahren 68 männliche und 10 weibliche, meist dem märkischen Adel angehörige Mitglieder, und unterliegt es keinem Zweifel, daß der Schwanenorden nicht wenig zur sittlichen Hebung des Adels damaliger Zeit beigetragen hat. Der Orden hatte bald nach seiner Konstituierung auch außerhalb der Mark Ausbreitung gefunden, so in Braunschweig, Anhalt, Franken, Österreich, Schwaben und Bayern. Auch der Bruder des Kurfürsten, Markgraf Albrecht Achilles und dessen Gemahlin Margaretha, in Onolzbach wurden in die Rittergesellschaft unserer lieben Frauen zum Schwan aufgenommen. Der weitblickende Albrecht Achilles erkannte bald die Bedeutung des Ordens als eines Hilfsmittels zur Vergrößerung seines Einflusses, indem er die monarchisch gegliederte Organisation der Rittergesellschaft zur Einigung des gesamten deutschen Adels zu benützen und durch Schaffung einer süddeutschen Abzweigung des Ordens die Mächtigen seines Landes enger an sich zu fesseln bemüht war.

Die Exequien beim Tode seiner Gemahlin Margaretha († 1457), wegen deren er von seiner Residenz in Onolzbach die beschwerliche Reise nach der Ordenskirche auf dem Harlungerberg in Brandenburg hatte unternehmen müssen, gaben ihm den äußeren Anlaß, für Ordiedensmitglieder südlich des Thüringer Waldes als Tochter-

Ordenskirche die Georgen-Kapelle beim Stift St. Gumbertus in seiner fränkischer Residenzstadt zu Onolzbach zu bestimmen, nachdem er bereits, wie erwähnt, eine Messe zum ewigen Heil und Gedächtnis der Verstorbenen beim Georgenaltar daselbst gestiftet hatte. Damit die für die Ordenskirche auf dem Berg in Brandenburg erteilten Privilegien des Schwanenordens auf die Gumbertuskirche übertragen werden konnten, war indessen päpstliche Sanktion notwendig. Es benützte deshalb Albrecht die Einladung, die er vom Papst Pius II. zu dem für's Jahr 1459 nach Mantua der Türkengefahr halber ausgeschriebenen allgemeinen Fürstenkongresse erhalten hatte, dazu, um die päpstliche Genehmigung zu erwirken. Dies war ihm ein leichtes. Denn Pius II., der mit dem Markgrafen schon von früher her bekannt war, als er noch Geheimschreiber Kaiser Friedrich III. gewesen, war dem fürstlichen Petenten sehr gewogen. In seinen Kommentarien hat er von dem Markgrafen gerühmt: er sei von Jugend auf in den Waffen erzogen worden und habe mehr Treffen persönlich beigewohnt als andere Fürsten seiner Zeit gesehen oder davon gelesen. Er habe Krieg geführt in Polen, seine Siegesfahne aufgesteckt in Schlesien, sein Lager in Preußen aufgeschlagen, die kaiserlichen und Reichsfeinde in Böhmen in die Flucht getrieben, in Österreich und Ungarn nicht minder heldenmütig gefochten; ja es sei in Deutschland kein Winkel und Ort, welcher nicht von seinen Waffen erfahren. Er habe große Armeen kommandiert, die mächtigsten Feinde besiegt und die stärksten Festungen eingenommen. In Schlachten sei er der Vorderste und Erste im Angriffe, als Sieger der Letzte auf der Wahlstatt, bei Erstürmung der Städte aber der Erste auf den Mauern gewesen. Wenn er herausgefordert worden, habe er Niemand den Zweikampf abgeschlagen, habe aber allezeit dabei obgesiegt. Bei Turnier- und Ritterspielen sei er mit der Lanze sehr fertig und unter Allen der Einzige gewesen, der niemals vom Pferde herabgestochen worden sei, sondern allezeit den Obsieg erhalten habe. Siebenzehnmal habe er scharf gerennet, ohne daß er eine andere Rüstung außer Helm und Schild angehabt, er habe aber jedesmal seinen Gegner aus dem Sattel gehoben. Dieser Ursachen halber sei er nicht unbillig der deutsche Achilles genannt worden, an welchem nicht allein die Kriegserfahrenheit und Kriegskunst hervorgeleuchtet, sondern den auch die Größe des Leibes, die Stärke und Schönheit seiner Glieder, sowie seine stattliche Beredsamkeit wunderbar habe erscheinen lassen.

Von allen Kongreßteilnehmern in Mantua wurde Markgraf Albrecht am meisten gefeiert. Der Papst, der ihm den Kardinal Cusa zur Begrüßung entgegengesandt, empfing ihn in öffentlicher Ratsversammlung mit großen Lobsprüchen, machte ihm zehntausend Goldgulden und zwei apulische Rosse zum Geschenk und am Dreikönigsfeste — 6. Januar 1460 — zeichnete er ihn noch besonders dadurch als den Würdigsten aus, daß er ihm ein geweihtes Schwert und einen mit Perlen geschmückten Hut überreichte.

Nachdem die Ergebnisse der Kongreßberatungen in der päpstlichen Bulle vom 15. Januar 1460 zusammengefaßt waren, worin ein dreijähriger Türkenkrieg, zu dem ein allgemeiner Zehnte die Mittel beschaffen sollte, verkündet wurde, erfüllte Papst Pius II. seines markgräflichen Freundes Wunsch und dehnte in einer Bulle vom 16. Januar 1460 die Privilegien des Schwanenordens auf die Gumbertuskirche zu Onolzbach aus, über die sich der Markgraf zugleich in einer eigenen Urkunde das schon vom Papst Eugen IV. verliehene Patronatsrecht bestätigen und erweitern ließ. Ende Januar reiste der Markgraf mit der Bestätigung seiner Stiftung, woran ihm so viel gelegen, von Mantua, wo er der Gast der gelehrten, mit dem Markgrafen Ludwig Gonzaga vermählten Tochter seines Bruders Johann war, ab und traf am 5. Februar wieder in seiner Residenz zu Onolzbach ein.

Die Umschaffung der Ansbacher Georgenkapelle zu einer Tochterkirche des Ordens war nur der erste Schritt zu einer vollständigen Trennung der Ordensritter Süddeutschlands von denen Norddeutschlands, wobei hervorzuheben ist, daß vom Jahr 1470 an Albrecht Achilles nicht blos Markgraf von Ansbach, sondern zugleich Kurfürst der Mark Brandenburg war.

Albrecht suchte dem Orden so viele Mitglieder als möglich im Süden von Deutschland zuzuführen. Mit großem Geschick wurden sie ausgewählt, um seinen Anhang zu vergrößern. In Württemberg, im Hohenlohischen, in Bayern, in der Nähe der Reichsstädte Nürnberg, Rothenburg und Hall waren die ritterlichen Bewohner der Burgen Mitglieder der Schwanen-Ordensgesellschaft. Der Schwanenorden fränkischer Zunge zählte alsbald die bedeutendsten Namen in Franken sowohl als ganz Süddeutschlands zu seinen Mitgliedern. Aber auch auswärtige Große, so die Könige Christian von Dänemark und Mathias von Ungarn, erscheinen in den Registern des Ordens der süddeutschen Zunge. Ein Ansbacher Verzeichnis aus dem Ende des 16. Jahrhunderts läßt annehmen, daß etwa 500 Mitglieder dem Orden angehörten. In der nur teilweise erhaltenen Urkunde sind 10 Fürsten und 14 Fürstinen, 83 Grafen, Herren und Ritter, 115 Edelleute und 104 Edeldamen als Mitglieder aufgeführt. Die Blütezeit des Schwanenordens fällt in die Regierungszeit des Markgrafen und Kurfürsten Albrecht Achilles.

Seine Ordensritter begleiteten ihn in die Schlachten, mit ihnen führte er die von den Zeitgenossen vielfach gepriesenen Turniere auf. Kennzeichnend ist, was in der Lebensbeschreibung des Ritters Wilwolt von Schaumburg angeführt wird: „Viele Leute haben gehört, wie Markgraf Albrecht einen fürstlichen prächtigen Hof gehalten, daß deßgleichen in Deutschland nicht gefunden werden mochte. Da war es Gewohnheit zu rennen, zu stechen und über die Massen allerlei Kurzweil zu treiben. Da waren viele hübsche Frauen und Jungfrauen, die Lust zu solchem Ritterspiel gaben."

Gegen das Ende seines thatenreichen vielbewegten Lebens, in den Jahren 1484 und 1485 stiftete Kurfürst Albrecht Achilles für den Schwanenorden einen Jahrtag in der Ritterkapelle zu Onolzbach und erneuerte die vorige Stiftung. Dabei verordnete er, „daß die Genossen dieser Gesellschaft diesseits des Thüringer Waldes, was sie nach Inhalt der Ordnung der Gesellschaft im Leben und Tod zu entrichten schuldig, um ferner des Weges willen fürder nicht auf den Berg in der Stadt Brandenburg, als wohin allein die Mitglieder so jenseits des thüringer Waldes wohnen, gewiesen worden, sondern hieher in das Stift zu Onolzbach, deren Vorgesetzten geben und reichen und dagegen auch die Jahrtäge und Seelen-Gedächtnisse hieselbst wie auf dem Berg zu Brandenburg gehalten werden sollen." Bezeichnend ist, daß in der Stiftungsurkunde Albrechts der Schwan nicht mehr, wie von Kurfürst Friedrich II., als ein memento mori, sondern als ein Sinnbild der Freiheit und Unabhängkeit Frankens gedeutet wird. Als Grund, warum die Figur des Schwans, „als eines freien unbezwungenen Vogels so nur männlich seiner Freyheit halber frank angeschrieen und genannt wird," findet sich angegeben: weil Kurfürst Albrecht und dessen Bruder Friedrich „als Stifter das Fürstenthum Burggrafenthums Nürnberg und das Kurfürstenthum Brandenburg als frey edle Franken hergebracht haben".

Zugleich mit dem Jahrtag stiftete aber Albrecht Achilles auch einen Altar für die Ordensmitglieder in die Georgenkapelle der St. Gumbertuskirche. Es war dies eine fromme Sitte des Mittelalters, die auch schon von seinem Vater, dem ersten Kurfürsten, beobachtet ward, welcher einen mit seinem Bild und dem seiner Gemahlin, der schönen Else von Bayern, geschmückten Altar in der Kirche zu Cadolzburg hatte errichten lassen. Der Schwanenordensaltar in dem Chor der Gumbertuskirche ist ein Kunstwerk von vorzüglicher Arbeit. Auf der Rückseite der Prädella findet sich als Widmung: im Jahre 1484 habe Markgraf Albrecht diese Stiftung angefangen zu einem Denken der hochgelobten Himmelskönigin Maria. Es wird dann den „Gesellen" der Gesellschaft aufgegeben, vom Eingang der Vesper des Palmabends bis auf Ausgang der Vesper vor dem Dechant des Stiftes zu beichten. Auf der Vorderseite zeigt der Altar in der Mitte das in Lindenholz geschnitzte, farbige Bildnis der Himmelskönigin mit dem Jesuskinde, der rechte Flügel des Gehäuses den englischen Gruß, der linke Flügel die Anbetung der heiligen drei Könige, während auf der Rückseite des Schreines Maria mit dem Weltheiland als Gemälde sich befindet; zwei Engel halten ihren faltigen Mantel, den sie rechts über fünf männliche, links über fünf weibliche vor ihr knieende Ordensglieder ausbreitet, die sämtlich mit den Insignien des Schwanenordens geschmückt sind. Die Männer sind Albrechts Söhne, Friedrich der Ältere und Sigmund, dann sein Schwiegersohn Wilhelm v. Jülich und Berg und zwei Edelknaben; die Frauen sind Sophie von Polen, die Gemahlin Friedrichs und vier Töchter Albrechts.

Auf der Vorderseite der Prädella sieht man auf ornamentiertem Goldgrund links das Bildnis des Stifters, Kurfürsten Albrecht Achilles, der mit dem Kurmantel bekleidet ist. Hinter ihm hält Graf zu Lindau und Herr zu Ruppin den Kurhut, während Bose von Puttlitz (kenntlich durch sein Wappentier die Gans) als Erbmarschall das Kurschwert nachträgt. Auf den knieend betenden Kurfürsten schaut der heilige Christoph herab. Zur Seite sind in Säulenform die Buchstaben O. M. (iserere) D. (eus) M. (iserere) M. (ei) angebracht. Über dem Bilde enthält ein Spruchband die Worte: „Albertus Marchio Elector princeps brandenburgenss".

Auf der anderen Seite der Prädella, dem Kurfürsten gegenüber als Gegenbild, gewahrt man ebenfalls auf reich orna-

Kurfürst Albrecht Achilles
auf der Predella des Schwanenordensaltares.

mentiertem Goldgrund das Bildnis seiner zweiten Gemahlin, Anna von Sachsen, die Krone auf dem Haupte und die Ordenskette um den Hals. Neben ihr auf grünem Kissen ein weißes Hündchen und auf einem Spruchbande die Worte: Anna duxissa Saxonie". Ihr Gesicht ist Christus, dem Schmerzensmann, wie er den Kelch unter der Brustwunde emporhält, zugewendet. (Eine Abbildung der Prädella ist beigegeben.)

Der Altar ist gekrönt von dem herrlich geschnitzten Reiterbild des heiligen Georg; war der Altar ja für die Georgenkapelle bestimmt, wohin Albrecht schon im Jahre 1457 beim Ableben seiner ersten Gemahlin eine Stiftung gemacht hatte.

Von den vier Flügeln des Altars fehlen zwei; aber einer, welcher auf zwei Seiten mit Gemälden, die sich auf den Marienkultus beziehen, versehen ist, findet sich noch vor. Ich habe ihn gemeinsam mit dem Konservator der Münchener Pinakothek, als dieser vor 2 Jahren den restaurierten Altar aufstellte, in dem Erker des Chors, woselbst dereinst die Gebeine des heiligen Gumbertus aufbewahrt waren, in einer Ecke stehen sehen. Der Flügel paßt genau in eine Lücke der rückwärtigen Altarseite. Es ist ewig schade, daß übersehen wurde, diesen Flügel mit nach München zur Restaurierung zu schicken. Ja man hätte den auf beiden Seiten bemalten Flügel, wie der Conservator bemerkte, auseinandersägen und so auch die andere Lücke ausfüllen können. Außerdem ist noch ein offenbar mit diesem Altar in Zusammenhang gestandenes, auf den Marienkultus bezügliches Gemälde — freilich in sehr ruinosem Zustande — vorhanden. Es stellt dasselbe den Tod Marias dar.

Wer war der Maler dieser herrlichen Bilder? Graf Stillfried glaubte aus den drei Anfangsbuchstaben I. M. V., welche sich auf dem Lilienkrüglein zu Füßen der knieenden Maria angebracht finden, als Meister einen des Namens Jakob Mühlholzer von Windsheim bezeichnen zu dürfen. Allein gegen diese Annahme kommt

Folgendes in Betracht. Das Kännlein, aus welchem drei Lilienstengel hervorschauen, war ein Attribut der Sodalität de notre Dame de Sacré coeur zu Chatellerault, einer Schwestergesellschaft, die mit dem Schwanenorden in der Art in Verbindung stand, daß beide Gesellschaften sich gegenseitig das Ableben ihrer Mitglieder zu dem Zweck mitteilten, damit die Überlebenden der Verstorbenen im Gebete gedenken sollten. Auch auf dem uns noch erhaltenen prächtigen Sarkophage der im Jahre 1512 gestorbenen zweiten Gemahlin Albrechts, der Kurfürstin Anna, in der Hohenzollernschen Grablegstätte des Cistercienserklosters Heilsbronn findet sich neben der Schwanenordenskette auf der linken Brust des lebensgroßen Steinbildes ein Krüglein mit 3 Lilienstengeln eingemeißelt. Da die Lilie das Sinnbild der Unschuld ist, so sollte offenbar dieses den Bildern beigegebene Attribut auf die Unschuld und die unbefleckte Empfängnis Maria's hindeuten. Die 3 Buchstaben I. M. V., zumal sie nicht in einer Ecke des Bildes, sondern auf einem Gegenstand desselben angebracht sind, der sich auf die Verkündigung Mariae bezieht, haben zweifellos auf den Inhalt des Bildes Bezug und glaube ich nicht zu irren, wenn ich die Anfangsbuchstaben J. M. V. als Im Maculata Virgo dechiffriere.*)

Erst bei Gelegenheit der im Jahre 1888 durch den Konservator Alois Hauser in München vorgenommenen Restaurierung des Altars ist festgestellt worden, wer der Meister des Kunstwerkes war. Es ist Martin Schwarz von Rothenburg, ein Zeitgenosse und Schüler Wohlgemuths. Eine Vergleichung mit anderen im Germanischen Museum zu Nürnberg befindlichen, sicher von Martin Schwarz herrührenden Gemälden stellt dies außer Zweifel. Darstellung, Zeichnung und Mal-

---

*) Zur Zeit befinden sich diese Anfangsbuchstaben nicht mehr auf dem Lilienkrüglein; sie scheinen, wie sich bei der Restaurierung ergab, erst später und nicht sogleich bei der Entstehung des Bildes darauf angebracht worden zu sein.

weise, insbesondere auf der Vorderseite des Altarbildes, zeigen eine auffallende Ähnlichkeit mit den erwähnten Gemälden des Rothenburger Künstlers. Dieser war im Gegensatz zu anderen Meistern seiner Zeit sichtlich bestrebt, seinen Bildern Portrait= ähnlichkeit zu verleihen. Daß es ein Rothenburger Künstler war, von dem die Ausführung des Altargemäldes herrührt, dafür spricht namentlich auch der Umstand, daß gerade zu der Zeit, als der Schwanenordensaltar aufgerichtet wurde (1484), der Dechant des Gumbertusstiftes in Ansbach ein Rothenburger Namens Stephan Scheu war, der schon, wie er noch in Rothen= burg weilte, in der dortigen Jakobskirche den St. Nikolausaltar gestiftet hatte. Da die Stiftungen in der Gumbertuskirche nur mit Bewilligung des Dechants gemacht werden konnten, so liegt die Annahme nahe, daß Dechant Scheu seinen Einfluß bei dem Markgrafen, als Patron des Stiftes, in der Art geltend machte, daß er die Herstellung des von diesem gestifteten Schwanen= ordens=Altares durch seinen Landsmann, den Maler Martin Schwarz in Rothenburg, veranlaßte.

Einige Jahre nach dem Tode des Kurfürsten Albrecht Achilles, im Jahre 1488, stifteten dessen beiden Söhne Frie= drich und Siegmund „zur Ehre dieser Gesellschaft eine ewige Messe und Vicarey in St. Jörgen der heiligen Ritterskapellen in dem Stift" und versahen solche Stiftung im folgenden Jahre 1489 mit einer besonderen Ordnung. Es entstanden indeß wegen der Einkünfte der Gesellschaft bald Irrungen zwischen der Mutterkirche auf dem Harlungerberg in Brandenburg und der Tochterkirche beim St. Gumbertusstift zu Onolzbach. Um diese Differenzen zu begleichen, wurde vom Kurfürst Johann (ge= nannt Cicero) und Markgraf Friedrich zu Ratenau am Sonn= tag nach Corporis Christi a. 1494 ein Vertrag aufgerichtet, dahin gehend, daß hinfort, was von den Mitgliedern jenseits des Thüringer Waldes eingehe, die Hälfte dem Probste zu Brandenburg und dessen Kloster auf Unserer Frauen Berg aus=

geantwortet werden, der andere halbe Teil aber bei der Gesell=
schaft zu Onolzbach bleiben solle. Trotz dieser Abmachung
wollte das brandenburgische Kloster später seinen Anspruch auf
zwei Dritteile formieren.

Jede der beiden Ordenszungen hatte vom Jahre 1484 an
zwei von den angesehensten Rittern zu ihren Vorstehern und
Hauptleuten, welche dafür besorgt waren, daß über Einnahmen
und Ausgaben richtige Rechnung abgelegt, auch die Register der
lebendigen und toden Brüder und Schwestern der Rittergesell=
schaft, deren in den Seelenmessen gedacht werden soll, fortgeführt
werden.

Da der Orden nach dem Tode des Kurfürsten Albrecht,
von welcher Zeit an die hohenzollernschen Lande drei Regenten be=
kamen, der einheitlichen Leitung entbehrte, da ferner die Zeitver=
hältnisse sich änderten und insbesondere eine den religiösen Brüder=
schaften ungünstige Strömung entstand, so machten vollends die
Religionskämpfe des sechzehnten Jahrhunderts der mit der katho=
lischen Auffassungsweise aufs innigste zusammenhängenden Marien=
bruderschaft ein Ende, zumal man es auch nicht verstanden
hatte, die Ordensstatuten der neueren Zeitrichtung anzupassen.
Übrigens verfiel der Orden etwas früher in Franken als in
der Mark, ohne daß indeß bei einer der beiden Zungen eine
ausdrückliche Aufhebung erfolgt ist.

Noch kurz vor dem Verfall hatte der Hochmeister des
deutschen Ordens, Markgraf Albrecht, daran gedacht, den
Schwanenorden auch nach Preußen und zwar nach Königsberg
zu verpflanzen und die dortige Schloßkapelle zu einer weiteren
Tochterkirche des Ordens zu erheben. Schon hatte er im Jahre
1514 alle Vorrechte für diese Kapelle erlangt, wie sie dem
Kurfürsten Albrecht Achilles für die Georgenkapelle in Onolz=
bach eingeräumt worden waren — da trat auch diesem Plane
die Reformation hindernd entgegen.

Wie der markgräflich Onolzbach'sche Hofrat und Archivar Strebel in seinem als Manuskript vorhandenen „kurzgefaßten Begriff der Historie des St. Gumprechtsstiftes zu Onolzbach" vom Jahre 1738 bemerkt, ist bei den Ansbacher Markgrafen „seither öfters in Vorschlag gebracht worden, ob, da fast jedes fürstliche Haus einen besonderen Orden gestiftet, nicht der Schwanenorden wiederum zu erneuern und von dem allhiesigen fürstlichen Haus als ein Gnadenzeichen an Meritierte vom Adel auszuteilen wäre." Es ist jedoch nicht dazu gekommen, zumal der rote Adlerorden nach der im Jahre 1769 erfolgten Vereinigung der beiden Fürstentümer Ansbach und Bayreuth von letzterem, woselbst dieser Orden gestiftet worden, an das brandenburg-onolzbach'sche Haus gekommen und dadurch dem Bedürfnisse genügt war.

Denkmale an den Schwanenorden haben sich in Franken weit mehr als in der Mark erhalten. Die Mutterkirche auf dem Marienberge zu Brandenburg wurde im Jahre 1722 vollständig abgebrochen und ist als einziges Erinnerungszeichen an den Orden norddeutscher Zunge von daher nur ein Meßgewand übrig geblieben, auf welchem die Ordensinsignien sich abgebildet befinden.

Manche Denkmale an den Orden enthält die Münsterkirche in Heilsbronn, insbesondere einige herrliche Todenschilde, Altarbilder, Portraits und Steinepitaphien. Auch an dem Deckengewölbe in der Kirche zu Himmelkron bei Bayreuth haben sich Denkmalreste des Ordens vorgefunden.

Von all den vielen verliehenen Ordensketten ist eine einzige auf unsere Zeit gerettet worden. Sie befand sich in der Kirche zu Basel, wohin sie von den Erben des dortigen Bürgermeisters Peter Rot gekommen war, — desselben, der vom Kurfürsten Friedrich II. in der heiligen Grabeskirche zum Ritter geschlagen worden war, und der die Basler in den Schlachten von Granson und Murten gegen Karl von Burgund befehligt hatte. Die Kette wurde im Jahre 1833 von dem aus Ansbach stammenden preußischen Bundestags-Gesandten Nagler für die Krone Preußen erworben.

Diejenige Stätte, welche bei weitem die größte Zahl der geschichtlichen Erinnerungen an den Orden aufzuweisen vermag, ist die St. Gumbertuskirche in Ansbach. Zwar wurde die ursprüngliche Georgenkapelle teilweise verbaut und ist jetzt nur mehr ein feuchtes Kreuzgewölbe davon vorhanden. Deshalb wurden auch die auf den Schwanenorden bezüglichen Denkmäler im Jahre 1825 und 1839 in den Chor der Kirche transferiert, worauf dieser nunmehr im Volksmund die Schwanenritterkapelle genannt wird.

Bekannt ist, wie sehr sich Kaiser Friedrich für die Denkmale des Schwanenordens interessiert hat. Als Hochderselbe im Jahre 1873, da er noch Kronprinz war, gelegentlich der Generalinspektion des 2. bayerischen Armeekorps nach Ansbach*) kam, besichtigte er eingehend die in die Ritterkapelle auf den Schwanenorden bezüglichen Denkmale. Auf des kaiserlichen Kronprinzen Anregung ist im Jahre 1881 „das Buch vom Schwanenorden" erschienen, in jeglicher Beziehung ein Prachtwerk, das die Verfasser, Graf Stillfried in Berlin und Justizrat Hänle in Ansbach, dem erlauchten Protektor gewidmet haben.

Noch einmal im Jahre 1884, am 12. September, besuchte der Kaiserliche Kronprinz mit seinem Sohne, dem Prinzen Heinrich, die Gumbertuskapelle. Damals sprach der hohe Herr sein Bedauern über den zumal an der Prädella hervorgetretenen Verfall des Altares und zugleich den dringenden Wunsch aus, derselbe möge einer gründlichen stilgerechten Renovierung unter-

---

*) Von diesem Besuche her findet sich 40 Schritte von der Staatsstraße Ansbach-Heilsbronn entfernt eine Tafel an einer mächtigen Buche mit der Inschrift: „Kaiser Friedrich III. rastete unter dieser Buche als Kronprinz des deutschen Reiches am 9. September 1873 nach einer Inspektion der Ulanenbrigade auf dem Urlas."

stellt werden. Auch die Anwälte des Historischen Vereins in Mittelfranken nahmen sich der Sache an. Diese Anregungen hatten den erfreulichen Erfolg, daß ein Betrag von 4000 Mark aus dem bayerischen Dispositionsfond zur Restaurierung bewilligt und der gerade in solchen Arbeiten berühmte Restaurator an der kgl. Pinakothek in München, Alois Hauser, mit derselben betraut wurde. Im November 1887 wurde der Altar nach München geschafft und am 15. November 1888 nach meisterhaft und höchst glücklich durchgeführter Restaurierung in der Kapelle wieder aufgestellt. Kaiser Friedrich hat auch noch während seiner Krankheit fortgesetztes Interesse an den Restaurierungsarbeiten genommen und gereichte es dem hohen Herrn zur großen Freude, als er zu Weihnachten 1887 eine in München von Hanfstängl hergestellte photographische Aufnahme der restaurierten Prädella in San Remo empfing. Nach zuverlässigem Bericht hat sich der kranke Kaiser noch in den letzten vierzehn Tagen vor seinem Tode nach dem Stande der Restaurierungsarbeiten des Altars erkundigen lassen.

Kaiser Friedrich erblickte die historische Bedeutung des Schwanenordens in dem Bestreben seiner Ahnen, ein Einigungsband für den gesamten deutschen Adel zu schaffen.

Rings um den herrlich restaurierten Schwanenordensaltar, an der Wand der Kapelle, stehen Steindenkmäler, je sechs auf jeder Seite. Alle bis auf eines gehören Schwanenordensrittern an und sind mit der Kette geschmückt. Als der erste erscheint Georg v. Zedwitz, der von 1484—1515 mit Ludwig v. Eyb Hauptmann der fränkischen Zunge des Schwanenordens und der von Kurfürst Albrecht vorher schon zu einflußreichen Ämtern in der Mark berufen worden war. Dann folgt ein Angehöriger des ausgestorbenen Geschlechts derer von Lentersheim, hierauf Conrad von Luchau, dann von einem jetzt noch blühenden Geschlecht Carl von Eberstein, darnach Georg Ehenheim, sodann wieder ein Eberstein des Vornamens Lorenz. Hier scheidet der Altar die Reihe der Grabmonumente. Auf der anderen Seite eröffnet die Reihe Sebastian von Luchau, worauf sich anschließen: Conrad von Ehenheim, Hans von Haldermannstetten, Veit von Vestenberg und sein Ehegemahl. Das letzte große Steinepitaphium stellt den Obersten Wilhelm von Heydeck vor, der aber erst im Jahre 1588, also nach der Schwanenordenszeit, starb.

Als zwölftes Grabmonument ist ein aufrecht stehender Stein mit dem Luchau'schen Wappen vorhanden. Dieser Grabstein ist aber seit 1860 durch ein hölzernes Gehäuse verdeckt, in welchem das Kelterbild aufbewahrt wird, das früher an einer feuchten Wand hing, so daß es dem Verderben ausgesetzt war. Dieses merkwürdige Bild, das von allen Kunstkennern, wie Ernst Förster, v. Reber, Heinrich Detzel u. a. ungemein geschätzt wird, ist im Jahre 1859 von Kunstmaler Braun in Ansbach durch Übermalen restauriert worden. Es ist ein Gemälde auf Leinwand mit Holzunterlage, das symbolisch darstellt, wie Christus die Kelter tritt. Gott der Vater dreht die Kelter, unter welcher der Sohn steht, die Hände in die Schrauben gepreßt. Hiebei wird der gemarterte Heiland von der Schmerzensmutter, auf deren Brust fünf Schwerter gezückt sind, unter dem rechten Ellenbogen unterstützt. Aus der Kelter fallen Blutstropfen vom Heiland herab, die in Hostien verwandelt von einem untenstehenden Papste in einem Kelche zur Verteilung unter die Christenheit aufgefangen werden. Dem Papste gegenüber ist in knieender Stellung und in Chorkleidung, mit dem Familienwappen daneben, Matthias von Gulpen abkonterfeit, der von 1464 bis 1475 Dechant des Gumbertusstifts war. Zu seinem Andenken, der artium et juris canonici baccalaureus war, ist wahrscheinlich von den Chorherrn und dem ihm nachfolgenden Dechant (Stephan Scheu) das Kelterbild gestiftet worden. Die Entstehung desselben fällt also ungefähr ein Jahrzehnt früher als die des Schwanenordensaltares.

Über und unter der Darstellung des Keltertreters durch Christus schweben vier Engel mit lateinischen Spruchbändern, welche dazu dienen sollen, die Bedeutung des Mysteriums des Opfertodes Christi, namentlich auch bezüglich des neutestamentlichen eucharistischen Opfers näher zu erklären. Diese ergreifende Art der Darstellung des leidenden Heilandes kehrt während des Mittelalters in verschiedenen Variationen wieder.

Höchst wahrscheinlich verdankt das tiefsinnige Bild seine Entstehung einer Stelle im Jesaias cap. 63 Vers 2 und 3, woselbst es also heißt: „Warum ist denn dein Gewand so rotfarb, und dein Kleid wie eines Keltertreters? Ich trete die Kelter alleine und ist Niemand unter den Völkern mit mir. Ich hab sie gekeltert in meinem Zorn und zertreten in meinem Grimm. Daher ist ihr Vermögen auf meine Kleider gespritzt und ich habe alle mein Gewand besudelt."

Zur damaligen Zeit forschten die Künstler fleißig in der heiligen Schrift und gerade die mystischen Stellen derselben reizten sie zur Darstellung.

Wie der Keltertreter, welcher die Trauben mit den Füßen zerstampft, um den edlen Saft auszupressen, vom roten Rebensaft ganz gerötet wird, so ähnlich überströmt von dem Blute seiner Wunden ward Christus in seinem Leiden gedacht.

Von wem die charakteristische Darstellung herrührt? Es findet sich keinerlei äußeres Erkennungszeichen in dieser Beziehung auf dem Bilde. Kunstmaler Braun, der das Bild übermalt hat, hielt anfänglich dafür, daß es von Albrecht Dürer herrühre. Er glaubte das aus der Malweise des Bildes, insbesondere aus der Behandlung der Nebendinge, wie der Gräser und Steine u. a. folgern zu können. Doch dürfte dieser Annahme, wie Braun selbst einräumt, der Umstand entgegenstehen, daß das Bild noch mit Spruchbändern versehen ist, von deren Anwendung Albrecht Dürer sich frühzeitig emancipiert hatte. Auf jeden Fall rührt das hochinteressante, von allen Beschauern mit Recht angestaunte Bild von einem der tüchtigsten Maler des fünfzehnten Jahrhunderts — vielleicht aus der Ulmer Schule — her*). — Eine Nachbildung des Kelterbildes ist beigegeben.

Über den Steindenkmälern und dem Kelterbilde hängen an den Wänden der Kapelle hölzerne Totenschilde von Ordensmitgliedern. Leider sind dieselben in einem ziemlich ruinosen Zustande, indem meistenteils die aufgesetzten Wappenschildchen oder Teile derselben fehlen. Eine von Dekan Götz im Jahre 1839 herausgegebene Beschreibung gibt die Zahl derselben noch auf 51 an; gegenwärtig sind es nur noch einige vierzig. Eines der besterhaltenen, das des Hans von Freiberg, ließ sich Kaiser Friedrich, wie er im Jahre 1873 als Kronprinz die Kapelle besichtigte, nachbilden und wurde diese Nachbildung alsdann im kronprinzlichen Palais zu Berlin aufgestellt.

Außerdem befinden sich an den Wänden des Chores einige größere runde, an den Schwanenorden erinnernde Totenschilde. Vor allem ein hölzerner, welcher dem Andenken des Kurfürsten und Markgrafen Albrecht Achilles gewidmet ist und auf einem gewundenen Spruchbande die Umschrift trägt: Albertus Marchio Brandenburgens. princeps elector obiit Sabato ante Gregory a. 1486."

An den Kurfürsten Friedrich II., den Stifter des Schwanenordens in der Mark, erinnert ein runder hölzerner Todtenschild, von dem Graf Stillfried rühmt, daß er die

---

*) Ein darauf bezüglicher, aus München vom 27. Februar 1859 datirter Brief des bekannten Kunstkritikers Ernst Förster, dem Kunstmaler Braun eine Durchzeichnung des Bildes zum Zweck der Bestimmung des Autors gesendet hatte, lautet: „Leider ist nur wenig vom Ganzen zu erkennen und doch genug, um zu sehen, wie Recht Sie haben, Holbein und seine Schule dabei außer Frage zu stellen; aber nicht genug, um mich in den Stand zu setzen, mit Ihnen auf Dürer zu schließen. Das Wenige, was ich in der Haltung und Zeichnung der Hauptfigur, auch der Madonna erkennen kann, trägt den Charakter von H. Schäufele."

Das Kelterbild.

vollendetste Darstellung des blauen Erzkämmererschildes mit dem goldenen Kurscepter bilde. Die Umschrift lautet: „Fridericus marchio elector princeps Brandenburgensis." In dem bei der Registratur der Kirche befindlichen Manuskriptenbande: „Silicernium Gumbertinum" aus dem Jahre 1737 finden sich zwei ungemein schöne Federzeichnungen des Schildes, wobei erwähnt ist, daß auf dem Schilde selbst viel abgebrochen sei.

Drei Erinnerungszeichen enthält der Chor an den Markgrafen Sigmund, den Sohn Albrechts aus zweiter Ehe mit Anna von Sachsen. Dieser regierte nach des Vaters Tod (1486) gemeinschaftlich mit dem Bruder Friedrich die beiden Fürstentümer Ansbach-Bayreuth. Doch hatte Sigmund seine Residenz auf der Plassenburg, während Friedrich zu Onolzbach residierte. Markgraf Sigmund war ein Fürst von trefflichem Charakter, ein treuer Anhänger und steter Waffengefährte Maximilians I., den er allenthalben auf seinen Zügen begleitete. Im Jahr 1495 kam Sigmund in des Bruders Abwesenheit krank nach Ansbach und wurde dort in seinen besten Jahren vom Tode ereilt. Er starb unvermählt. In seinem Testament bat er noch für „die armen Unterthanen", daß sie sein Bruder „nicht zu sehr mit Wildpret beschädige". Herz und Eingeweide Sigmunds wurden in der Gumbertuskirche beigesetzt, während der übrige Körper seine Ruhestätte in Heilsbronn fand. An der Stelle, wo die Eingeweide begraben wurden, ist seiner Zeit eine achteckige (1,45 m im mittleren Durchmesser haltende) steinere Grabplatte in den Boden eingelassen worden, auf welcher eine Engelsgestalt die Kette des Schwanenordens hält. Auf dem Schriftband liest man eingemeißelt: „Unter diesem Stein liegt das Ingeweide des durchlauchtigen hochgeborenen Herrn Firsten und Herrn Sigmond marggraven zu Brandenburg dem got genad". Diese Grabplatte wurde in neuerer Zeit in die Wand hinter dem Schwanenordensaltar eingemauert.

Über der Thüre des Eingangs in die Kapelle befindet sich zum Andenken an den ritterlichen Markgrafen Sigmund eine in die Mauer eingelassene, prachtvolle runde Metallplatte, welche ein schwebender Engel hält und auf der den Herzschild eine phantastische Ordenskette umgibt; auf dem Spruchbande liest man folgende Umschrift: „Nach Christi Gepurt MCCCC und im LXXXXV Jar am Donrstag nach sant Mathias des heiligen zwölf poten ist hie zu Onolzpac verschiden der durchleuchtig hocheporne Fürst und her, her Sigmund Marggraf zu Brandenburg, zu Stetin, Pommern, der Cassuben und Wenden hertzog, burggraff zu nyrmberg und Fürst zu Rügen. Das Ingewaid allhie begraben ligt, got woll seiner seln genedig und barmhertzig sein".

Die ganz gleiche Umschrift trägt ein reich geschnitzter, vergoldeter, hölzerner Rund=Todtenschild im Chor der Kirche, der an der Südwand hängt.

Von den Glasfenstern enthält eines, auf der linken Seite des Chores, das Portrait des Veit von Lentersheim, der mit der Schwanenordenskette abgebildet ist. Vier von den Glasfenstern, welche sowohl künstlerischen als geschichtlichen Wert haben, enthalten Bilder aus dem Hohenzollern'schen Hause. Der knieende Ritter rechts mit der schwarzweißen Fahne, in burggräflichen Farben (rot und gelb) gekleidet, ist Markgraf Casimir; gleichfalls eine schwarz=weiße Fahne trägt im Mittelfenster Georg der Fromme. Das dritte Bild links stellt den jüngsten Bruder der beiden letzt genannten, den Markgrafen Gumbert vor, der päpstlicher Kämmerer und Stiftprobst zu St. Peter und Paul auf der Wülzburg war und 1531 zu Neapel starb. Der Kopf ist ausgebrochen und ebenso ist von dem weiteren Bilde, der Markgräfin Susanna, der Gemahlin Casimirs, einer bayerischen Prinzessin, nur das Brustbild zu sehen.

In den Fensternischen zu beiden Seiten des Chores hängen, malerisch gruppiert, Fahnen herab. Es waren ehemals,

Die Blutfahne Albrecht Achill's.

wie das erwähnte Silicernium Gumbertinum aufführt, siebzehn „hochfürstliche" Fahnen vorhanden und sind dieselben alle in dem genannten Manuskriptenbande durch schöne Federzeichnungen auf Quartblättern abgebildet. Hinsichtlich dieser Fahnen findet sich bei der Abbildung der ersten Fahne im Silicernium die Bemerkung: „Diese sind vom schwartzen Damast, Schrift, Flammen, Band ꝛc. sind von Gold, die Wappen aber mit gehöriger Farbe gemahlet, dahingegen die Laubeinfassung grün ist."

Bezüglich der Blutfahne des Kurfürsten Albrecht Achilles, die demselben in all seinen Schlachten vorangetragen wurde, heißt es im Silicernium unter der Abbildung: „Das Wappen auf dieser Fahne ist bloßhin ein Zug und durchgehends roth. Die Spitze der Stange ist Mässing und stark verguldet." Eine Nachbildung dieser denkwürdigen Schlachtenfahne des größten Feldherrn seiner Zeit nach der Federzeichnung im Silicernium ist beigegeben. In Wirklichkeit sind nur mehr wenige Fetzen der Fahne vorhanden.

Außer der Blutfahne sind im Silicernium aufgeführt und abgebildet: Die brandenburgische Hauptfahne, von der angegeben ist, daß sie „bei des Markgraff Albrechts p. m. hochfürstlicher Beysetzung vorgetragen worden", dann die Spezialfahne von Brandenburg, ferner die von Preußen, Magdeburg, Stettin, Pommern, Cassuben, Wenden, Schlesien, Crossen, Jägerndorf, die vom Burggrafentum Nürnberg, die von Halberstadt, Münden, Chamin und schließlich die Spezialfahne von Hohenzollern. Diese geschichtlich wertvollen Fahnen, welche nur teilweise noch vorhanden sind, gehen in kurzer Zeit ihrem vollständigen Untergang entgegen, wenn für die Erhaltung der Überreste nichts geschieht.

Hier möchte die Erwähnung ihren Platz finden, daß in der Registratur der Pfarrkirche zu St. Gumbertus auch das prächtige, in Holz geschnitzte Modell der Schwanenordenskette aufbewahrt wird. Dasselbe ward vor mehreren Jahren in die Heraldische Ausstellung nach Berlin begehrt, wo dieses kostbare Erinnerungszeichen an die romantische Zeit des Schwanenordens nach Gebühr bewundert wurde.

So bietet die St. Gumbertuskirche in Ansbach und insbesondere die Schwanenritterkapelle derselben eine Reihe der interessantesten Andenken an die Hohenzollernherrschaft in Franken.

Vierhundert Jahre nach der Stiftung dieses ersten brandenburgischen Ordens, im Jahre 1843 (von der älteren Stiftungsurkunde aus dem Jahre 1440 hatte man damals noch keine Kenntnis), faßte König Friedrich Wilhelm IV. den Gedanken der Wiederbelebung des Ordens auf moderner Grundlage. Er gedachte, in dem Orden einen leitenden Mittelpunkt für die Bestrebungen zur Linderung physischer und moralischer Leiden der menschlichen Gesellschaft zu schaffen. In dem in der Preußischen Staatszeitung veröffentlichten Patent vom 24. Dezember 1843 heißt es über die Belebung des Ordens u. a.: „Der Schwanenorden soll eine Gesellschaft sein, in die man freiwillig eintritt, um sich thätig einem der Zwecke derselben zu weihen, aus welchem man aber auch ohne Unehre austreten kann, wenn man jener Thätigkeit sich zu widmen nicht ferner den Beruf fühlt oder im Stande findet . . . Wir selbst haben, wie solches allen Unseren Vorfahren an der Kur und Krone zugestanden hat, mit Unserer vielgeliebten Gemahlin, der Königin Majestät, das Großmeisterthum des Ordens und damit die oberste Leitung seiner Thätigkeiten übernommen . . ."

Indeß blieben die Anordnungen des Königs unausgeführt. Der Berliner Witz hatte sich über die romantische Idee ergossen, was den König so sehr verdroß, daß er sich darauf beschränkte, für seine Gemahlin, die Königin Elisabeth, ein auf den Schwanenorden bezügliches Geschmeide anfertigen zu lassen. Auch hat der König zum frommen Angedenken der stammesverwandten Ordensmitglieder auf der von ihm restaurierten Stammburg Hohenzollern

einen gemalten Todenschild gestiftet, ähnlich den in Heilsbronn befindlichen Schilden, auf dem zwei schwebende Engel die Schwanenordenskette halten.

Die jetzige sogenannte Schwanenritterkapelle ist als Chor der Gumbertuskirche im Jahre 1501 zu bauen angefangen und im Jahre 1523 vollendet worden. Der schöne Bau ist, wie die beigegebene Abbildung zeigt, in reinem gotischen Stile gehalten. Dieser Chor war ehedem von dem Kirchenschiffe nur durch einen sogenannten Lettner getrennt, dessen zierliche Säulchen wir heute noch bewundern; jetzt trennt sie eine vollständige Wand von dem Langhaus, einer geschmacklosen Pfeilerbasilika mit verhältnismäßig weitem Schiff.

Die Gumbertuskirche war im zwölften Jahrhundert im romanischen Stil angelegt. Ums Jahr 1280 ist diese Kirche durch eine Feuersbrunst eingeäschert worden, worauf sie bis zum Anfang des vierzehnten Jahrhunderts neu aufgebaut wurde. Im letzten Viertel des fünfzehnten Jahrhunderts erhielt die Kirche gotische Anbauten, insbesondere wurde im Jahre 1493 der Bau der noch jetzt stehenden, der Spätgotik angehörigen, beiden Nebentürme ins Werk gesetzt. Gegen den Anfang des siebzehnten Jahrhunderts hat man statt des ehemaligen, mit einem sogenannten Storchennest versehenen, Glockenhauses den mittleren hohen Thurm zwischen den zwei kleineren aufgeführt. Auch fing man nach der im Jahre 1563 vollzogenen Säcularisation des Kollegiatstifts im Jahre 1594 an, die zu demselben gehörigen an der Nordseite der Kirche gelegenen Gebäude, worin bis dahin unter anderen auch eine Stiftsschule untergebracht war, abzubrechen und an deren Stelle ein sogenanntes Kanzleigebäude aufzuführen, in dessen Erdgeschoß das markgräfliche Archiv und in dessen beide Stockwerke die hochfürstliche Regierung verlegt wurde.

Die Türme mit ihren künstlich durchbrochenen Spitzen gehören der Spätgotik an und zeigt sich hiebei Gotik mit Renaissance verschmolzen. Den großen Turm der Kirche mit durchbrochener Pyramide nennen Kunstverständige einen „interessanten Spätling der Gothik."

Das an die Kirche angebaute Kanzleigebäude präsentiert sich als imposanter Bau der Spätrenaissance. Die Hauptfront geht nach Norden mit drei kräftig entwickelten, charaktervollen Giebeln, während an der West- und Ostseite je zwei solche Giebel sich befinden. Die Flächen sind durch Pilaster gegliedert, Voluten und Schnörkel beleben den Umriß. Das Erdgeschoß, ein Quaderbau, ist mit kolossalem Sockelgesims abgeschlossen. Zwischen den Stockwerken finden wir hellgrau gezeichnete Ornamente, Renaissancefriese in Grafitto. Die Fenster haben steinerne Kreuzpfosten. Der Haupteingang befindet sich auf der Westseite und führt gegen Osten durch einen Hof, von dem aus man die Reste der alten Schwanenritterkapelle sieht, an ein Ausgangsthor. Die Markgrafen ließen zwischen dem Kanzleigebäude und dem Residenzschlosse einen Verbindungsgang zu dem Zweck herstellen, um die Regierungs-Kollegien und die Kirche besuchen zu können, ohne die Straße betreten zu müssen. Dieser Gang, der in seinem letzten Teile über eine Straße führte, wurde erst im letzten Jahrhundert abgebrochen. Gegenwärtig befinden sich in dem Kanzleigebäude die Bureaus und Sitzungssäle des königlichen Land- und Amtsgerichtes.

Auf der beigegebenen Abbildung sieht man neben den 3 Kirchtürmen von St. Gumbertus die Westfront des Kanzleigebäudes.

Das gegen Süden isoliert stehende, die beiden Märkte trennende Gebäude, „ein schlichter Renaissancebau mit dreiteiligen, gotisch profilierten Fenstern und zwei jetzt verbauten Portalen mit durchschneidenden Stabgliederungen im Flachbogen" stammt auch aus der Markgrafenzeit. Georg der Fromme hat es 1531 als Landhaus gegründet, woselbst die Landtage und die Sitzungen des seit 1556 nach Onolzbach verlegten und dort bis zur

St. Gumbertuskirche
mit Kanzleigebäude und Landhaus.

Auflösung des deutschen Reiches bestandenen „Kaiserlichen Landgerichts Burggrafthums Nürnberg" gehalten wurden. Aber auch zu Tanzvergnügungen und theatralischen Aufführungen dienten die geräumigen Säle des Gebäudes. Seit länger denn einem Jahrhundert befindet sich in den unteren Räumlichkeiten die Herrschafts- oder Hof-Apotheke. An der Westseite des Gebäudes liest man über dem Portale folgende Majuskel-Inschrift (in deutscher Übersetzung): „Markgraf Georg, berühmt durch seine Frömmigkeit und hervorragend durch jegliche Tugenden, erbaute auf seine Kosten dieses Gebäude. Den schönen Künsten setzte er würdige Preise aus, er war berühmt durch seine Ahnen, noch berühmter aber deshalb, weil er das Wort Christi mit frommer Liebe förderte."

Das Langhaus der Gumbertuskirche wurde unter Markgraf Carl Wilhelm Friedrich in den Jahren 1736 bis 1738 gegen den unteren Markt zu erweitert und umgebaut. Oberhalb der Kirchthüren befindet sich folgende Inschrift: „Diese Kirche wurde von Gumbertus vor neun Jahrhunderten erbaut, von Karl dem Großen mit verschiedenen Privilegien bedacht, vom frommen Bekenner des gereinigten Evangeliums Markgraf Georg erweitert, vom durchlauchtigsten Markgrafen Carl Wilhelm Friedrich, dem Vater des Vaterlandes, zum Besten der gläubigen Nachkommen aufs freigebigste einer letzten Verbesserung unterworfen im Jahre des Heils 1738." Oberhalb der Fenster auf der Marktseite sieht man das markgräflich brandenburgische, von Posaunenengeln gehaltene Wappen.

Zugleich mit der Erweiterung der Gumbertuskirche ließ Markgraf Carl Wilhelm Friedrich an der Südseite des Chores der Kirche einen Brunnen errichten. Aus achteckigem Bassin, dessen einzelne Flächen in Ovalen mit dem Brandenburgischen Adler, auf der Brust mit dem Hohenzollern-Schild, geziert sind, erhebt sich eine gestürzte Pyramide mit den vergoldeten Namenszügen des Markgrafen, von der ehemals vergoldeten, jetzt bronzierten Büste des Markgrafen gekrönt.

Unter dem Chor, der jetzigen sogenannten Schwanenritterkapelle, befand sich in früherer Zeit eine zum Begräbnisse der Stiftspersonen verwendete Krypta, deren Gewölbe nunmehr zur Aufbewahrung von Meßbuden benützt werden. An der Ostseite des Chores, hinter dem Schwanenordensaltar, ist ein zierlicher, mit eisenbeschlagener Thüre versehener Erker angebaut, in welchem früher die in Silber gefaßten Gebeine des heiligen Gumbertus aufbewahrt worden sein sollen. Nach der Reformation wurden diese Reliquien als für die Stiftskirche wertlos verschleudert. Ein Teil derselben kam ins Jesuitenkloster nach Brüssel.

Nächst dem Münster in Heilsbronn ist es die Schwanenordenskapelle der St. Gumbertus-Stiftskirche zu Ansbach, welche die meisten Denkmale an die älteste Zeit der Hohenzollernherrschaft aufzuweisen vermag.

Sagen und Legenden.

Die Herrschaft der Hohenzollern in Franken ist nicht nur von einer Reihe geschichtlich beglaubigter Thatsachen begleitet, es knüpfen sich an sie auch Legenden und Sagen. Insbesondere kommen hier zwei Geschichten in Betracht, welchen als gemeinsam die Fabel zu Grunde liegt, daß bei ihnen die gewaltsame Tötung von Kindern eine Rolle spielt.

Die eine Legende betrifft die Erschlagung zweier Söhne des Burggrafen Friedrich III. durch die Sensenschmiede in Nürnberg und hat sich die Sage dahin verdichtet: Die beiden jugendlichen Söhne des Burggrafen, Johann und Sigmund, seien in der Umgegend von Nürnberg auf die Jagd geritten, während die Diener mit den Jagdhunden an der Leine voraus waren. Da habe sich einer der scharfen Hunde von der Koppel losgerissen, sei durch die Schmiedsgasse in Nürnberg gerannt und habe das dort spielende Kind eines Sensenschmiedes in Stücke gerissen. Darob seien alle Schmiede aus ihrer Werkstätte in höchster Erbitterung auf die Gasse gelaufen, und als die burggräflichen Prinzen ahnungslos nachgeritten kamen, seien sie von den erzürnten Schmieden ohne weiteres, als wenn sie schuld an dem Tode des Schmiedskindes gewesen wären, erschlagen worden. Nun seien die Sensenschmiede, um der Strafe des erzürnten Burggrafen zu entgehen, von Nürnberg, wo der Sensen- und Sichelhandel ehedem beträchtlich gewesen, geflohen und hätten das Sensenhandwerk im Ries in Aufnahme gebracht. Der Burggraf aber habe seinen erschlagenen Söhnen ein feierliches Leichenbegängnis veranstaltet und zum Gedächtnis an diese That den

Häusern der entflohenen Schmiede einen ewigen Zins auferlegt. Eine alte geschriebene Nürnberger Chronik erzählt die Legende in folgenden Versen:

> „Die Bürger schlugen . . .
> den ein tod vom Roß,
> der zweyt in dem lermen groß
> Vermeint den Bürgern zu entreiten,
> do schlugen sie von beeden seiten
> auff ihn bis Er rab fiel vom Pferd,
> das er auch tod lag auff der Erd',
> Die Thäter aber rüsteten sich
> und zogen alle samtlich,
> gen Donawert und an den riß,
> von dem heutigen Tag gewis
> sein so viel sichelschmied entstanden
> in dem Riß und Schwaben landen."

Diese Legende hat sich erwiesenermaßen erst mehrere Jahrhunderte nach der Zeit zu bilden angefangen, in welcher der Vorfall sich zugetragen haben kann. Übrigens ist sich die Sage bezüglich der Zeit nicht konsequent geblieben; einmal wird der Vorfall ins Jahr 1262, dann in das Jahr 1269, ja sogar in die Jahre 1284 oder 1298 verlegt.

Daß das Ereignis sich nicht im Jahre 1298 zugetragen haben kann, liegt klar zu Tage; denn im Jahre 1297 ist Burggraf Friedrich III. gestorben und ist ihm kein Sohn aus seiner ersten Ehe mit Elisabetha, einer Herzogin von Meran, in das Burggrafentum gefolgt, sondern seine beiden Söne, Friedrich IV. und Johannes, aus der zweiten Ehe mit Helene von Sachsen. Es ist hiebei im Auge zu behalten, daß Friedrich III. sich im Jahre 1246 mit Elisabeth v. Meran vermählt hatte und daß diese im Jahre 1273 starb. Es existieren nun zwei Urkunden vom Jahre 1265, ein Lehensinstrument des Burggrafen Friedrich III. und seiner Gemahlin Elisabeth vom Juli 1265 und damit korrespondierend ein Revers des Abtes zu Ellwangen von dem=

selben Jahre, wornach das burggräfliche Ehepaar die aus der Meraner Erbschaft angefallenen Herrschaften Bayreuth und Cadolzburg dem Stift Ellwangen zu Lehen auftrugen, jedoch mit dem Beding, daß, wenn ihnen ein männlicher Erbe geboren würde, es ihnen frei stehen solle, das Eigentum dieser Güter wieder zurückzufordern. Wenn das burggräfliche Ehepaar im Juli 1265 noch keinen Sohn hatte, so konnten nicht 1269 zwei Prinzen auf einem Jagdritte erschlagen werden. Auch vom 8. September 1269 ist eine Urkunde vorhanden, worin der Burggraf dem Kloster Heilsbronn zwei Wälder und einen Hof unter Zustimmung seiner Gemahlin, seiner Schwester und seiner drei Töchter schenkte. Hätte er damals einen Sohn gehabt, so wäre das sicherlich in der Urkunde bemerkt oder wäre höchst wahrscheinlich die ganze Schenkung unterblieben.

Daß das burggräfliche Ehepaar Friedrich und Elisabeth noch im Jahre 1267 keine Söhne hatte, geht auch aus einer Urkunde aus jenem Jahre hervor, wonach Pfalzgraf Ludwig vom Rhein als damaliger Reichsvikarius, der ältesten an den Grafen Ludwig von Öttingen vermählten Tochter des Burggrafen, Namens Maria, die Erbfolge in das Burggrafentum Nürnberg zugesteht, „im Fall ihr Vater ohne männliche Erben sterben sollte". Weil aber derselbe in Folge der im Jahre 1275 mit Prinzessin Helene von Sachsen eingegangenen Ehe noch zwei männliche Erben in der Person der Prinzen Friedrich und Johannes bekam, so verzichtete Maria unterm 15. August 1280 auf die in Aussicht gestellte Nachfolge. Es ist hiedurch aber auch klargestellt, daß im Jahre 1284, in welchem Jahr Hofrat Jung nach einer alten Nürnberger Chronik den Vorfall geschehen sein läßt, keine Söhne des Burggrafen auf einem Jagdritte erschlagen worden sein können. Geschichtlich steht in keiner Weise fest, daß Burggraf Friedrich III. überhaupt erstehelige Söhne gehabt habe. Wie die Legende entstanden ist? — Müßige Frage. Bei der Sagenbildung hat ja die Phantasie den freiesten

Spielraum. Einen Erklärungsgrund, wie die Legende hat entstehen können, möchte in dem zwischen dem burggräflichen Hause und der Reichsstadt Nürnberg von jeher bestandenen gespannten Verhältnisse zu suchen und zu finden sein. —

Um kein Haar besser fundiert ist die andere Sage — die von der weißen Frau des Hauses Hohenzollern. Der Held der Legende ist ein Enkel Friedrich's III., Burggraf Albrecht († 1361). Dieser war ein kluger und tapferer Fürst, über den berichtet wird, daß nach dem Tode Ludwigs des Bayern ihm die Reichsstände die kaiserliche Würde angetragen hätten, welche Ehre er jedoch ausgeschlagen. Von ihm wird auch gerühmt, daß er mit besonders schönen Leibesgaben geziert gewesen sei, so daß ihn schon die Mitlebenden Albrecht den Schönen genannt haben. Sein Bild nach einer Statuette im Kloster zu Heilsbronn ist beigegeben.

Die bezügliche Legende hat sich nun allmählig dahin gebildet: Der Burggraf Albrecht hatte ein Liebesverhältnis mit einer verwittweten Gräfin von Orlamünde zu Plassenburg. Diese soll zwei Kinder gehabt haben, deren Dasein, wie die Gräfin glaubte, den Burggrafen abhielt, ihr die Hand zu reichen. Um dieses Hindernis zu beseitigen, soll die Gräfin ihre beiden Kinder, und zwar um die gewaltsame Tötung zu verbergen, durch unsichtbare Nadelstiche in das Gehirn ermordet haben. Allein der Mord sei nicht verborgen geblieben und die Mörderin habe ihr Verbrechen durch lebenslängliche Einkerkerung gebüßt. Ihr Geist soll in Gestalt einer weißen Frau in den Schlössern der zollern-brandenburgischen Familie erscheinen, so oft sich in dieser ein Todesfall ereignet. Andere wollen wissen, daß Gräfin Kunigunde zur Buße eine Pilgerfahrt nach Rom gemacht und daß sie nach ihrer Rückkehr von ihrem Schlosse Plassenburg aus nach dem Kloster Himmelkron bußfertig auf den Knieen gerutscht, dann Abtissin des dortigen Klosters geworden und als solche gestorben sei.

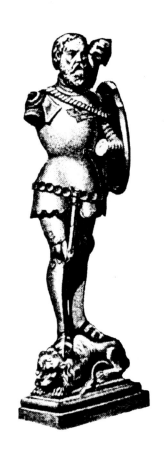

Albrecht der Schöne
Burggraf von Nürnberg.

Grabstein der Gräfin Orlamünde.
(Die sog. „Weiße Frau".)

Die Mordgeschichte hat sich bei näherer Prüfung als vollständig erdichtet erwiesen. Der Vorfall findet sich in keiner gleichzeitigen Aufschreibung erwähnt, sondern wird erst 200 Jahre später erzählt. Das angebliche Liebesverhältnis kann stattgefunden haben und diese Möglichkeit mußte dann für die Sage die Folie hergeben. Aber Gräfin Kunigunda war ja nachgewiesenermaßen beim Tod ihres Gatten kinderlos, hat also als kinderlose Gräfin gewiß keine eigenen Kinder ermorden können. Sie kaufte im Jahre 1343 von den Burggrafen Johann und Albrecht die Veste Gründlach oder Himmelthron bei Nürnberg und gründete dort ein Kloster, als dessen Äbtissin sie starb. Der Grabstein der sogenannten weißen Frau befindet sich nicht zu Himmelkron bei Bayreuth, sondern in der ehemaligen Klosterkirche zu Himmelthron (Gründlach) zwischen Nürnberg und Erlangen. Er trägt die Umschrift:

† ANNO . MCCCLI . OBIIT . DMA . C .
NEGONTIS ORLAMD . FNDATOIS . . .
S . ABBATISSA . IN . CELI . THRONO .

(d. h. Anno MDCCCLI . . . obiit domina Cunegondis de Orlmund, fundatoris hujus abatissa in Celi Throno).

Die Gräfin ist, wie die beigegebene Abbildung zeigt, im Nonnenschleier und im Habit der weißen Frauen von Cisterz (Cisterzienserinnen) dargestellt, trägt in der Rechten den Äbtissinnenstab und in der Linken ein Gebetbuch. Diese Gestalt hat allerdings etwas so Geisterhaftes, daß man beim Anblick derselben in die Worte des Dichters einstimmen möchte:

> Gehüllt in weiße Witwentracht,
> In weiße Nonnenschleier,
> So schreitet sie um Mitternacht
> Durch Burg und Schloßgemäuer.

Das Gerücht von der Erscheinung der weißen Frau scheint von Plassenburg und Bayreuth ausgegangen zu sein. Dort soll sie sich zum erstenmale kurz nach dem Tode des Kurfürsten

Albrecht Achilles († 1486) gezeigt haben. Bis in die neueste Zeit herein, bis 1866, finden sich dann Fälle von Erscheinungen in den Schlössern zu Bayreuth, Plassenburg, Berlin und Ansbach verzeichnet. Es ist nur zu verwundern, daß im Jahre 1888, wo doch zwei Kaiser aus dem Hohenzollernhause kurz nacheinander starben, nichts von Erscheinungen der weißen Dame verlautet hat, da diese doch sonst sich vornehmlich als Todesverkündigerin gezeigt haben soll.

Sucht man nach einem Grunde, wie das Gerücht entstehen konnte, so wird man darauf geführt, daß die Gespensterfurcht des abergläubischen Markgrafen Friedrich (1486—1515) von seinen Kavalieren und Beamten dazu benützt wurde, um die Hofhaltung von dem unbequemen Schlosse in Bayreuth wegzubringen. Markgraf Friedrich ließ sich in der Tat einschüchtern und verlegte die Hofhaltung auf die Plassenburg. Hier fing indes die weiße Frau bald wieder zu rumoren an. Nun war es eine Hofdame — Fräulein v. Rosenau —, welche längere Zeit hindurch zur Nachtzeit unter der Maske der weißen Frau durch gewisse Zimmer wandelte, in welche sie nicht begleitet zu werden wünschte. Es kam sogar vor, daß ein Doppelexemplar sich gegenseitig das Recht streitig machte, die eigentliche weiße Frau zu sein.

Auch zu politischen Zwecken wurde die Maske der weißen Dame benützt. Das sollte ihr aber übel bekommen. Als im Jahre 1540 die Erscheinung wieder auf der Plassenburg ihr Unwesen trieb, wollte der reckenhafte Markgraf Albrecht Alcibiades, der sich vor Menschen und Geistern nicht fürchtete, nicht eher daran glauben, als bis er sich selbst überzeugt haben würde. Er verbarg sich zu diesem Zwecke nachts in dem großen Fürstensaale, um die Erscheinung zu erwarten. Da öffneten sich um Mitternacht die Flügelthüren und eine verhüllte Gestalt trat ein und schlich leise gegen die zum Schlafgemach des Markgrafen führende Thüre zu. Nun aber sprang Albrecht aus seinem Versteck hervor, umfaßte mit kräftigen Armen die Erscheinung, schleppte sie trotz heftigen Sträubens bis zur steilen in den Burghof führenden Wendeltreppe und stürzte das Gespenst kopfüber hinab. Als dann die auf das Rufen des Markgrafen herbeigeeilten Diener im Schloßhof nachsahen, fanden sie — den Kanzler Christof Straß mit gebrochenem Genick und bei ihm einen Dolch und Briefe, welche auf ein Einverständnis mit dem Bischof von Bamberg und auf die Absicht des Letzteren deuteten, den Markgrafen heimlich aufzuheben.

So oft man der „weißen Frau" tapfer zu Leibe ging, klärte sich die Erscheinung auf eine ziemlich natürliche Weise auf. In Berlin, wo sie 1598 zum ersten Male sich zeigte, entpuppte sie sich unter Friedrich Wilhelm I. als Küchenjunge, ein andermal als Soldat und im Mai 1850 konnte sich der Geist am andern Morgen als eine unter dem Namen der „schwarzen Miene" bekannte, im Schlosse wohnende Köchin legitimieren. Auch die Erscheinung, die der totkranke König Friedrich I. von der „weißen Frau" gehabt haben wollte, klärte sich harmlos in der Weise auf, daß seine irrsinnige dritte Gemahlin Sophie Luise im weißen Nachtgewande an das Krankenlager ihres königlichen Gemahls gekommen war. Die „weiße Frau", die unter Friedrich Wilhelm IV. im Berliner Schlosse kurz vor dem Attentate Sefeloges gewahrt worden ist, floh, als die Schildwache sie anrief, mit lautem Angstrufe und fliegenden Haaren und statt, daß sie, wie man von einem Geiste annehmen sollte, dahingeschwebt oder plötzlich verschwunden wäre, stolperte sie die Treppe hinab, so daß die auf der offenen Gallerie nach dem Schloßhofe zu stehende Schildwache das Geschrei und Geräusch des Laufens ganz deutlich vernommen hat.

Gewiß waren es bei Denen, welche die Erscheinung der weißen Frau gesehen haben wollen, zumeist Sinnestäuschungen, welche, hervorgerufen durch die Stille der Nacht in großen Räumen und zur Zeit des Mondlichts mitgewirkt haben. So konnte einmal eine verdächtige Erscheinung, die in einem nach der Spree zu gelegenen Turme des Berliner Schlosses beobachtet und als die weiße Frau gedeutet wurde, bei näherer Untersuchung als der bewegliche Widerschein des vom Monde beleuchteten Wasserspiegels der Spree festgestellt werden.

Wie oft mag auch nervöse Reizbarkeit, Furcht oder Schrecken, durch Scherz oder Bosheit angeregt, die Einbildungskraft mit einer Gestalt beschäftigt haben, welche in Wirklichkeit nicht vorhanden war. Wohl in diese Kategorie fallen die Erscheinungen, wie sie sich den Franzosen, Napoleon I. und seinen Generalen, in Bayreuth präsentierten.

Während die Franzosen im Jahre 1806 das preußische Fürstentum Bayreuth okkupiert hatten, wurden mehrere französische Generale im dortigen Schlosse einquartiert. Da pflegte alsbald die „weiße Frau" sehr unruhig und heftig zu werden. Klappernd tobte sie über die Treppen und durch die Gänge, so daß die Generale erschreckt wurden. Eine besonders bemerkenswerte Scene ereignete sich im Jahre 1809, als auf einem Durchmarsch der französische Divisionsgeneral vom 8. Corps, d'Espagne, im Schlosse zu Bayreuth einquartiert war. Da wurden gegen Mitternacht die Ordonnanzoffiziere des Generals durch ein fürchterliches Geschrei in das Schlafzimmer desselben zu eilen veranlaßt. Hier fanden sie ihren Chef unter der umgestürzten Bettstelle. Der General befand sich in dem aufgeregtesten Zustande und erzählte, daß die „weiße Frau", deren Toilette er genau beschrieb, ihm erschienen sei und ihn zu erwürgen gedroht habe; endlich habe sie das Bett mitten in das Zimmer geschoben und umgestürzt. Noch in selbiger Nacht verließ General d'Espagne das Residenzschloß, um sein Quartier auf der Fantasie zu nehmen. Er fiel bald darnach in der Schlacht bei Aspern. Die Erzählung jener Begebenheit fand in der französischen Armee weite Verbreitung und kam auch zu Ohren Napoleons.

Dieser war zweimal in Bayreuth: das erste Mal am 14. Mai 1812 auf seinem Zuge nach Rußland. Er wollte mit Rücksicht auf die ihm hinterbrachte Belästigung seiner Generale — und Napoleon war ja bekanntlich abergläubisch — nicht im alten, sondern im neuen Schlosse wohnen. Von Aschaffenburg war ein eigner Kurier mit dem ausdrücklichen Befehle vorausgesandt worden, daß der Kaiser nicht in denjenigen Zimmern einlogiert sein wolle, in welchen die „weiße Frau" zu erscheinen pflege, sowie, daß vor dem Eintreffen des Kaisers Niemandem der Zutritt in die für ihn eingerichteten Gemächer gestattet werden solle. Der Intendant des Schlosses, ein sonst aufgeklärter Mann, der jedoch an Kurzsichtigkeit litt, erzählt, daß er wenige Stunden vor der Ankunft Napoleons bei einem Umgang durch die eingerichteten Zimmer, um sich zu überzeugen, ob Alles in Ordnung sei, sehr unangenehm durch die Erscheinung einer Dame in der Palmen-Gallerie überrascht worden sei. Als er den Haushofmeister an das ergangene Verbot erinnerte und nochmals nach der Dame geblickt, habe er in ihr die „weiße Frau" erkannt, welche dann einen Augenblick später wieder verschwunden sei.

Als Napoleon in Bayreuth eintraf, erkundigte er sich sogleich beim Intendanten, ob seine durch den Kurier überbrachten Befehle befolgt worden wären, was bejaht werden konnte. Nachdem der Kaiser übernachtet, zeigte er sich am Morgen auffallend unruhig und verstimmt, weshalb sich seine Umgebung zuflüsterte, daß Seine Kaiserliche Majestät sehr unruhig geschlafen und der Schlaf wahrscheinlich durch die Erscheinung der „weißen Frau" eine Störung erfahren habe. Mehrmals warf Napoleon die Worte hin: „ce maudit chateau" und äußerte zu seiner Umgebung, daß er in diesem Schlosse nicht wieder absteigen möge. Er erkundigte sich genau nach dem Kostüme des Gemäldes der „weißen Frau", lehnte jedoch das Anerbieten, daß man das Bild zur Stelle schaffen wolle, mit auffallender Heftigkeit ab.

Dieses Bild befindet sich heute noch im neuen k. Schlosse zu Bayreuth; es zeigt das Konterfei einer Dame des 16. Jahrhunderts (also nicht der Gräfin Orlamunde) im dunkeln pelzverbrämten Mantel und mit einer weißen Kappe, die einen weißen Vorstoß hat.

Am 3. August 1813 auf der Reise nach Dresden kam Napoleon nochmals nach Bayreuth. Diesmal wollte der Kaiser aber nicht im neuen, sondern im alten Schlosse absteigen. Allein, wiewohl alle Vorbereitungen zu seiner Aufnahme daselbst getroffen waren, besann er sich doch bei seiner Ankunft eines Besseren, indem er es vorzog, statt in Bayreuth wieder zu übernachten, weiter zu fahren, und anderswo Nachtquartier zu nehmen.

Sowohl für die den französischen Generalen als für die dem Kaiser Napoleon gewordenen Erscheinungen liegt ein sehr natürlicher Erklärungsgrund vor. Damals war an dem Bayreuther Schloß ein gut preußisch gesinnter Schloß-Kastellan Namens Schlüter angestellt. Diesem waren die französischen Gäste ein Gräuel. Um sie zu vertreiben und ihnen die Wiederkehr zu verleiden, veranstaltete er den Spuck. Nach dem im Jahre 1822 erfolgten Tode dieses Kastellans fand man in dessen Nachlaß verschiedene an die weiße Frau erinnernde Gewandstücke — und seitdem hat man nichts mehr von dem Erscheinen der „weißen Frau" in Bayreuth gehört. Luise Mühlbach hat vor 30 Jahren eine Novelle „Napoleon und die weiße Frau" erscheinen lassen, die viel von sich reden machte, aber mit sehr viel poetischer Licenz ausgestattet ist. —

Eine andere, noch weit ältere Sage, die sich an die Wiege unseres Kaiserhauses knüpft und auf einer uralten Überlieferung beruht, ist die: die Hohenzollern seien Sprößlinge des italienischen Fürstenhauses Colonna. Einer dieses Hauses, das mit dem

Papst Gregor VII. in Hader gelegen, Namens Ferfried, habe sich nach Deutschland zum Kaiser Heinrich IV. gewandt; dieser Ferfried habe in der Schlacht bei Mölsen zwischen Heinrich IV. und dem Gegenkaiser Rudolf von Schwaben letzterem die treulose rechte Hand abgeschlagen. Deshalb habe, wie es in dem Lied heißt, der Kaiser ihm verliehen:

> „Ein Land neben Württemberger Gefild,
> Macht ihn zum Grafen Lobesann,
> Den theuern wohlverdienten Mann,
> Der baut die Vest, heißt Hohenzorn,
> Und sprach: Mein Glück ist unverlor'n."

Andere wollen wissen, Ferfried habe die von ihm im Schwabenland gebaute Burg nach seinem italienischen Stammsitz „Zagarollo" (daher Zolra, Zollern) genannt.

Wallfahrten.

In den deutschen fürstlichen und ritterbürtigen Familien gehörte es auch noch Jahrhunderte nach den Kreuzzügen zur frommen Sitte, Pilgerfahrten nach dem heiligen Grabe zu unternehmen, sei es zur Erfüllung eines Gelübdes, sei es, um angesichts der geheiligten Grabesstätte den Ritterschlag zu empfangen. Es galt lange Zeit noch als das höchste Ziel der Sehnsucht eines christlich-religiösen Gemütes, an den heiligen Stätten, wo der Erlöser litt und starb, zu Gott zu beten und den reichen Ablaß, der damit durch die Verheißungen der Kirche verbunden war, sich zuzueignen.

Von den übrigen Ländern Europas abgesehen, gibt es in Deutschland kaum eines, aus welchem nicht im Mittelalter regierende Häupter oder Angehörige desselben eine Wallfahrt nach Jerusalem unternommen haben.

Aus dem Geschlecht der Hohenzollern war der erste, von dem bekannt ist, daß er die heiligen Stätten aufgesucht, der romantische Burggraf Albrecht der Schöne von Nürnberg, derselbe, der in die vielbesprochene Sage von der „weißen Frau" hineinverwebt ist. Seine Ritterfahrt in das heilige Land, die in die Zeit zwischen 1337 und 1341 fällt, ist in einem Liede verherrlicht, welches den Peter Suchenwirt, einen als kundigen Ehrenhold Herzog Albrechts III. von Österreich geschätzten Sänger, zum Verfasser hat. Wie dieser Wappendichter berichtet, war Burggraf Albrecht nicht zufrieden, in der Kirche des heiligen Grabes in Jerusalem und an den übrigen dortigen geweihten Stätten seine Andacht verrichtet zu haben; er suchte noch das Grab der heiligen Katharina auf, den Berg Orep,

der in der Wüste Wasser gibt und auf der Rückreise auch Baby=
lon. Der erwähnte Sänger beschreibt dies also:

> ... Darnach war übers Meer gereist
> Der Herr mit ganzer Innerkeit
> Und sah das heilig Gottes Grab.
> Dann noch wollt' er nicht lassen ab,
> Er zog zu Sankt Katreyen,
> Die müßt' seine Seel' befreien
> Von allem großen Ungemach;
> Ihr Grab, ihr heilig Öl er sach;
> Dem Edlen ward da noch bekannt
> Orep, der Berg im Heidenland,
> Der in der Wüste Wasser gab ....
> Er nahm auch Babyloni wahr
> An seiner Widerfährte,
> Ihm däucht die Fahrt nicht herbe
> Her übers Meer und heim zu Land ....

Als ein Herzensbedürfnis empfanden es auch der erste Kurfürst aus dem Hause Hohenzollern, Friedrich I., Markgraf von Brandenburg=Ansbach, und seine Gemahlin, die schöne Else von Bayern, als ein pflichtmäßiges Opfer frommer Dankbarkeit für die Errettung aus so vielen Fährnissen eine Pilgerfahrt nach dem heiligen Grabe zu unternehmen. Da indes beide bei vorge= rückten Jahren waren und sich nicht mehr die nötige körperliche Kraft zu einer für die damalige Zeit immerhin beschwerlichen und gefahrvollen Reise nach dem gelobten Lande zutrauten, so erlasen sie dazu ihre Söhne Johann (damals 31 Jahre alt) und Albrecht Achilles (20 Jahre alt), indem sie glaubten, daß auch den Eltern das von den Söhnen zu erwerbende Verdienst zu gute komme. In einer Anzeige Johanns, der damals an des Vaters statt Regent in der Mark Brandenburg war, an die Bürgermeister und Ratmänner der Stadt Berlin vom 25. Februar 1435 erklärt derselbe, daß er „nach dem Willen seines lieben Herrn und Vaters zu Rate geworden, mit Hilfe des allmächtigen Gottes eine Ritterfahrt übers Meer zu machen."

Von den Eltern ausgerüstet, reisten die jungen Markgrafen in Begleitung vieler Personen (gegen 70) aus den angesehensten Familien Frankens und des reußischen Voigtlandes, zum Teil auch aus Bayern (man findet darunter die Namen: Rotenhahn, Heßberg, Lichtenstein, Egloffstein, Giech, Schenk v. Geyern, Künßberg, Eyb, Absberg, Wallenfels, Lentersheim, Graf von Gera, Pappenheim, Stein, Hirschberg, Kotzau, Zedwitz) von Nürnberg aus am 21. März 1435 ab. Aus der Mark war als Adeliger nur Heinz Kraft dabei, aus Nürnberg zogen mehrere Bürger aus patrizischen Familien — so Sebald Pfinzing, Hans Stromer, Franz Rumel, Sebastian Volkamer — dazu einige Franziskanermönche und mehrere ärmere Personen mit, für welche die Markgrafen die Kosten übernahmen. Unter der Dienerschaft befanden sich zwei Dolmetscher, ferner ein Schneider und Kunz, der Balbierer. Auch das „Leckerhänslein", wahrscheinlich der Koch oder Kellermeister, war nicht zurückgelassen worden. Selbstverständlich fehlte auch ein Leibarzt nicht, den die besorgten Eltern ihren Söhnen in der Person des Dr. Hans Lochner mitgaben. Dieser Leibarzt hat in der Form eines Reisetagebuches den kurfürstlichen Eltern einen Bericht über die Pilgerfahrt erstattet, welcher der Nachwelt überliefert und zum erstenmal in dem 1790 erschienenen 2. Bande des von Büttner, Keerl und Fischer herausgegebenen Fränkischen Archives mitgeteilt worden ist. Es bildet dieser Reisebericht einen überaus schätzbaren und wertvollen Beitrag zur Geographie und Geschichte des Mittelalters, sowie insbesondere zur Kenntnis des heiligen Landes. Zugleich diente der Bericht dazu, öffentliche Rechenschaft abzulegen, daß alle religiösen Pflichten, welche für die Erlangung vollständiger Sündenvergebung, die man von solcher Pilger= und Betfahrt hoffte, gefordert wurden, wirklich erfüllt seien.

Nach Dr. Lochners Bericht ging die Reise über Venedig, Korfu und Jaffa. Am 30. Mai 1435 kam die Pilgergesell=

schaft in Jerusalem an. Dort hielt sie Umgang an allen heiligen Stätten und unternahm auch Ausflüge nach dem Jordan und dem toten Meere, nach Bethlehem und dem Gebirge Juda. Während eines nächtlichen Besuches in der heiligen Grabeskirche erteilte Markgraf Johann 29 von seinen Begleitern, darunter auch seinem jüngeren Bruder Albrecht, den Ritterschlag. Die Ceremonie des Ritterschlags bestand darin, daß dem Ritterbürtigen zunächst die Bedeutung des Standes, in den er einzutreten beabsichtigte, auseinandergesetzt und ihm vorgehalten wurde, was einer zu versprechen habe, wenn er Ritter mit dem Schwert werden wolle. Nachdem dieser versprochen, das beste nach seinem Verständnis und seinem Vermögen zu thun, zog derjenige, welcher den Ritterschlag erteilte — ein Fürst oder der vom Papst und Kaiser mit Vollmacht dazu ausgerüstete Prokurator der Franziskanerbrüder des Klosters auf dem Zion — das Schwert, mit dem der Ritterkandidat umgürtet war, aus der Scheide, reichte es ihm hin zum Küssen in dem Namen des Vaters, des Sohnes und des heiligen Geistes und auch des St. Jörg. Dann mußte der Ritterbürtige niederknieen und wurde er mit seinem Schwert dreimal über den Rücken mit den Worten geschlagen: Ich schlage Dich Ritter in dem Namen des Vaters, des Sohnes und des heiligen Geistes und St. Jörg, des treuen Ritters, und wie dieser ist fromm und gerecht gewesen, also mußt auch Du sein und bleiben. Nun wurden ihm Schwert und Sporen umgürtet. Nach Beendigung der Feierlichkeit, welche gegen 2¼ Stunden währte, ward durch den Guardian an der geheiligten Leidensstätte auf dem Kalvarienberg feierlich die Messe celebriert und der ganzen Pilgerschar das Abendmahl gespendet. Angesichts der geheiligten Grabesstätte den Ritterschlag zu empfangen, der als die erhabenste Weihe und als köstlichster Ehrenpreis der Ritterschaft angesehen wurde, galt in der damaligen Zeit als ein besonderer Vorzug.

Am Tag vor der Rückreise, dem Pfingstfeiertage, besuchte ein Teil der Reisegesellschaft noch einmal den Ölberg und die Zionskirche, wo sie am Altar der Fußwaschung die Messe hörte, sich „St. Johanns Minne sagen ließ und aus dem Kelch trunkhene". Dieses „Sankt Johannis Minnetrinken" ist ein uralter christlicher Brauch. Wie an Ostern von den Katholiken Brod und Fleisch zum Weihen in die Kirche gebracht wird, so geschieht dies an vielen Orten am dritten Weihnachtsfeiertag, dem Gedächtnistag des Evangelisten Johannes, mit dem Wein, und ist dieser Brauch unter dem Namen „St. Johannis Minne= trinken" bekannt. Schon zu Karl des Großen Zeit war es Sitte, zu St. Johannis Minne zu trinken. Die Heiligenlegende erwähnt von dem Apostel Johannes, daß er in Ephesus zum Zeichen, daß Gott der wahre Gott sei, einen Giftbecher mit dem Kreuzeszeichen gesegnet und dann den Wein ohne Schaden ge= trunken habe. Es wurde von den Priestern am Altar der Wein gesegnet und bekreuzigt und unter dem Namen „Benediktion des Weines" der Gemeinde gespendet. Eine Hindeutung darauf liegt in der hergebrachten bildlichen Darstellung des Evangelisten Johannes mit dem Kelche in der Hand, aus welchem eine Viper herausschaut, der Johannes mit dem aufgerichteten Finger seiner Rechten den Segen des Kreuzes entgegenhält. An seinem Ge= dächtnistage, 27. Dezember, pflegte das Bild ausgestellt und die erwähnte Legende verlesen zu werden. Diesem St. Johannis= segen wurde ein großer Wert beigelegt und war es zum Sprich= wort geworden: „An St. Johannis Segen ist alles gelegen, da er kann aus Kräutern Gold und das Gift unschädlich machen." Es ist aus der fränkischen Geschichte außer dem angeführten noch ein Fall bekannt, in welchem des St. Johannes Minne= trinkens erwähnt wird, wobei zu beachten ist, daß das Wort „Minne" erst im späteren Mittelalter die jetzige Bedeutung von Liebe und Frauendienst erlangt hat, während es ursprünglich „Erinnerung", „Andenken" bedeutet. So pflegten unsere Vor=

fahren bei Opfern und Gelagen der Götter oder der anwesenden und verstorbenen Genossen mit einem Becher zu gedenken und nannten das „Minne trinken". Das Beispiel, welches ich im Auge habe, findet sich in einem Tagebefehl desselben Albrecht, von dem eben die Rede war. In dem pommerischen Feldzuge vom Jahre 1478 erließ Kurfürst Albrecht Achilles aus dem Feldlager vor Garz an der Oder am Tag vor dem bevorstehenden Sturm einen Tagesbefehl des Inhalts: „Item der Heilige und sanct Jörg soll sein die Losung, die Mutter Gottes das heimliche Wahrzeichen, die Creutz das Zeichen und dazu Eichenlaub und nach Mitternacht soll man ein heilig Meß lesen und singen von den heiligen drei Königen und S. Johanns Minnetrinken."

Dieses St. Johannes Minnetrinken war ein auch noch Luther wohlbekannter Brauch. Hat doch derselbe in der am 2. April 1534 in der Pfarrkirche zu Wittenberg gehaltenen Gründonnerstagspredigt aus Anlaß der Worte des Evangeliums: „Und er nahm den Kelch 2c.", auf diesen Brauch Bezug genommen. Auf die Legende von dem ungefährlichen Gifttrunke des Apostels Johannes hatte sich Luther schon in der Predigt am Himmelfahrtstage 1522 zur Erklärung von Markus Kap. 16, V. 18 („Schlangen vertreiben, und so sie — die Jünger — etwas Tödliches trinken, wird's ihnen nicht schaden 2c.") berufen, indem er sagt: „Nicht alle Apostel haben Zeichen gethan, denn wir lesen auch von keinem mehr, der Gift getrunken hat, denn allein Johannes der Evangelist".

Am zweiten Pfingstfeiertage wurde von den markgräflichen Prinzen die Rückreise vom gelobten Lande angetreten und am 25. September 1435 gelangte die gesamte Pilgergesellschaft wohlbehalten wieder in Nürnberg an, nachdem sie im ganzen 174 Tage auf der Reise zugebracht hatte, und zwar brauchte sie davon 65 Tage zur Seereise hin und ebenso 66 zur Rückreise. Wie das Verdienst einer solchen beschwerlichen und gefahrvollen Reise stets durch große Ehrenbezeugungen und oft durch Geschenke anerkannt worden ist, so widmete auch in diesem Falle die Stadt Nürnberg — ausweislich der noch vorhandenen Schenkungsbücher — dem Markgrafen Johann einen vergoldeten schweren Becher von 5 Mark Gewicht für 48 Gulden und 12 Schillinge und einen ebenso theuern im Gewicht von 3 Mark und 13 Loth dem Markgrafen Albrecht Achilles.

Aber auch die kurfürstlichen Eltern, Friedrich und Else, sannen für das auch ihnen durch jene Betfahrt erhoffte Verdienst auf ein Dankopfer. Sie ersahen in dem Mittelpunkt der Mark den Ort, wo sie ein neues Stift zur Ehre Gottes gründen wollten, nämlich den Marien= oder Harlungerberg bei Brandenburg — dort wo ehedem von den Slaven der dreiköpfige Götze Triglaw verehrt worden war und wo einst Kaiser Heinrich der Vogelsteller, nachdem er die Waldveste Brennabor 931 erobert, den ersten christlichen Gottesdienst an demselben Orte eingerichtet hatte. Gleich nach dem Tage, an welchem die Eltern die geliebten Söhne wieder in die Arme geschlossen, am 26. September 1435, vollzog Kurfürst Friedrich I. in Kadolzburg, dem alten Schlosse der Hohenzollern in Franken, die Stiftungs= urkunde, wonach auf dem erwähnten Harlungerberg ein neues Kloster erbaut werden sollte, wobei die Klosterbrüder die Aufgabe hatten, bei Tag und Nacht durch Messen und Lobgesänge Maria, die Himmelskönigin, zu feiern.

Bald darnach finden wir einen aus der Schwäbischen Linie der Hohenzollern auf der Pilgerfahrt nach dem heiligen Grabe: es war der unglückliche Graf Friedrich von Zollern mit dem Beinamen der „Oettinger", dessen Stammburg Hohenzollern am 8. Mai 1423 zerstört worden war und der weltmüde 1443 den Pilgerstab ergriff. Er starb am 30. September des genannten Jahres im heiligen Lande zu Rama. Graf Albrecht zu Löwenstein fand im Jahre 1562 auf seiner Pilgerfahrt zu Rama viele Wappen deutscher Herren, darunter auch ein Zollernwappen, das höchst wahrscheinlich von dem Ottinger herrührt, indem es entweder dem Herkommen gemäß zu seinem Gedächtnis als Todenschild in der dortigen Kirche aufgehängt, oder von ihm selbst gelegentlich seiner Durchreise zum Andenken daselbst angeheftet worden ist.

Auch Kurfürst Friedrich II., genannt der Eiserne, wallfahrte nach dem gelobten Lande. Es war das, wie einer seiner Begleiter, Peter Rot, Bürgermeister von Basel, handschriftlich hinterlassen hat, im Jahre 1453. Die Fahrt ging über Zara, Ragusa und Korfu. Trotzdem der Pilgerschaft in der Nähe von Madon drei venetianische Galeeren begegneten, welche die Einnahme Konstantinopels durch die Türken berichteten, ließ sich der tapfere Kurfürst nicht abschrecken, sondern hatte den Mut, die gefahrvolle Reise fortzusetzen. Am 28. Juni um die Vesperzeit kam die Pilgerschar in der heiligen Stadt Jerusalem an. Wie es in dem Rot'schen Bericht heißt, „dieselbe nacht suchten wir alle die heiligen stett uswendig des tempels und am Fritag darnach lies man uns in den tempel des heiligen grabs . . . Item an dem vorgenannten Fritag in der Nacht schlug min gnediger Her Herr Fridrich marggraff zu Brandenburg die nachgeschrieben (29 an der Zahl) in der cappel des heiligen grabs ze ritter . . ." Als erster der zu Rittern Geschlagenen ist angeführt ein Graf Albrecht von Anhalt, dann Ludwig Landgraf von Leuchtenberg, ein Graf Hohenlohe, Mansfeld, Isenburg, Henneberg u. a.

Im Jahre 1492 unternahm sodann ein Sohn des Kurfürsten Albrecht Achilles, der Markgraf Friedrich der Ältere, in Begleitung des Apel von Seckendorf und Eberhard von Streitberg eine Wallfahrt nach dem heiligen Grabe. Wie seinem Vater und Oheim wurde auch ihm bei seiner Rückkehr seitens der Stadt Nürnberg eine Verehrung gereicht. Diese bestand nach den Schenkungsbüchern der Stadt in einem Kleinod, wert 61 Gulden, samt 24 Kandel Wein. Auf der Heimfahrt, zwischen den Inseln Rhodus und Kreta, wandelte den Markgrafen eine Lust zum Spiel an. Er bot daher dem Ritter von Streitberg an, „ihm einen Bock zu schlagen". Es war dies ein Hazardspiel, das darin bestand, daß ein Einsatz auf ein gewisses in ein vertieftes Pochbrett eingelegtes Kartenblatt gemacht wurde; fiel beim Umschlagen der Karte diese auf das gesetzte Kartenblatt, so gewann der Einsetzer das doppelte des Einsatzes, außerdem strich der Bankhalter den Einsatz ein. Der von Streitberg, welcher durch vorausgegangene Verluste gewitzigt sein mochte, schlug es dem Markgrafen ab, am Spiele teilzunehmen. Da erbot sich der von Seckendorf, dem Markgrafen den Bock zu schlagen; aber ihm wollte der Markgraf den Bock nicht halten. Darob entspann sich zwischen beiden ein höchst unerquickliches Zwiegespräch, das in einem Zeugnis niedergelegt ist, welches einer der Reisebegleiter und Zeugen der Sache auf Verlangen des Markgrafen ausgestellt hat und im Bamberger Archiv noch vorhanden ist.

Nun trat eine lange Pause ein. Die Türkenherrschaft ließ es nicht geraten erscheinen, fernerhin nach dem heiligen Grabe zu wallfahren. Erst in neuerer Zeit ist es im Hohenzollern'schen Hause wieder aufgekommen, gelegentlich von Reisen nach dem Orient auch Jerusalem und die übrigen geweihten Orte aufzusuchen. Nachdem im Jahre 1841 auf Anregung König Friedrich Wilhelm IV. in Jerusalem ein Bistum errichtet worden war, unternahm Prinz Albrecht von Preußen im Winter 1842 auf 1843 eine Reise in den Orient und be- besuchte hiebei auch die heiligen Stätten Jerusalems. Damals, aus Anlaß des Versuchs der Erneuerung des Schwanenordens (1843), wurde auch von dem König das Krankenhaus Bethanien gestiftet.

Gelegentlich der Einweihung des Suezkanals 1869 stattete Kaiser Friedrich als Kronprinz den heiligen Stätten einen Besuch ab und schrieb hierüber einen ausführlichen Reisebericht in einem Tagebuche nieder. Damals schenkte der Sultan dem Kronprinzen die alten Baugründe des Johanniterhospitals und im Anschluß an diese Erwerbung vollzog Kaiser Wilhelm II. im Jahre 1889 eine Urkunde über die Errichtung eines deutsch-evangelischen Bistums in Jerusalem. Nicht unerwähnt soll gelassen werden, daß auch Prinz Friedrich Carl im Jahre 1883 auf einer Reise in den Orient Jerusalem und die heiligen Stätten aufsuchte.

So hat es im Hohenzollern'schen Hause gewissermassen zur Tradition gehört, der Wiege des Christentums zu allen Zeiten eine hohe Verehrung und besondere Aufmerksamkeit zu schenken.

Der Pillenreuther Fischzug
und
der Kirchweihschutz von Affalterbach.

Trotzdem der Anfang der Macht und Herrschaft der Hohenzollern auf das Nürnberger Burggrafentum zurückzuführen ist, hatten die Burggrafen doch häufig Zwistigkeiten und Fehden mit der Reichsstadt Nürnberg, indem die Bürger dieser mächtig aufstrebenden freien Stadt sich mehr und mehr von dem neben ihrem Freistaat sich ausbreitenden Burggrafentum unabhängig zu machen und die burggräflichen Rechte einzuschränken suchten. So hatten die Nürnberger im Jahre 1376 dem Burggrafen Friedrich V. um seine Veste neben der Reichsburg eine Mauer gezogen, worüber sich der Burggraf beim Kaiser beschwerte. Zur Zeit des schwäbischen Städtebundes kamen dann die Feindseligkeiten zwischen der freien Reichsstadt und dem Burggrafen im Jahre 1388 zum offenen Ausbruch. Während hiebei der Burggraf gegen die Nürnberger einen großen Vorteil bei Roßstall errang, gelang es diesen, bis in die Nähe von Ansbach zu sengen und zu brennen, indem sie ihre Brandfackel bis nach Großhaslach und Vestenberg trugen. Schon in diesem Kriegszuge wurden von den Nürnbergischen Kanonen oder wie sie damals hießen „große Büchsen" verwendet. Nachdem die streitenden Teile des Kampfes müde geworden waren, schlossen sie im Jahre 1390 Frieden.

In dem Kriege, den Friedrich's V. Sohn und Nachfolger, Kurfürst Friedrich I., mit Herzog Ludwig von Bayern-Ingolstadt führte, ließen es die Nürnberger geschehen, daß ein bayerischer

Heerführer, Layminger, in der Nacht des St. Simon Judätags des Jahres 1420 die fränkische Stammburg der Hohenzollern einäscherte. Der Besitz derselben war den Burggrafen so verleidet, daß sie sogar verzichteten, die Burg wieder aufzubauen.

Nachdem im Jahre 1440*) der streitbare Albrecht Achilles zur Regierung kam, konnte es nicht ausbleiben, daß es zwischen

---

*) Es gibt Zahlen, die in der Geschichte von Nationen und Familien sich so häufig wiederholen, daß die Stetigkeit ihres Vorkommens immerhin auffallend erscheinen muß. Wie in dem Leben der Napoleoniden die Zahl 2 ominös ist, — es soll nur an den 2. Dezember (1804: Kaiserkrönung Napoleons I., 1805: Schlacht bei Austerlitz, 1851: Staatsstreich Napoleons III.) und an den 2. September (1870: Schlacht bei Sedan) erinnert werden, — so ist es in der Geschichte der Hohenzollern die Jahreszahl 40, an welche fast in jedem Jahrhundert seit dem Auftreten dieser erlauchten Dynastenfamilie ein besonderes merkwürdiges Ereignis sich knüpft. So datiert aus dem Jahre 1340 die mit der Hohenzollern-Geschichte — freilich willkürlich — in Verbindung gebrachte Sage von der „weißen Frau". Im Jahre 1440 starb der erste Kurfürst und Markgraf von Brandenburg Friedrich I., eine der großen Gestalten unter den Deutschen des 15. Jahrhunderts, und folgte ihm in der Mark sein Sohn Friedrich II. und in dem fränkischen Fürstentume der gewaltige Albrecht Achilles. Ein Jahrhundert darauf, im Jahre 1540 — eigentlich schon im Dezember 1539 — nachdem bis dahin die brandenburgischen Kurfürsten mit Anerkennung der Reformation gezögert hatten, — trat das folgenschwere Ereignis ein, daß Kurfürst Joachim II. von Brandenburg sich dem Protestantismus anschloß und im Jahre 1540 dem Lande eine Kirchenordnung gab, welche das Bistum evangelisch umgestaltete. Wieder nach 100 Jahren trat ein Wendepunkt in der Geschichte der Hohenzollern ein. Im Jahre 1640 kam Friedrich Wilhelm, der große Kurfürst, zur Regierung. Mit vollem Rechte nennt ihn die Geschichte den Gründer des preußischen Staates und preist ihn sein Urenkel Friedrich der Große als den Verteidiger und Wiederhersteller seines Landes und als den Schöpfer des Glanzes und Ruhmes seines Hauses. War es doch der große Kurfürst, der die Souveränität Preußens im Vertrage von Wehlau errang und den Umfang des preußischen Gebietes um fast den vierten Teil erweiterte. Gerade ein Jahrhundert nach dem Regierungsantritte des großen Kurfürsten, im Jahre 1740 kam Friedrich der Große, der Einzige, auf den

diesem mächtigen Inhaber der burggräflichen Gewalt, der zugleich einer der Hauptvertreter der Fürstenmacht damaliger Zeit war, und zwischen der aufblühenden freien Reichsstadt Nürnberg, als der Hauptvertreterin der Städtemacht, zu Zwistigkeiten kam. Eingriffe in die Jagdgerechtsame, Differenzen wegen der Zölle, dann namentlich der Umstand, daß die Reichsstadt Nürnberg die Kompetenz des burggräflichen Landgerichts als eines „höchsten Reichsgerichts über alle richtenden Gerichte" nicht anerkennen wollte, waren die vornehmlichsten Gründe, weshalb es im Sommer 1449 zwischen dem streitlustigen Markgrafen und der mächtigen Reichsstadt, welcher wenige Jahre zuvor die Reichskleinodien zum Aufbewahren übergeben worden waren, zum offenen Kriege kam.

Es fehlte auf beiden Seiten an gutem Willen, die Differenzen gütlich auszugleichen. Die Gegnerschaft war eben prinzipieller Natur. Es war ein Kampf zwischen der Fürsten= gegen die Städtemacht. Am 29. Juni 1449 ließ der Markgraf durch einen reitenden Boten, der in ein weiß und schwarzseidenes Habit — die Zollern'schen Farben — gekleidet war, der Reichsstadt den Fehdebrief überbringen. Mit dem Markgrafen war der Adel in Franken, Schwaben und am Rhein verbündet. Auch manche fürstliche Herren unterstützten ihn, so sein Bruder

---

preußischen Thron. War es der große Kurfürst, der den Anfang, den Grund zur Großmachtstellung des Brandenburg'schen Hauses legte, so gelang es Friedrich dem Großen, diese Großmachtstellung unter den europäischen Mächten in Wirklichkeit zu erringen und zu behaupten. Und wieder ein Jahrhundert darauf, im Jahre 40 des gegenwärtigen Säkulums — 1840 — gelangte König Friedrich Wilhelm IV. zur Regierung, der sie bis 1861 inne hatte, in welchem Jahre König Wilhelm den Thron bestieg, nachdem er schon drei Jahre zuvor als Prinzregent das Land regiert hatte. So sehen wir durch sechs aufeinander folgende Jahrhunderte die gewiß bemerkenswerte Erscheinung, daß die Zahl 40 einen besonderen Abschnitt, ja manchmal sogar einen Wendepunkt in der Geschichte der Hohenzollern und des preußischen Staates bedeutet.

Johann, der Alchymist, sein Schwager Jakob von Baden, Pfalz=
graf Otto, Ludwig von Hessen, Wilhelm von Sachsen und
Friedrich von Braunschweig, desgleichen die Bischöfe von Bam=
berg und Eichstätt.

Die Nürnberger hatten ebenfalls Bundesgenossen, 30
Städte hatten sich für sie erklärt. Nürnberg zählte damals
eine Bevölkerung von ungefähr 20000 Seelen. Die reiche
Stadt, welche namentlich an Geschütz ihren Gegnern weit über=
legen war, warb dazu aus der Schweiz 1000 Söldner und
aus Böhmen 850 Trabanten und Gereisige an. Auch von den
Bauern der Umgegend hatten die Nürnberger zahlreichen Zuzug.

Die Fehde ist beiderseits mit der größten Hitze und Er=
bitterung geführt worden, und hat ein Teil dem andern mit
Abbrennung vieler Schlösser, Städte und Dörfer und mit Ver=
jagung und Plünderung der Untertanen unsäglichen Schaden
zugefügt. Nicht weniger als 200 Ortschaften wurden nach Be=
richten der Chronisten damals verbrannt, darunter die Schlösser
Malmsbach, Heideck, Lichtenau, Schönberg und Burg, dann die
Dörfer Hilpoltstein, Diesprunn, Kersbach, Pirbaum, Leutstetten,
Emskirchen, die Städte Pegnitz und Windsbach, der Markt
Baiersdorf und viele Ortschaften um Kadolzburg. Obwohl der
Krieg nur 1 Jahr gedauert, sind doch viele Treffen von den
Kämpfenden geliefert worden, von denen Markgraf Albrecht die
meisten gewann. Aber in einem ist er gegen die Nürnberger
gründlich unterlegen.

Zur Charakteristik der damaligen Kriegsführung möge der
Bericht über den von den Reichsstädtischen viel bespöttelten sog.
Pillenreuther Fischzug dienen.

Albrecht Achilles stand 1450 am 11. März, demselben
Tag, der später sein Todestag wurde, mit dem Kern seiner
Ritterschaft — 350 Reisigen und 50 Trabanten — in der
Gegend von Schwabach. Er hatte die Absicht, dem Nürn=
bergischen Kloster Pillenreuth nach damaliger Kriegssitte einen

Besuch abzustatten und im dortigen Weiher zu fischen. In höhnischer Weise ließ er durch einen Boten dem Rat der Stadt Nürnberg sagen, er warte seiner, sie sollten kommen und Fische mit ihm essen.

Die Nürnberger ließen nicht lange auf sich warten, sie kamen, zeigten sich aber diesmal als sehr üble Gäste. Sie schickten unter Anführung des Reuß von Plauen, eines der Vorfahren des jetzigen Fürsten von Reuß, und des Kunz von Kaufungen — desselben, der später aus dem Altenburger Fürstenschlosse den bekannten Prinzenraub vollführte — ungefähr 250 Reisige und 2500 Mann zu Fuß gegen den Markgrafen nach Pillenreuth ab.

Den größten Teil der Nürnberger verbarg der Wald. Der Markgraf, der den Feind schwächer achtete, als er war, beschloß rasch anzugreifen. Noch hatte indes Albrecht die Seinigen nicht in Ordnung gestellt, als Kunz von Kaufungen mit seinen Reitern, von 50 Schützen unterstützt, den Angriff begann. Tapfer hielten Albrecht's Krieger den Anprall aus. Aber bald sah sich der Markgraf mit seinen Waffengenossen von allen Seiten umzingelt. Albrecht's Paniere sanken und er selbst wäre beinahe gefangen genommen worden. Seine tapfersten Ritter blieben auf dem Schlachtfelde oder gerieten in Gefangenschaft. 85 Erschlagene oder Schwerverwundete lagen um die Wagen, die zur Wegführung der Fische bestimmt waren.

In stolzem Triumphe zogen die Nürnbergischen Anführer, diesmal nicht besiegt, in die freudetrunkene Stadt zurück. Die gefangenen markgräflichen Trompeter mußten dem Zuge vorans reiten, und wer nicht blasen wollte, wurde mit Prügeln geschlagen.

Vor dem Rathause wurden die eroberten Fahnen abgegeben, zu den Fenstern herausgehangen und die gefangenen Onolzbach'schen Trompeter mußten dazu Fanfaren schmettern. Unter den Fahnen befand sich die markgräfliche Hauptstandarte,

schwarz mit dem Zollern'schen Wappen, und ein böhmisches
Panier, ingleichen ein Banner des Herzogs Otto von Bayern.
Diese Siegeszeichen wurden in der Frauenkirche aufgesteckt, wo
sie mehrere Jahre blieben. Auf dieses Treffen machte ein Nürn=
berger Stadtkind ein höhnisches Lied, das uns noch erhalten ist
und von dem derben Witz Zeugniß gibt, der sich damals in der
mächtigen freien Reichsstadt Luft machte.

Das Lied ist betitelt

Von der Stett Krieg

und lautet:

>Der Marggrav macht, daß ich von ihm muß singen.
>Er meynt, er wollt die Herrn von Nürnberg zwingen.
>Er wollt's ihm Zinnshaft machen.
>Gewinnt Er In ein Brotwurst an,
>Sie schencken ihm die Bachen (Schwein).
>
>Do man schrieb 1449 nach der Burt Christ,
>Zware hat zuvor geschehen
>Mit Marggrav und mit Nürnberg ist
>Das will ich Euch verjehen.
>Der Marggrav kam für Nürnberg angerennet.
>Ein weyser Rath hat das gar bald erkennet.
>Sie wollten mit ihm fechten;
>Sie boten auf die Ihre G'mein
>Dozu all die in G'schlechten.
>
>Wohlauf! ihr lieben Burger Theut es balde,
>Ein Fürst von Brandenburg hällt in dem Walde
>Vor unserm grosen Weiher.
>Den wollt er da gefischet han —
>Es stößt den Adler der Geyer!
>
>Der Reuß von Graitz der sprach zu seinen Gesellen:
>Ja! welcher heut nach Guth und Ehr'n will stellen
>Thu seinen Sold verdienen.
>Die Armbrustschützen schlugen ihre Winden an.
>Die andern Reuter ihre Lehnen.

Der Reuß von Graitz und auch der Kunz von Kaufen,
Die zween, die liesens Tapfer zsamme laufen,
Da gieng es an ein Treffen.
Man ruft zu beyden Seiten an
Sant Görgen und Sant Steffen!

Da sah man manchen ritterlichen fechten,
Von Edelleuthen, Bürgern, Bauern, Knechten —
Gros Stechen und gros hauen!
Sie g'wannen Im drey Panner an;
Die schweben zu Unser Frauen.

Schwarz und weis mit Perlein thu ich Euch melden;
Zween guldin Löwen in zween schwarzen Felden
Die seyn gen Nürnberg kommen.
Sie haben's ihrem abgesagten Feind
In einer Schlacht genommen.

Der Marggrav mocht sein's Fischens wohl erschrecken.
Sein Edelleuth, die schlafen in der Hecken,
Da sie ihr Leben fristen wollten.
Was er Ihnen vor Fürth geliehen hat,
Vorm Weiherhaus ists ihm vergolten!

Der Marggrav kan wohl singen und auch sagen
Wie er die klein Beckfischlein hab' erschlagen,
Deß könnt' er fideln und geigen.
Wie er die grosen Hecht verlor,
Das kunt er wohl verschweigen!

Marggrav Albrecht hat sich das nit wohl besunnen.
Den Herrn von Nürnberg ist er kaum entrunnen.
Zu fliehen war er geflissen.
Eh' daß er hin gen Schwobach kam,
Hett' er in die Hosen g . . . .

Eilend kam er gen Schwobach eingeritten.
Der von Nürnberg Schwerd hat ihn gar zerschnitten
Durch Panzer und durch Haut.
Zwey hundert achtzig und drey gewann
Es an der Beut, dazu Burger, Bauer, Reuter, Edelmann.

> Die Herrn von Nürnberg gefangen han
> Will ich die Wahrheit sagen,
> Zweyhundert, sechs und vierzig Mann
> Ohn' die waren erschlagen.
>
> Die Summ der Todten ist offenbar,
> Seyn ob 600 sag ich euch fürwahr;
> Also han ich vernummen.
> Bin auch selbs auf der wahlstatt gewest,
> Daß sie all seyn umkummen.
>
> Der uns dies Liedlein erstlich neu thet finden,
> Das hat gethan Eins von den Nürnberger Kinden;
> Sein' Namen thut er-sparen.
> Schenkt es all den von Brandenburg
> Zu einem guten Jahre.

Markgraf Albrecht revanchierte sich indeß bald. In Leutershausen, wo die Nürnberger einige Wochen später plünderten und brannten, überfiel er sie und nahm 200 der ihrigen mit den beiden Nürnbergischen Hauptleuten Geuder und Pirkheimer gefangen.

Von Albrecht's Waffenthaten in jener Zeit ist viel, darunter auch manches Sagenhafte erzählt worden. Eine Kampfesscene hat der Maler Carl Steffeck zum Vorwurf eines Gemäldes genommen, das, voll Leben und Ausdruck, vor beiläufig zwanzig Jahren in die Berliner National-Galerie aufgenommen wurde. Es stellt Albrecht in voller Rüstung hoch zu Roß dar, mit der Rechten die Streitaxt schwingend, während die Linke die feindliche Fahne hält, deren abgebrochenen Schaft noch der stürzende Bannerträger umfaßt.

Nachdem der Krieg ein Jahr lang gedauert hatte und beide Teile erschöpft waren, kam am 22. Juni 1450 zu Bamberg durch kaiserliche Kommissarien eine „Richtigung" zu Stande, welche dem Waffenlärm vorerst ein Ende machte. Darnach sollten die Streitteile vor dem römischen König „unverdingt" Recht nehmen und geben. Bis zum völligen Austrag der Sache im Wege Rechtens durfte indes Albrecht die im Laufe des Krieges eroberten Schlösser Heideck, Lichtenau, Bruckberg, Uhlfeld und Lonerstadt in Händen behalten. Nach vielen vergeblichen Vergleichsunterhandlungen und nachdem sich die Parteien und ihre Sachwalter, darunter der gewandte und beredte Dr. Peter Knorr und der gewaltige und kühne Gregor von Heimburg, in Wiener-Neustadt vor Kaiser Friedrich III. und seinen Fürsten und Räten ebenso umständlich als freimütig ausgesprochen hatten, kam durch Vermittlung des vom Kaiser hiezu beauftragten Herzogs Ludwig von Bayern am 27. April 1453 in Lauf ein Sühnevertrag zu Stande. Darnach wurden die Irrungen beseitigt; die Stadt blieb bei allen Rechten und Besitzungen, welche ihr Albrecht bestritten hatte, die von diesem eroberten Schlösser mußten zurückgegeben werden, die Bürgerschaft aber dem Markgrafen eine Summe von 25000 Gulden zahlen und sich zur Entrichtung eines nicht unbedeutenden Leibgedinges an denselben verpflichten.

Nach Beendigung des Krieges ersuchten viele Fürsten die Stadt um Beseitigung der in der Liebfrauenkirche ausgestellten Fahnen, und Albrecht selbst erinnerte, daß es Sitte sei, die vom Feinde eroberten Trophäen nach geschlossenem Frieden abzuthun; aber der Rat ging darauf nicht ein, sondern beschloß erst Ende des Jahres 1453, um die Fürsten nicht zum Unwillen zu reizen und vom Besuch Nürnbergs abzuhalten, die Paniere aus der Kirche zu entfernen. —

Ein Seitenstück zu diesem Pillenreuther Fischzug bildet der Kirchweihschutz zu Affalterbach, eine Begebenheit, die sich also zugetragen hat. Es war bald nach Albrecht Achills Tod im Jahre 1488 namentlich wegen des kaiserlichen Landgerichts zwischen den Burggrafen von Nürnberg und der Reichsstadt zu wiederholten Zwistigkeiten gekommen, so daß sich Herzog Albert von Sachsen endlich ins Mittel legte und anno 1496 seinen Rat Dietrich von Harras nach Nürnberg abordnete, der nach umständlicher Anhörung beider Teile einen Schiedsspruch erließ, dem sich die Streitenden unterwarfen. Nichtsdestoweniger erhob sich bald wieder ein neuer Streit. Herzog Albrecht von Sachsen, der sich's wiederholt angelegen sein ließ, die Differenzen beizulegen, setzte auf den Juni 1502 einen Konvent zu Erfurt an, bei welchem Markgraf Friedrich der ältere erschien, während die Nürnberger Reichsstadt durch drei ihrer Patrizier: Anton Tucher, Martin Geuder und Hans Harsdörfer vertreten war. Der Markgraf hatte seinen 20 jährigen Sohn Casimir in Franken zurückgelassen und stand dieser mit seinem Hauptquartier bei Schwabach. Schon war zu Erfurt der Friede abgeschlossen worden und sollte derselbe in Nürnberg publiziert werden, da trat kurz vor der Publikation ein Ereignis ein, welches für die Reichsstädtischen verhängnisvoll wurde. Eine Kirchweih — des „Teufels Fest", wie ein Nürnberger Chronist bemerkt — sollte den äußeren Anlaß dazu geben.

Es war seit Jahren die Ausübung der Gerichtsbarkeit über den an der Schwarzach gelegenen Ort Affalterbach, woselbst sich ein Kirchlein befand, zwischen Nürnberg und den Burggrafen streitig. Wer die Gerichtsbarkeit über einen Ort hatte, pflegte bei dem Beginn des Kirchweihfestes den Kirchweihschutz feierlich auszurufen und eine Sauve-Garde dahin zu senden, „sintemal es bei Kirchweihen niemals ganz ruhig herzugehen pflegt". Auch im Jahre 1502 suchten die Nürnberger den strittigen Kirchweihschutz zu Affalterbach mit gewaffneter Hand zu handhaben.

Ähnlich wie Albrecht Achilles im Jahre 1450 dem Rat der Stadt Nürnberg hat sagen lassen, er warte seiner, sie sollten nach Pillenreuth kommen und Fische mit ihm essen, so ließen am Sonntag nach St. Vitus im Jahre 1502 die Nürnberger dem jungen Markgrafen Casimir anbieten, er solle kommen und einen Kirchweihbrei mit ihnen essen. Diese Einladung sollte ihnen übel bekommen. Die darauf folgende Aktion ist sowohl von

Nürnberger Chronisten als von dem frommen und gelehrten Heilsbronner Abt Bamberger ausführlich beschrieben worden; aber keine der Beschreibungen trägt so sehr den Charakter der Originalität an sich, als die Erzählung jenes Augenzeugen, der dem Treffen auf markgräflicher Seite selbst beigewohnt hat, — ich meine die Erzählung, die der Ritter Götz von Berlichingen, der mit der eisernen Hand*), in seiner bekannten Lebensbeschreibung uns hinterließ. Derselbe beschreibt darin das Affalterbacher Treffen mit folgenden Worten:

"Kurz darnach begab sich's, daß man ein ander uf die Kirchwey lud, und solten wir marggräfischen in der Nacht uf seyn, wie dann geschah, und war des Markgrafen Volk hart gezogen, und kamen selbige Nacht gen Schwabach bey eitler Nacht ungefehrlich um 1. Uhr, und war ich und Herr Sieg-

---

*) In der damaligen Zeit gab es kaum einen Hof, der bei dem Adel beliebter gewesen, als derjenige der Markgrafen von Onolzbach. Viele junge Männer, die sich im Ritterdienste ausbilden wollten, nahmen Dienste an dem namentlich durch Albrecht Achilles berühmt gewordenen Hofe. Bis von Italien sendeten die Großen ihre Söhne dahin. So hatte ums Jahr 1457 die an Ludwig Gonzaga nach Mantua verheiratete, gelehrte Markgräfin Barbara ihren 12 jährigen Sohn als Pagen zu ihrem Oheim Albrecht nach Onolzbach gesendet, damit er dort, wo König Artus Tafelrunde aus der Sagenzeit in die Wirklichkeit übertragen und wo ein so prächtiger Hof gehalten wurde, daß man desgleichen in Deutschland nicht wieder fand, sich zum Ritter heranbilde. Auch der bekannte Ritter Götz von Berlichingen mit der eisernen Hand (geb. 1480) befand sich als Edelknabe an dem Hofe Markgraf Friedrichs, Casimirs Vater. Wie derb aber doch die Sitten der damaligen Zeit waren, das beweist ein Bericht über eine Scene am markgräflichen Hofe, wobei der Berlichinger eine Rolle spielt. Darnach kam es dort im Jahre 1497 einmal vor, daß der Haarbau eines polnischen Junkers, der sein Haar extrafein mit Eiweiß geklebt hatte, durch Verschulden des Götz in Unordnung gebracht war. Es kam soweit, daß der Polack deshalb den Berlichinger mit dem Messer angriff. Aber Götz wurde des Polacken Herr und jagte denselben durch die Straßen bis auf den Markt.

mund von Lentersheim die ersten am Thor. Da nun der Hauff gar uf war, zogen wir fort, und wie wir uf eine halbe Meyl ungefehr heraus kommen, sties Christoph von Gieg mit etlichen Reutern uf uns, der hat des Nachts gewartet und Wacht gehalten. Nun wußt ich wohl, daß er sich wohl halten würde, wie nun alle Hauffen verordnet waren zu Roß und Fuß, will ich mit Christoph von Gieg dahin ziehen, so ersieht aber es mein guter Herr Paulus von Absberg, daß ich mit ihm ziehe, und erkannt mich an meiner Rüstung, und schrye einmal 2. oder 3. Christoph, Christoph! da fragt Christoph von Gieg, was er wolte? da sagt der von Absberg, laß mir meinen Berlinger bey mir, und nimm da meinen Vettern Hannß Georgen von Absberg zu dir. Da nun dasselbig also geschahe, und ich wiederumb zu meinem Hauptmann kam, ziehen wir hinein gen Nürnberg, den Stichgraben zu, und wolten sehen, wie die Gelegenheit allenthalben beschaffen, wie und wes sich die von Nürnberg halten wolten, dann Herr Paulus von Absberg seinen Vortheil hingegen auch wohl erkennen kunnt, aber sie, die von Nürnberg, waren von Stund uf mit einem grossen Hauffen und dem Geschütz, und schossen einen Schuß in andern zu uns, da zog Herr Paulus und wir, die bey ihm waren, wieder hinter sich, gleich als wären wir flüchtig und wolten wiederum wegeilen, wie wir denn nit wohl in Wald kommen könnten; da waren aber die von Nürnberg an uns mit dem Geschütz und der Wagenburg, und liessen es dermassen daher gehen, daß uns zum Theil die Meil nit kurz war, dann es kan nit ein jeglicher das Gepölter leiden, und kamen wir also an die Ort, da der Marggraf sich mit seinen Hauffen versteckt hatte, und hielt in der Schlachtordnung zu Roß und Fuß, wartet, ob sich die Feind zu ihm hinaus thun wolten, dann es war nahe an der Stadt, und nicht weit im Nürnberger Wald, also daß ihnen zu= und uns abgienge, und hetten wir unge=fehrlich um die 700. Pferdt, und des Marggrafen Landvolk, uf 300. Landsknecht und 300. Schweitzer. Als es nun Zeit war, zogen die von Nürnberg mit ihrem Geschütz, Wagenburg und reisigen Zeug uf uns daher, so viel sie deren hatten, und waren warlich nit ungeschickt, sondern wohl gefast, mit der Wagenburg, Geschütz und ihren Leuten, und da es am Treffen war, schickten wir und unsere Hauptleute zu Marggraff Casimirus, Ihro Fürstl. Gnaden solten uns nachrucken, dann es war Zeit, so gieng uns ab und ihnen zu, darum man sich nicht säumen dörfte. Da schickten Ihro Fürstl. Gnaden wider zu uns, wir solten in Namen GOttes fürfahren, Ihro Fürstl. Gnaden wolten uns nachrücken, und wolten bald bey uns seyn, als wie einem frommen Fürsten zustünde. Da fuhren wir im Namen GOttes fort, aber des Landgrafen Landvolk flohe von uns hinweg, biß allein das Kintzinger Fähnlein, das blieb bey uns, und 300. Landsknecht, auch 300. Schweitzer, samt denen reisigen, mit welchen wir zogen den Feind entgegen, und gieng ihr Geschütz dermassen an, daß man den Hauffen vor dem Rauch nicht wohl sehen konte. Und als wir schier zu ihrer Wagenburg kamen, wolten sie dieselbige beschliessen, das dann auch nit viel gefehlt hat, und waren warlich die Fuhrleut nit ungeschickt, sondern hurtig mit, da daucht mich, mein Herz im Leib sagt mirs, und daß es mir GOtt im Sinn gab, so wolt es auch meines Verstands die Nothdurft erfordern, daß ich den vordersten Fuhrmann von dem Gaul herab erstach, das thet ich nur darum, damit der Wagen nicht weiter kommen könnt, und die andern auch still halten müsten, und behielt ich dieselbige Lucken ohne Geheiß und Befelich meines Hauptmanns oder anderer mit GOttes Gnad und Hülff innen, daß sie die Wagenburg nit gar schliessen könnten, wie wohl es, wie gemeldet, nicht viel gefehlet, sie hetten sie gar beschlossen, und war also mein Verhinderung unser gröster Vortheil, den wir hetten, und ist ohn allen Zweifel nit undienstlich zu unserem Sieg und Glück gewesen, dann ich sonst nit weiß, wie es zugegangen seyn möcht, dann sie waren uns zu stark, und hetten dazu das Geschütz und Wagenburg bevor, und waren sie auch geruhet und wir müd, und zoge ihnen auch einen grosser Hauffe nach, und waren schon nahe bey uns, daß wir mit ihnen scharmützelten, verlohren auch die meisten Reisigen gegen denselben Hauffen, dann wir zum ersten nicht anders meinten, dann sie wären auf unserer Seiten und unsere Gesellen bis erst das Geschütz einher gieng, und unsere Gesellen etliche einspännige Reissigen gegen uns flohen, die ich auch selbsten samt Hanßen Hunden den Marggrafen Reiter Hauptmann hab helffen entschütten, welche sonst ohne Zweifel niedergelegen wären, und wehrten wir uns dermassen, daß sie selbst wieder fliehen mußten, welches unser fürnehmst Glück war, dann als sie die flüchtigen blutigen Leut sahen gegen ihnen fliehen, da merkten sie, daß sie die Schlacht verlohren hetten, und ihr Hauff geschlagen war, und fingen an und flohen auch, ohne das, so war mancher guter Gesell darauf gangen, und hett ich mich selber erwegen, dann mein Gaul war mir hart verwund und gestochen, starb auch desselbigen Stichs, und war zu dem so ein heisser Tag, daß uns mehr Leut erstickten, als zu tod geschlagen wurden, und ich dacht ein Weil, es wär uns sonst so heiß, dieweil wir in der Handlung und Arbeit waren, aber wo ich darnach hinkam, sagt jedermann, wie es desselbigen mahls eine so Hitze wär gewesen. Als wir nun gehörter massen die Schlacht behielten, nahmen wir das Geschütz und Wagenburg, und zogen mit in das Lager gen Schwabach, ich habe auch zeithero selbigen Büchsen, so wir davon brachten, zu Onolzbach im Zeughauß gesehen, und waren darzu eiserne Feldschlangen, die ich wohl kennt hab, daß es eben dieselben Büchsen gewesen. Solche Schlacht und Handlung ist geschehen am Sonntag nach St. Veitstag, da man 1502 geschrieben hat, und gleich den andern Tags des Montags gehe ich von meiner Herberg in ein ander Wirthshauß zu Schwabach, da wir gewöhnlich innen assen, und wie ich also darzu kam, so sitzt ein kleines

Männlein auf einem grossen Holz, das hieß Henßlein von Eberstatt im Weinsperger Thal, und es daucht mich, ich solte ihn kennen, und ich sagt, Hennßlein bist du es, und als er sagt ja, fragt ich, wo er herkäme, und dacht nicht anders, dann er war unten das Land herauf kommen. Da spricht er aber, er fahre von Nürnberg heraus. Sagt ich zu ihm gleich mit diesen Worten, was ist gestern vor ein Handel und Geschrey zu Nürnberg gewest? antwortet er mir, Junker! ich wills euch sagen, so ein erschrecklich Handlung ist in der Stadt, die freylich, die weil Nürnberg gestanden, kaum darinnen geschehen oder gehört ist worden. Da sagt ich, wie so? da sprach er, es ist kein Mensch an keinem Thor und keiner bey seiner Wehr blieben, und haben die Flüchtigen bey dem Thor dermassen gedränget einander, daß sie in die Gräben hinein gefallen seyn, darnach haben sie die Brucken in der Stadt abgeworffen, der Burg und anderen Thoren zugelauffen, welches alles also die Wahrheit war, dann ich hab es von andern seithero auch also gehöret, hab auch selbst denen von Nürnberg etlich Leut nieder geworffen und gefangen, die mir ebner massen, wie der bemeldte Henßling von Eberstatt, angezeiget haben. Er sagt auch darbey, als sie ihre Leut haben einher sehen lauffen, hetten sie gemeint, wir die Feind wären es gewesen, das mir dann nicht unglaublich ist, aus der Ursachen, wie vor gemeldet, aber HErr GOtt! wir waren müde, und hatten hart gearbeitet mit dem Geschütz und der Wagenburg, bis wir sie in unser Lager brachten, und glaub ohne dasselbig, wann wir fort hetten gerückt und wären geruhet gewesen, wir wolten Nürnberg auf solchmal erobert haben."

Soweit des Ritters Götz von Berlichingen origineller Bericht. — Markgraf Casimir sandte die erbeuteten Fahnen nach Schwabach, kehrte selbst dahin zurück und dankte Gott in der dortigen Kirche für den Sieg. Von seinen Leuten fielen 72 den Nürnbergern in die Hände und wurden grausam hingerichtet. Vierzig Gebäude in der Umgegend gingen in Flammen auf. „Das wollte der Teufel mit der Kirchweih" bemerkt ein Nürnberger Chronist, der alte Sebastian Frank.

Trotz dieses Zwischenfalls wurde am Freitag darauf der Friede von Erfurt, der unterdessen bekannt geworden war, vom Rathaus herab publiziert.

Es wurde jedoch noch lange Jahre zwischen der Reichs= stadt und den Markgrafen über streitige Gerechtsame zertiert, bis endlich im Jahre 1583 der sogen. große Fraischprozeß zu Gunsten des Markgrafentums entschieden ward.

Schön Else.

Es ist ein uralter, im Aberglauben wurzelnder deutscher Brauch, in der Sonnwendnacht über Johannisfeuer zu springen. Selbst in fürstlichen Kreisen huldigte man in früheren Zeiten dieser Sitte. So wird uns aus dem Jahre 1401 berichtet, daß in der damaligen Sonnwendnacht die bayerische Fürstentochter Elisabeth von Bayern-Landshut, als sie bei der Hochzeit ihres Oheims und Vormundes, des Herzogs Stephan, zu Gaste war, auf dem Marktplatze in München in fröhlicher Gesellschaft von Hoffräulein und Bürgersfrauen — den 72jährigen Herzog-Bräutigam mit inbegriffen — über das lodernde Johannisfeuer sprang; fürwahr ein freundliches Sittenbild, wohl wert einem Historienmaler zum anheimelnden Vorwurf zu dienen.

Die Prinzessin — „das Frawel" wie der Chronist sie nennt — war damals erst 16 Jahre alt, aber von herrlicher schlanker Gestalt. Auf der sagenreichen stolzen Burg der Trausnitz verlebte sie ihre Jugend, zwar des herzoglichen Vaters — Friedrich von Bayern-Landshut — durch frühen Tod beraubt, aber sorgfältig behütet und erzogen von ihrer Mutter Magdalena, einer mailändischen Prinzessin aus dem berühmten Geschlecht der Visconti, welche die feinere Bildung Italiens an dem bayerischen Hof einzubürgern verstanden hatte.

Einer der angesehensten Fürsten seiner Zeit, der Hohenzollern'sche Burggraf Friedrich VI., nachmals Kurfürst Friedrich I. von Brandenburg, warb um die schöne, reiche bayerische Prinzessin und erhielt deren Hand. Auf dieser Eheberedung beruhte der Fortbestand des burggräflich Hohenzollern'schen Hauses und da von diesem Elternpaar alle nachfolgenden Kurfürsten von Brandenburg und späteren Könige von Preußen in direkter Linie abstammen, so verehren wir in der bayerischen Prinzessin Elisabeth die Ahnfrau und Stammmutter des deutschen Kaiserhauses.

Als eine besonders glückliche Fügung in der Geschichte der Hohenzollern ist hervorzuheben, daß gerade in den wichtigsten Epochen besonders treffliche Fürstinnen bedeutenden Regenten zur Seite standen, so gleich bei der Gründung der Hohenzollern'schen Herrschaft. Denn der Beruf Preußens zur Führerschaft in Deutschland ist auf fast fünf Jahrhunderte zurückzuführen, auf die Zeit, wo Burggraf Friedrich VI. von Nürnberg anfangs als Statthalter, dann als Kurfürst der Mark Brandenburg in der Entwickelung des Territorialsystems den Weg anbahnte, den das Haus Hohenzollern im richtigen Verständnisse der Zeit mit Konsequenz verfolgte, um seinem Ziele entgegenzusteuern. Schon damals waren die Bemühungen der Hohenzollern darauf gerichtet, den deutschen Norden mit dem Süden zu verbinden und in diesem Streben ward Burggraf Friedrich von seiner treuen Lebensgefährtin, der bayerischen Herzogin Elisabeth von Bayern, einer Fürstin, gleich herrlich an Gestalt wie ausgezeichnet an Charakter, in fast vierzigjähriger Ehe aufs thatkräftigste unterstützt, indem sie fast über das Maß weiblicher Begabung hinaus an der schweren Mannesarbeit des Gatten teilnahm und denselben in manchen Bedrängnissen klug und kraftvoll vertrat. Selbst die widerspenstigen Märker wußte sie zu gewinnen. Wie der bayerische Geschichtsschreiber Vitus Arnpeck, ein Mitarbeiter des „Aventinus" bezeugt, wurde sie dort allgemein als „Die schöne Else" gefeiert, ein Name, der ihr in der Geschichte geblieben ist, wie denn auch Aeneas Sylvius, der nachmalige Papst Pius II., wohl der feinste Frauenkenner seiner Zeit, in seinen Kommentarien ihre Anmut und Schönheit preist.

Die Hochzeit der 16jährigen Prinzessin mit dem 30 Jahre alten Burggrafen wurde am 18. September 1401 zu Schongau in Anwesenheit des verschwägerten Königs Ruprecht und der verwandten Herzoge von Bayern glänzend gefeiert. Aber schon wenige Tage nach ihrer Vermählung mußte Else ihren Gemahl mit König Ruprecht nach Italien ziehen sehen, während sie selbst sich auf einige Zeit nach Augsburg und dann nach Kadolzburg begab, wo sie in Abwesenheit des Gemahls die Zügel der Regierung mit fester Hand ergriff.

Obwohl die Burggrafen in Nürnberg eine eigene Veste neben der kaiserlichen Burg besaßen, so residierten sie wegen der vielen Streitigkeiten, welche sie mit der mächtigen Reichsstadt Nürnberg hatten, doch nur selten dort; ihre Lieblingsresidenz war vielmehr die Kadolzburg, benannt nach ihrem Erbauer Kadolt, dem Sohne Kaiser Arnulfs. Von diesem auch zur Jagd bequem gelegenen Bergschloß aus konnten die burggräflichen Besitzungen in Franken am leichtesten regiert werden; auch lag das Kloster Heilsbronn in der Nähe, über welches die Burggrafen die Schirmvogtei und wo sie ein Burggrafenhaus und von lange her ihre Grablegstätte hatten. Hier, auf der Kadolzburg, war es, wo Schön Else ihre neue Heimat fand. Hier war auch der Mittelpunkt, von wo die burggräfliche Familie ihre weitaussehenden Pläne zu einer großartigen Thätigkeit in den vaterländischen Dinge entfaltete. Wie zum Andenken hieran ließ der Schloßherr — heute noch sichtbar — sein und seiner bayerischen Gemahlin Wappenschild am Eingang zum äußeren Burgthor in Stein einmeiseln, — eines der ältesten Hohenzollern=Denkmale in Franken.*) Ihre Ehe ward mit 11 Kindern gesegnet und dadurch der Bestand des Hohenzollern'schen Hauses gesichert. Nachdem der Burggraf nach der Rückkehr vom italie=

---

*) Auch an dem Kirchturm zu Roßstall befindet sich das Wappen Elisabeths.

nischen Heereszug mehrere Jahre der Ruhe an der Seite seiner Gemahlin genossen, brach im Jahre 1407 mit der damals mächtigen Reichsstadt Rothenburg eine denkwürdige Fehde aus, die sich zu einem Kampfe der fürstlichen gegen die Städte-Macht gestaltete. Nicht weniger als 2607 Fehdebriefe — das Rothenburger Stadtarchiv verwahrt sie alle heute noch — liefen in der von zahlreichen Bundesgenossen unterstützten Reichsstadt ein. Für die fürstlichen Teilnehmer, darunter drei Herzoge von Bayern, war die Kadolzburg der Waffen- und Sammelplatz, wobei der Burggräfin begreiflich keine kleine Aufgabe zufiel. Dem Burggrafen gelang es zwar, die stolze Reichsstadt, deren undankbarer Rat seinen patriotischen Bürgermeister Topler durch einen unverzeihlichen Justizmord beseitigte, zu demütigen, allein auch er hatte in dem hartnäckigen wechselvollen Kriege seine Mittel erschöpft. Daher zog sich der Burggraf nach beendigter Fehde auf die in Rothenburgs Nähe gelegene, von den Grafen von Truhendingen erkaufte Burg Kolmberg (mit dem weithin sichtbaren Wartturm) zurück, um hier „mit kleinem Hofgesind" sparsam und eingeschränkt zu leben und dadurch zur Tilgung der Kriegskosten beizutragen. Da kam, wie Ludwig von Eyb der Ältere in seinen Denkwürdigkeiten erzählt, der treue Ritter Ernfried von Seckendorf herauf vom König Sigmund aus Ungarn. Dieser bemerkte dem Burggrafen, es wäre „unausträglich mit dem Erkargen" die durch den Krieg erwachsenen Schulden zu bezahlen, der Burggraf möge mit seinen Mannen außer Landes gehen zu dem König Sigmund nach Ungarn und diesem, der seiner Dienste dringend bedürfe, im Kriege beistehen, „da wär' ihm das Glück nit versagt". Dieser Rat ward angenommen. Alsbald gab Burggraf Friedrich VI. die sparsame Hofhaltung auf Schloß Kolmberg*) auf und stand mit seinen Mannen

---

*) Noch ehe der Burggraf Kolmberg verließ, am Osterdienstag 1409, verschrieb er seiner Gemahlin Elisabeth von Bayern auf den Fall seines Todes außer anderen Städten und Orten auch das Schloß Kolm-

dem König Sigmund in Ungarn bei. Hier knüpfte sich bald zwischen beiden jenes innige Verhältnis, in dessen Folge Friedrich der vertrauteste und eifrigste Beförderer der Pläne des ungarischen Königs auf den römisch=deutschen Kaiserthron wurde und in weiterer Folge erst durch Verpfändung, dann durch Bestellung als Statthalter und zuletzt (i. J. 1415) durch wirkliche Belehnung während des Konzils in Konstanz vom Kaiser die Mark Brandenburg mit der Kurwürde erhielt.

Bei dieser Gewinnung der Mark leistete die Burggräfin dem Gatten die wesentlichsten Dienste. Sie sendete ihm Ende September 1412, als es sich gezeigt hatte, daß die geringe Macht, welche Friedrich aus Franken mitgebracht, nicht ausreichte, eine neue Schar unter Anführung des Johann von Hohenlohe nach. Im Winter darauf kam sie selbst. Ende Januar 1413 ritt nach den Worten des Geschichtsschreibers Hafftiz „die durchlauchtigste Fürstinn und Frau, Frau Elisabeth die Schöne genannt, mit ihrem Fräulein und Frauenzimmer in fürstlicher Zier und Herrlichkeit" in Brandenburg ein und am 3. Februar darauf bezog sie das von ihrem Gemahl als Residenz erkorene Schloß zu Tangermünde. Hier suchte sie durch Milde den märkischen Adel zu gewinnen, während ihr Gemahl zur Unterwerfung der Widerspenstigen auszog, die sich gerühmt hatten, „es kümmere sie nicht und wenn es ein ganzes Jahr Burggrafen vom Himmel regnen würde".

In diese Zeit des drei Jahre dauernden märkischen Aufenthaltes fallen zwei wichtige Familien=Ereignisse, die Geburt zweier Söhne, von denen jeder nachmals Kurfürst wurde: Friedrich der Eiserne und Albrecht Achilles. Noch vor der

---

berg als Wittum. Gegenwärtig ist die altersgraue Burg, welche sich aus der weiten Ebene erhebt, welche am Fuße der wasserscheidenden Platte der Frankenhöhe den oberen Lauf der Altmühl umgibt, im Besitz des Herrn von Siebold aus Würzburg und eine japanische Sammlung desselben dort aufgestellt.

Geburt dieses Letzteren, Mitte August 1414, wurde Burggraf Friedrich von Kaiser Sigismund zu der Kirchenversammlung von Costnitz abberufen. Das märkische Land war inzwischen so weit beruhigt, daß Friedrich nunmehr seine Gemahlin als Statthalterin in der Mark zurückzulassen wagen konnte. Indeß hatte sie doch nach dem Wegzug des Gatten von den Quitzows und anderen Vasallen, die der erzwungenen Ruhe überdrüssig waren, manche Widerwärtigkeiten zu dulden. Am 18. Oktober 1415 ward ihr die Freude zu teil, daß sie ihren Gemahl als wirklichen Kurfürsten und Markgrafen von Brandenburg in Berlin einziehen sehen und begrüßen konnte, worauf das Kurfürstenpaar allenthalben die Erbhuldigung entgegennahm.

Im Frühjahr 1416 schickte der besorgte Gatte, weil die Pest in der Mark wütete, seine Else nach Franken, wo wir sie auf der Kadolzburg und im Burggrafenhause zu Kloster Heilsbronn finden. Im Herbst reiste der Kurfürst auf kurze Zeit eben dahin, mußte aber alsbald wieder nach Costnitz, wo der Kaiser seiner harrte. Daher war Elisabeth genötigt, wieder allein nach der Mark zu ziehen, wo sie nicht nur mit manchen Geldverlegenheiten, sondern auch mit erneuten Aufständen des Adels zu kämpfen hatte, weshalb ihr der Gatte von Franken aus den Ritter Wyrich von Treuchtlingen als Statthalter zur Hilfe sandte und im Dezember 1419 selbst auf wenige Tage nach der Mark kam. Als er von da zum Fürstentage nach Breslau reiste, ließ er zum Schutze der Gattin deren Bruder, den Herzog Heinrich von Bayern, zurück, bis diese selbst nachkommen konnte. Nachdem sie in Tangermünde der kirchlichen Einsegnung der Verlobung ihrer Töchter mit den Herzogen von Braunschweig und Lüneburg beigewohnt hatte, trat ein Ereignis ein, welches die Rücksendung der Kurfürstin nach Franken nötig machte.

Friedrichs Bruder Johann, welcher das Bayreuther Fürstentum regiert hatte, war ohne männliche Erben gestorben.

Es sendete daher der Kurfürst, der „mit Kriegen und mancherlei anderen Sachen in der Mark beladen" war, seine Gemahlin Else, zu deren Einsicht er das größte Vertrauen hegen konnte, mit dem ältesten Sohn Johann (damals 17 Jahre alt) nach Franken zurück mit der Vollmacht: „daß sie und sein Sohn oder ihrer Eins allein an seiner Statt die Erbhuldigung einnehme, Lehen verleihe, und daß auch ein jeglicher darauf schwöre und Huldigung thue." Hiebei ward ihr von den fränkischen Unterthanen auf das Freudigste begegnet. Allein mit der Leitung der burggräflichen Geschäfte in Franken fiel ihr diesmal eine besonders schwierige Aufgabe zu: es waren die Streitigkeiten mit den eigenen Verwandten aus dem Hause Bayern-Ingolstadt. Der wegen verschiedener Ursachen lange genährte Groll Herzog Ludwigs des Bärtigen, — so genannt als Teilnehmer der frommen Brüderschaft der Bärtlinge — kam nunmehr zum vollen Ausbruch und benützte Ludwig der Vater und sein Sohn, Ludwig der Höckerige, die Abwesenheit des Kurfürsten in der Mark, um dessen fränkische Lande mit Krieg zu überziehen. Fast schien Franken für das Haus Hohenzollern verloren — da war Kurfürstin Elisabeth mit männlicher Energie auf Abwehr gegen die feindlichen Verwandten bedacht und einigte sich mit einer Reihe von Fürsten und Städten behufs Bekämpfung derselben. Indeß konnte sie nicht verhindern, daß die alte fränkische Stammburg der Hohenzollern in Nürnberg am St. Simon-Judätag 1420 von dem bayerischen Führer Layminger eingeäschert wurde. In einem Briefe an den Kurfürsten klagt sie, daß ihre Verbündeten „fast ermatten". Da eilte Friedrich von der Mark herbei. Durch eine Reihe von Niederlagen, insbesondere zu Puchheim, wurde Herzog Ludwig im Jahre 1422 genötigt, einen vorläufigen Frieden einzugehen.

Noch einmal, im Jahre 1424, verwaltete die Kurfürstin gemeinschaftlich mit ihrem Sohne Johann die märkischen Lande, bis ihr Gemahl sie ein Jahr darauf ablöste, worauf sie nach Franken zurückkehrte. Aber auch hier blieb sie nicht müßig. Wir finden sie häufig auf der Reise zwischen Ansbach, Baiersdorf, Colmberg, Crailsheim, Neustadt, Plassenburg, Schwabach und Wassertrüdingen, wo überall Schlösser oder feste Plätze angelegt waren. Ihre Lieblings=Residenz aber blieb die Kadolzburg, woselbst ihr Gemahl einen neuen Schloßbau aufführte. Von hier aus korrespondierte sie mit dem Kurfürsten, der noch oft zu auswärtigen Geschäften abberufen ward. Es ist uns eine Reihe von Briefen erhalten, aus denen hervorgeht, wie innig das Verhältnis zwischen Friedrich und Schön Else war. Wie traut klingt schon die Anrede: „Herzensliebster Herr und Gemahel! Innige Lieb mit ganzen steten treuen allzeit zuvor hochgeborner Fürste!"

Auch war sie eine treffliche Mutter herrlicher Söhne. An ihrem Hofe herrschte weise Sparsamkeit. Einen echt mütterlichen Zug rühmt ihr Albrecht Achilles in einem Briefe an seinen Sohn Johann Cicero nach, als dieser mit seiner Apanage nicht zufrieden sein wollte. „Unser Vater", schrieb Albrecht, „gab uns kein Jahr Zubuß über vierhundert Gulden und die Mutter noch zu Zeiten hundert Gulden oder zwei." Auch bethätigte sie die Aufopferung für ihre Kinder in glänzender Weise, indem sie zu Gunsten ihrer Söhne auf ihre elterliche Erbschaft und nach dem Tode ihres Gemahls sogar auf das reichlich ausgesetzte Wittum verzichtete, um ihrem Sohn Albrecht die Regierung zu erleichtern.

Als Beispiel, wie sich Elisabeth der Bedrängten annahm, möge ein Brief derselben an den Fürstbischof von Würzburg aus dem Jahre 1439 dienen, worin sie diesen ermahnt, er möchte doch als „Frauen"= (d. h. galanter) Mann nicht so hartherzig gegen eine Witwe, die Mutter des Grafen von Thüngen, sein, die in den Bann gethan war, weil sie den Söhnen in einer Fehde gegen ihn Beistand geleistet hatte.

Eine Reihe von Stiftungen, die Kurfürst Friedrich gemeinsam mit seiner Gemahlin in Brandenburg, Onolzbach, Kadolzburg, Langenzenn und Heilsbronn machte, lassen beide als fromm im Sinne der damaligen Zeit erscheinen. Deßwegen wurden sie auch von verschiedenen Klöstern der Ehre teilhaftig, in die Gemeinschaft ihrer Orden aufgenommen zu werden. Da sie selbst wegen höheren Alters die damals übliche Pilgerfahrt nach dem heiligen Grabe nicht mehr unternehmen konnten, schickten sie im Jahre 1435 ihre Söhne Johann und Albrecht dahin und stifteten als Dankopfer für deren glückliche Heimkehr ein neues Kloster auf dem Harlungerberge, das dann einige Jahre später (1440) von dem Sohne Friedrich dem Eisernen als Ordenskirche für den von ihm gestifteten Schwanenorden, den ältesten Orden in Preußen, bestimmt ward. Schön Else überlebte ihren Gemahl, der am 21. September 1440 auf der Kadolzburg sein müdes Haupt zur Ruhe gelegt hatte, nur zwei Jahre. Beide liegen in der Münsterkirche zu Heilsbronn begraben. Als im Jahre 1853 auf Veranlassung König Friedrich Wilhelms IV. von Preußen Aufgrabungen der burggräflichen brandenburgischen Grabstätten in dem südlichen Seitenschiff der Heilsbronner Kirche vorgenommen wurden, fand sich u. a. ein vollständig erhaltenes weibliches Skelett, dann ein faltiges Stück von dunkelgrünem Seidenstoff und der Rest einer mit Silberfäden durchwirkten Schnur vor — aller Wahrscheinlichkeit nach die Leichenreste der schönen Else.

Aber es ist uns auch ein freundliches Abbild dieser trefflichen Fürstin überliefert. Der frommen Sitte des Mittelalters, Altäre zu stiften und auf diesen die Bilder der Stifter anzubringen, haben wir es zu verdanken, daß ein Altarbild auf uns gekommen ist, welches die Porträts des ersten Kurfürstenpaares ungefähr aus dem Jahre 1420 darstellt. In der Kirche ihrer Residenz zu Kadolzburg stifteten sie einen Altar mit einem die Kreuzigung Christi darstellenden Bilde.

Schön Else.

Auf den Flügelthüren des Altarschreines ließen sie wahrscheinlich von einem Nürnberger Maler ihre Bildnisse anbringen. Während man auf dem Gemälde unter Maria den Kurfürsten erblickt, sieht man unter dem Apostel Johannes die Kurfürstin Else in einem Betstuhl knieen, dessen Vorderwand die Rauten des bayerischen Wappens zeigt. Else erscheint darauf als eine schlanke Gestalt von zartem Gliederbau, hellblondem Haupthaar und großen blauen Augen, aus denen der Edelmut, die Sanftmut und die Milde ihres durch innige Frömmigkeit verklärten Wesens strahlt. Das Bild rechtfertigt es vollkommen, daß man sie allgemein „die schöne Elsa" nannte. Sie ist in ein grünes, mit Blumen verziertes Gewand gehüllt, über welches ein gleichfalls grüner, mit Hermelin gefütterter Mantel herabfällt. Die zum Gebet erhobenen Arme lassen ein paar dunkelrote Ärmel erkennen, an deren Handbesätzen Perlen angebracht sind. Das Haar ist wulstartig aufgebauscht und durch ein Netz gedeckt. Eine Abbildung der „schönen Else" nach dem Altarbilde liegt bei.

Erst im Jahre 1854 wurde entdeckt, daß diese Bilder das erste Kurfürstenpaar von Brandenburg darstellen. Der kaiserliche Kronprinz Friedrich Wilhelm interessierte sich ungemein für dieses Bild seiner Ahnen. Er wünschte es zu besitzen, worauf ihm im Jahre 1873 die Kirchengemeinde dasselbe zum Geschenke anbot, das mit Freude angenommen und wofür als Gegengabe ein prachtvoller Kronleuchter gegeben ward.

Es erschien mir als eine dankenswerte Aufgabe, bei der Wiederkehr der Sonnwende das Lebensbild eines deutschen Fürstenkindes, einer Tochter aus dem Hause Wittelsbach, zugleich der Stammmutter des deutschen Kaiserhauses, einer edlen Frauengestalt, welche die Zierde ihres Zeitalters war, wenn auch nur in kurzen Umrissen ins Gedächtnis der Jetztlebenden zurückzurufen.

Das Brandenburgische Gestirn.

Es war in früherer Zeit Sitte unter den Gelehrten, zum Danke für die Förderung, die ihnen von fürstlichen Gönnern zu Teil geworden, ihre wissenschaftlichen Leistungen mit den Namen ihrer Wohltäter zu verknüpfen, um deren Andenken für ewige Zeiten der Nachwelt zu überliefern. So hatte in der Mitte des sechzehnten Jahrhunderts der berühmte Astronom Erasmus Reinhold aus Wittenberg seine Tafeln, welche lange Zeit den rechnenden Astronomen zur Norm dienten (bis sie Kepler durch seine tabulae Rudolfinae überholte), dem Herzog Albrecht von Preußen gewidmet und sie tabulae Prutenicae, preußische Tafeln, benannt. In Folge dessen hat der Ruhm dieses Markgrafen die ganze wissenschaftliche Welt der damaligen Zeit durchdrungen.

In Nachahmung dieses Vorganges hat der Astronom Simon Marius, welcher am Hofe des Markgrafen Joachim Ernst in Onolzbach am 29. Dezember 1609 die überaus wichtige Entdeckung der Trabanten des Jupiter gemacht hatte, um sich für die seitens der Markgrafen von Brandenburg ihm von Jugend auf erzeigten Wohltaten dankbar zu erweisen, sein Werk „Mundus Jovialis" den beiden Markgrafen von Brandenburg-Onolzbach und Bayreuth gewidmet und die von ihm entdeckten vier Trabanten des Jupiter das „Brandenburgische Gestirn" oder „Sidera brandenburgica" genannt.

Die Entdeckung, welche der Erfindung des Fernrohres auf dem Fuße folgte, war von ungemeiner Wichtigkeit. Denn es wurde dadurch die für die Gegner des Kopernikanischen Weltsystems so unbequeme Thatsache festgestellt, daß auch ein Zentrum von Bewegungen sich selbst bewegen könne. Die Verfinsterungen der

Trabanten, ihr Eintritt in den Schatten des Jupiter haben auf die Kenntnis von der Geschwindigkeit des Lichtes geleitet und war die Entdeckung der Gestirne namentlich auch für die geographischen Längenbestimmungen, wie für die Schiffahrt von großer Bedeutung.

Der Entdecker, Simon Marius, hieß eigentlich Maier und war der Sohn des Bürgermeisters Reinhard Maier von Gunzenhausen, einem Städtchen an der Altmühl, woselbst Markgraf Georg Friedrich ein Jagdschlößchen hatte. Der junge Marius ward seiner angenehmen Singstimme wegen zu seinem Glücke an die markgräfliche Hofkapelle nach Onolzbach berufen. Der Markgraf, der an dem Sänger Gefallen gefunden, veranlaßte, daß der auch sonst talentierte junge Mann in die kurz vorher von ihm gestiftete Fürstenschule von Heilsbronn aufgenommen werde. Hier zeigte sich bald, daß derselbe mit einem ausgeprägten Sinn für Mathematik und Astronomie ausgestattet war. Doch sah sich der Student, da die Lehrziele der Anstalt in Bezug auf Mathematik ziemlich enge Grenzen hatten, zumeist darauf angewiesen, in dieser Disziplin sich selbst fortzubilden. Schon bald trat er mit Publikationen hervor. So beschrieb er im Jahre 1596 den damals hell leuchtenden Kometen jenes Jahres, und wurde diese Beschreibung seinem Gönner, dem Markgrafen Georg Friedrich, in Vorlage gebracht. In demselben Jahre übergab der fleißige Mathematiker dem Ansbacher Konsistorium „Hypothesen über das System der Welt". Desgleichen arbeitete er mit immensem Fleiße „novae tabulae directionum", neue astronomische Tafeln, aus. Im Jahre 1592 wendete sich Marius an den Markgrafen um Unterstützung, damit er seine Studien fortsetzen und insbesondere seine Tafeln im Drucke herausgeben könne. Darauf reskribierte der Markgraf, es solle dem strebsamen Manne jährlich 80 fl. Stipendium zu seiner weiteren Ausbildung in Königsberg verabreicht und auch der Druck seiner astronomischen Tafeln in der Regierungsdruckerei daselbst veranstaltet werden. Hiebei mag die Bemerkung ihren Platz finden, daß Markgraf Gg. Friedrich als nächster Agnat des geisteskranken Albrecht Friedrich damals Statthalter im Herzogtum Preußen war.

Durch seine Arbeiten wurde Marius bald in der astronomischen Welt bekannt und wurde auch der berühmte Tycho de Brahe auf ihn aufmerksam. Dieser veranlaßte den so viel versprechenden jungen Onolzbach'schen Astronomen zu ihm nach Prag zu kommen. Der Markgraf gab ihm hiezu (i. J. 1601) ein Empfehlungsschreiben „an den vesten, unsern besondern lieben Tycho Brahe, Römisch Kaiserlicher Rath zu Prag" mit. Dort lernte Marius auch Kepler kennen.

Schon im Jahre 1602 verließ er indeß, da sein Gönner Tycho ein Jahr zuvor gestorben war, Prag und begab sich mit einem vom Markgrafen ausgesetzten Stipendium von jährlich 100 fl. an die oberitalienische Universität Padua, woselbst damals Galilei lehrte und wohin deshalb Zuhörer aus allen Ländern Europas zusammenströmten. Während er in Padua weilte, starb Markgraf Georg Friedrich im Jahre 1603, und eröffnete Joachim Ernst die Reihe der jüngeren markgräflichen Linie. Auch von Georg Friedrichs Nachfolger ward Marius nicht vergessen; er erhielt im Jahre 1605 von dessen Regierung 150 fl., „damit er sich auslösen und heraus reisen könne". Als er nach Onolzbach zurückkam, ward er von Joachim Ernst zum Hofmathematikus und — nach der Sitte der damaligen Zeit — auch zum Hofastrologen ernannt und ihm aus dem mit Bayreuth gemeinschaftlichen Heilsbronner Fond ein jährlicher Gehalt von 150 Thalern ausgewiesen. Zugleich wurde ihm für seine astronomischen Beobachtungen vom Markgrafen einer der Schloßthürme eingeräumt, den man von daher den „Marius= Thurm" nannte.

Als erste Frucht seiner Studien in Onolzbach gab er auf das Jahr 1607 einen astronomischen Kalender heraus unter dem Titel: „Prognosticon Astrologicon", das ist ausführliche

Beschreibung des Wetters samt anderen natürlichen Zufällen auf das Jahr nach unsers Herrn und Seligmachers Geburt 1607 zu glückseligem neuen Jahr Herrn Christian und Herrn Joachim Ernst, Gebrüdern, Markgrafen zu Brandenburg, dediciert durch Simonem Marium Gunzenhusensem Francum, fürstlich bestellten Mathematicum und medicinae Studiosum." Wir erfahren aus dieser Titelangabe, daß Marius auch Mediciner war, wie er denn schon in Padua, als einmal das heimatliche Stipendium in Folge des eingetretenen Regierungswechsels eine Zeitlang ausgeblieben war, sich durch Ausübung des ärztlichen Berufes Verdienst zu verschaffen gesucht hatte. Auch mit Geschichte beschäftigte sich der vielseitige Mann. So hat er einen Brandenburgischen historischen Kalender verfaßt, der für wert erachtet wurde, im Manuskript dem brandenburgischen Archiv einverleibt zu werden. Selbst der Theologie befleißigte sich unser Marius; rühmt man ihm doch nach, daß er neunzehnmal die Bibel durchgelesen.

Auf Veranlassung und Kosten des bekannten Obristen Hans Philipp von Fuchs-Bimbach, der im Jahre 1625 in der Schlacht bei Lutter am Barenberge fiel, bearbeitete Marius in den Jahren 1608 und 1609 vorzugsweise zu den praktischen Zwecken des Feldmessens und der Fortifikation die ersten sechs Bücher der Elementa des Euklyd, wovon die Vorrede vom 6. Januar 1610 datiert ist. v. Fuchs schrieb dazu eine vom 1. Januar 1610 datierte Vorrede an die Markgrafen Christian und Joachim Ernst.

Während der Bearbeitung dieses Werkes verkehrte Marius viel mit dem erwähnten Obristen v. Fuchs-Bimbach, einem Manne, der wegen seiner hohen Kriegserfahrenheit damals allgemein gefeiert war. Dieser erzählte, als er im Jahre 1608 von der Frankfurter Michaelimesse nach Ansbach zurückkam, dem Marius, daß er in Frankfurt erfahren, es sei von einem Niederländer ein Instrument erdacht worden, durch das man die entlegensten Gegenstände sehen könne, als ob sie nahe wären. Es war nämlich gerade um diese Zeit von einem Deutschen aus Wesel, der in holländisch Middelburg wohnte, dem Brillenmacher Hans Lippershey, ein Fernrohr erfunden worden. Dieser hatte im September 1608 seine Erfindung in Haag vorgezeigt. v. Fuchs ließ sich von einem Niederländer, der die Frankfurter Messe besuchte, ein solches Instrument zeigen und wollte es auch kaufen; da indeß ein sehr hoher Preis gefordert wurde, kam der Kauf nicht zu Stande. Marius wollte sich nach den Beschreibungen, die Oberst v. Fuchs ihm von der Erfindung machte, Gläser von den Glasschleifern in Nürnberg herstellen lassen. Aber diese konnten die bestellten Gläser nicht liefern, weil sie die erforderlichen Werkzeuge nicht hatten. Da bekam im Sommer 1609 Oberst v. Fuchs aus Holland ein ziemlich gutes Fernrohr, an welchem sich er und sein Freund Marius sehr ergötzte. Von da an begann Marius mit dem Instrument den Himmel und die Gestirne zu betrachten, wenn er des nachts bei seinem Freunde weilte. Bisweilen erhielt Marius die Erlaubnis, das Fernrohr mit auf den Mariusturm, auf sein Observatorium, zu nehmen. Da richtete denn Marius das Instrument unter anderem auf den Jupiter, den größten Planeten unseres Sonnensystems, und beobachtete hiebei, daß in gerader Linie mit Jupiter bald vor, bald hinter demselben kleine Sterne zum Vorschein kämen. Zuerst dachte Marius, diese wären Fixsterne; da jedoch Jupiter damals im Rückwärtsgehen begriffen war und Marius nichts desto weniger die Begleitung dieser Sterne den Dezember hindurch wahrnahm, mußte sich ihm die Vermutung aufdrängen, daß diese Sterne sich offenbar um den Jupiter bewegen, wie die fünf Sonnenplaneten um die Sonne. Deßwegen fing Marius an, die Beobachtungen aufzuschreiben. Die erstmalige Aufschreibung ist vom 29. Dezember 1609 datiert und erfahren wir daraus, daß an diesem Tage drei Sterne in gerader Linie von Jupiter gegen Westen standen. Zu dieser

Zeit glaubte Marius, es seien nur drei Sterne, welche den Jupiter begleiten, da er einigemale drei in Ordnung gestellte Sterne um den Planeten sah. Inzwischen kamen Anfangs Januar 1610 von dem Brandenburg-Onolzbach'schen Rat Joh. Baptist Lenccius aus Venedig, wohin sich dieser von den Niederlanden aus begeben hatte, an Obristen v. Fuchs zwei sehr schön geschliffene Gläser, ein konvexes und ein konkaves, in einem hölzernen Rohre. Mit diesem verbesserten Instrumente beobachtete nun Marius bis zum 12. Januar wiederholt die Jupitersterne und nunmehr machte er die Wahrnehmung, daß es nicht blos drei, sondern vier derartige Körper gebe, welche sich um den Jupiter bewegen. Vom 13. Januar bis 8. Februar weilte Marius in Schwäbisch-Hall und als er dann auf sein Observatorium nach Onolzbach zurückkehrte, befaßte er sich noch eifriger mit den von ihm entdeckten Trabanten und machte sich daran, Tafeln zusammenzustellen, aus denen die Stellung und Bewegung der Satelliten zu Jupiter zu jedweder Zeit berechnet werden konnten.

Dabei finden wir Marius in persönlichem und brieflichem Verkehr mit den hervorragendsten Autoritäten seiner Zeit, so mit Fabricius, dem Entdecker der Sonnenflecken und Sonnenfakeln, und mit Kepler. In der Keplerschen Briefsammlung findet sich ein Brief Kepler's an Marius d. dto. Prag 10. Nov. 1612 und ein Brief von Marius an Kepler d. dto. Onolzbach 16. Aug. 1613. Marius erfreute sich damals eines so großen Rufes, daß ihn die bedeutendsten Mathematiker und Astronomen auf seiner Sternwarte in Onolzbach aufsuchten, so Lucas Brunn aus Dresden, Peter Saxonius aus Altdorf u. A. Im Dezember 1612 entdeckte und beschrieb Marius den Nebelfleck der Andromeda. Alexander v. Humbold gibt in seinem Kosmos den von Marius über den Nebelfleck der Andromeda aufgestellten Hypothesen sogar den Vorzug vor denjenigen des Galilei.

Als im Oktober 1613 Kepler in seiner Eigenschaft als

kaiserlicher Hofmathematikus dem Reichstag in Regensburg beiwohnte, woselbst u. a. wegen des Gregorianischen Kalenders Beratung gepflogen werden sollte, besuchte ihn Marius von Onolzbach aus. Bei dieser Zusammenkunft sprachen die beiden Astronomen von der Entdeckung der Jupiterstrabanten und war die Rede davon, welche Namen man in der wissenschaftlichen Welt den einzelnen der Trabanten geben solle. Da war es Kepler, welcher mit Beziehung auf die bekannten Liebesverhältnisse des Jupiter vorschlug, den ersten „Io", den zweiten „Europa", den dritten „Ganymedes" und den vierten „Calisto" zu nennen — eine Namengebung, welche der Entdecker Marius mit Freuden acceptierte, weshalb er auch seinen Freund Kepler aus Scherz den Paten zu den von ihm entdeckten vier Gestirnen nannte.

Im Februar 1614 ließ Marius zu Nürnberg seinen Mundus Jovialis auf 72 Seiten in Quart erscheinen. Demselben ist eine Abbildung des Verfassers in Holzschnitt beigefügt. Darauf steht Marius an einem Tische, in der rechten Hand einen Zirkel, in der Linken einen Destillierkolben haltend. Auf dem Tische liegt ein zugemachter Foliant und ein Fernrohr, auf welchem „Perspicillum" eingraviert ist. Zur rechten Seite des ausdrucksvollen Kopfes sieht man den Planeten Jupiter mit seinen vier Begleitern, zur Linken einen Globus. Unter dem Bilde steht das Distichon:

Inventum Proprium Est : Mundus Jovialis, Et Orbis
    Terrae Secretum Nobile, Dante Deo.

Eine Nachbildung des Holzschnittes ist beigegeben.

Das Werk ist, wie bereits Eingangs mitgeteilt, den beiden Markgrafen von Brandenburg-Onolzbach und Bayreuth gewidmet und will der Entdecker jene Gestirne zu ewigem Angedenken an die von dem gnädigsten Fürsten Georg Friedrich und dessen Nachfolgern Christian und Joachim Ernst und auch von anderen Gliedern der kurfürstlichen Familie ihm erwiesenen

SIMON MARIVS GVNTZENH MATHEMATICVS
ET MEDICVS ANNO M.DC.XIV. ÆTATIS XLII.

INVENTUM PROPRIUM EST: MUNDUS IOVIALIS, ET ORBIS
TERRÆ SECRETUM NOBILE, DANTE DEO.

Wohltaten: „Sidera Brandenburgica" genannt wissen, während die Namen der einzelnen vier Trabanten in nachstehendem Distichon enthalten sind:

Jo, Europa, Ganymedes puer atque Calisto
  Lascivo nimium perplacuere Jovi.

Marius teilt in seinem Werke u. a. die Geschichte der Entdeckung, so wie sie oben erwähnt, ausführlich mit. Da inzwischen Galilei schon vor der Publikation des Mundus Jovialis seinen Nuncius Sidereus herausgegeben hatte, wornach dieser mit einem Fernrohre am 7. Januar 1610 zu Padua die vier Trabanten des Jupiter entdeckte, die er wegen seiner Beziehungen zum florentinischen Hofe sidera Cosmica oder Medicea benannte, so bemerkte Marius in seinem Werke: wenn sein Büchlein zu Galilei nach Florenz kommen sollte, so bitte er, daß dieser es in dem Sinne aufnehmen möge, wie es geschrieben worden; denn er sei weit entfernt, den Ruf Galilei's zu verkleinern und die Entdeckung der Jupitertrabanten bei den Italienern ihm vorwegzunehmen; aber wie dem Galilei der Ruhm der ersten Entdeckung dieser Gestirne bei den Italienern verbleibe, so habe er, Marius, sie durch eigene Forschung, fast um die gleiche Zeit und sogar noch etwas früher, als Galilei sie in Italien bemerkte, in Deutschland entdeckt.

Als der Mundus Jovialis des Marius dem Galilei zu Gesicht kam, nahm dieser die Behauptung, daß Marius die Jupitertrabanten früher entdeckt habe als er, sehr ungnädig auf. Er nannte den Marius geradezu einen „usurpatore del Sistema di Giove". Ja er wirft sogar — jedoch völlig unbegründet — dem ketzerischen protestantischen Astronomen in Onolzbach vor, daß seine frühere Beobachtung auf einer Kalenderverwechslung beruhen müsse. Nach einem Briefe, den Galilei 1614 an die Academia dei Lincei in Florenz richtete, wollte derselbe — freilich etwas unphilosophisch — sogar eine Klage gegen Marius an den Marchese de Brandenburgo richten.

Es ist ein großer Streit über die Priorität der Entdeckung der Jupitertrabanten entstanden, der sich sogar bis in die neueste Zeit fortgesponnen hat, indem ein Landsmann des Galilei, der Paduaner Professor Antonio Favaro, in seinem 1883 herausgegebenen Werke „Galilei an der Universität Padua" den alten Prioritätsstreit wieder aufnahm und diesen zu Ungunsten des Marius entscheiden zu dürfen vermeinte.

Es würde zu weit führen, hier alle Argumente pro und contra aufzuführen. Ich habe alle zusammengestellt und werde sie an einem andern Orte publizieren. Doch kann ich mich nicht enthalten, zwei gewichtige Autoritäten zu Gunsten meines Landsmannes und Namensvetters Marius hier anzuführen. Der gelehrte Kästner in seiner Geschichte der Wissenschaften und Künste schreibt: „Da einer sowohl als der andere (d. i. Galilei und Marius) sein Fernrohr nach dem Jupiter gerichtet haben konnte, so sehe ich keinen Grund gegen des Marius Glaubwürdigkeit" und bemerkt dann derselbe an einer anderen Stelle geradezu, „Galilei sei gegen Marius unbillig gewesen." (Bd. IV S. 133). Und Alexander v. Humbold in seinem Kosmos (Bd. II S. 365) schreibt: „Die Monde des Jupiter wurden, wie es scheint, fast zugleich und ganz unabhängigerweise am 29. Dezember 1609 von Simon Marius zu Ansbach und am 7. Januar 1610 von Galilei zu Padua entdeckt."

Von großem Gewicht erscheint auch das von Marius selbst angeführte Moment, wie er es hätte wagen können, seine fürstlichen Wohltäter, die Markgrafen von Brandenburg, mit einer unwahren Erzählung in Verbindung zu bringen und über eine Sache ungestraft die Unwahrheit zu sagen, da doch zur Zeit der Publikation der Mitwisser der Entdeckung, ein so allgemein angesehener Mann, wie der Geheimrat und Kriegsoberste v. Fuchs-Bimbach, noch unter den Lebenden weilte.

Im Jahre 1624, kurz vor Markgraf Joachim Ernst, starb Simon Marius. Zwar hat sich in der Wissenschaft für die

Jupitertrabanten die Benennung „sidera Brandenburgica" so wenig erhalten als die von Galilei vorgeschlagene „sidera Cosmica" oder „Medicea"; aber es schien mir wohl angezeigt, bei Auffrischung der Erinnerung an die Hohenzollernherrschaft in Franken einer wissenschaftlichen That ersten Ranges zu gedenken, die von dem Entdecker mit dem brandenburgischen Namen in Verbindung gebracht ward.

Hohenzollerndenkmale in Heilsbronn.

Nicht leicht wird ein anderer unscheinbarer Ort so viele geschichtliche und künstlerische Denkwürdigkeiten aufzuweisen vermögen, wie der an der Nürnberg=Crailsheimer Bahnlinie gelegene Marktflecken Heilsbronn mit seiner weitberühmten Münsterkirche, in der sich eine der interessantesten Grablegstätten Deutschlands befindet. Ist sie doch seit mindestens dem Jahre 1297 bis auf den Begründer der jüngeren markgräflichen Linie, Joachim Ernst († 1625), dem Mitbegründer der evangelischen Union und Führer der unionistischen Truppen, die Gruftstätte der fränkischen Hohenzollern und der drei ersten brandenburgischen Kurfürsten.

Das Cistercienser Kloster Heilsbronn ist von Bischof Otto von Bamberg im Jahre 1132 gegründet worden und sollte, wie die Stiftungsurkunde bemerkt, unter dem unmittelbaren Schutze des Kaisers stehen. Heilsbronn hieß früher Halsbronn und war die älteste Benennung „Haholdesbrunnen" d. i. Brunnen des Hahold. Aus Halsbronn wurde dann später Heilsbronn, „Quelle des Heils".

Schon vor der Klosterstiftung durch Bischof Otto befand sich in Heilsbronn ein Castrum, in welchem fünf Grafengeschwister, welche höchst wahrscheinlich dem Abenberg'schen Geschlecht angehörten, Wohnung hatten. Diese haben das Castrum unter Vorbehalt des Genuß= und Gebrauchsrechtes für sich und ihre Erben dem Kloster überlassen. Ihre Erben waren die Grafen von Abenberg, welche Schutzherren des Klosters wurden und auch ihre Grablegstätte in der Klosterkirche hatten. Von den Grafen von Abenberg ist sodann die Schirmvogtei über

das Kloster an die mit ihnen stammverwandten Hohenzollern=
schen Burggrafen von Nürnberg übergegangen.

Welche Bewandtnis es mit dem Verwandtschaftverhältnis
der Grafen von Abenberg zu den Grafen von Zollern hatte,
ist heute noch nicht vollständig aufgeklärt. Es hat zwar im letzten
Jahre der preußische Archivar Dr. Christian Meyer in Breslau
in einer Schrift, betitelt „Die Herkunft der Burggrafen von
Nürnberg, der Ahnherren des deutschen Kaiserhauses", auf
Grundlage des gesamten vorhandenen Quellenmaterials als das
Resultat seiner Untersuchung aufgestellt: „Die Nürnberger
Burggrafen, sowohl die des zwölften als auch die der folgenden
Jahrhunderte sind die Nachkommen der alten Rangaugrafen ge=
wesen, die uns seit dem zwölften Jahrhundert, insbesondere in
der Dynastenfamilie der Grafen von Abenberg entgegentreten,
welche Familie mit denen der Hohenlohe eine ursprüngliche
Stammesgemeinschaft hat. Nicht die Zollern wurden Burg=
grafen von Nürnberg, sondern ein Abenberg, welcher Burggraf
von Nürnberg war, hat sich mit einer Zollern vermählt und
von da an haben sich die Burggrafen Zollern genannt." Ich
folge dagegen einstweilen noch der bisherigen Annahme. Un=
streitig waren allerdings die Grafen von Abenberg mit den
burggräflichen Zollern nahe verwandt. Sie begegnen uns ur=
kundlich schon im Jahre 1071; in der Hohenstaufenzeit waren
sie zur größten Blüte gelangt.

Bei Kaiser Friedrich I. stand namentlich der thatkräftige
Rapoto von Abenberg († 1172), der Schirmvogt der Bamberger
Kirche, in hohem Ansehen. Er war der Mitstifter und größte Wohl=
thäter des Klosters Heilsbronn. Durch seine Gemahlin Mechtildis
von Wettin war er auch Herr eines ausgedehnten Gebietes in Thü=
ringen. Dem Abenbergischen Hause kam schon damals fürstliche
Würde zu, wie der Hermelinbesatz an den Kopfbedeckungen und
Gewändern des in der Klosterkirche befindlichen Wandgemäldes

beweist, welches die Mitstiftung dieses Klosters durch die Grafen von Abenberg versinnbildlicht. Turniere und höfischer Sang verherrlichten die Feste auf der romantischen Burg, denen der größte Dichter des deutschen Mittelalters, Wolfram von Eschenbach, höhere Weihe gab. Der Dichter des Wartburgkrieges erteilt sogar das Prädikat „Hochgeboren", welches damals ein Vorzugsrecht der Fürsten war, selbst den Töchtern des Grafen von Abenberg.

Die Burg von Abenberg muß zu jener Zeit der Sitz eines üppigen Hoflebens gewesen sein, wie aus dem Vergleich hervorgeht, den Wolfram von Eschenbach, dessen Geburtsort nur wenige Stunden von Abenberg entfernt liegt, in seinem Heldengedicht „Parzival" anstellt zwischen dem Zustand, in welchem dieser sein Held die verödete Gralsburg Mensalväsche gefunden, und dem Leben und Treiben auf Abenberg. Der Dichter beschreibt den grünen Turnieranger auf der Burg. Die betreffenden Verse lauten:

„In die burc der küene (Parzival) reit
ûf einen hôf wit unde broit.
durch schimpf (Ritterspiel) er nicht zertreten was,
dâ stuont al (überall) kurz grüene gras:
dâ was burhurdiren (Ritterspiel) vermiten,
mit baniren selten überriten
also (wie) der anger (Rennwiese) z'Abenberc."

Ein Friedrich von Abenberg wird von Tannhäuser in einer Reihe neben dem Landgrafen Hermann von Thüringen als Beschützer der Dicht- und Sangeskunst gepriesen.

Schon im Jahre 1230 starben die Grafen von Abenberg im Mannesstamm aus und ihre Erbschaft fiel an das verwandte burggräfliche Haus der Hohenzollern. Burggraf Konrad der Fromme, der wie sein Bruder Friedrich III., Namen und Wappen der Abenberge führte, überkam Schloß und Herrschaft Abenberg, verkaufte aber dieses romantische Bergschloß im Jahre

1296 an das Hochstift Eichstätt. Seit dem Jahre 1881 ist das von Czwerschina restaurierte Schloß in den Besitz des Herrn Anton Schott, Hofopernsängers in Hannover und K. württembergischen Reservehauptmanns, übergegangen. Die Erhaltung und Wiederherstellung dieses Bergschlosses, auf welches insbesondere Josef Bergmann in seinen 1833 zu Ansbach erschienenen „Merkwürdigkeiten des Rezatkreises" unter Beifügung einer Abbildung aufmerksam machte, war angesichts der hohen geschichtlichen Bedeutung desselben ungemein verdienstvoll. Das hochragende Abenberg mit seinen stattlichen Bauwerken, die noch Spuren aus der romanischen Periode an sich tragen, ist so wieder zu Ehren gekommen und bildet als ein ehrwürdiges Denkmal heimischer Geschichte eine Zierde der Gegend im weiten Umkreise.

Als wohnungsbefugt im Castrum hatten die Burggrafen von Nürnberg ein Recht, sich wie früher die Grafen von Abenberg, in der Kirche zu Heilsbronn begraben zu lassen. Bei diesem Verhältnisse der Bewohner des Castrums zum Kloster lag es in der Natur der Sache, daß, wenn in gefahrvoller Zeit außer und neben der kaiserlichen Beschirmung noch ein besonderer Klosterschutz erforderlich war, man diesen in den meisten Fällen den Bewohnern des Castrums übertrug. Aus diesem früher nur vorübergehenden Verhältnisse wurde späterhin ein bleibendes. Die Burggrafen wurden permanente Schirmvögte des Klosters, wobei ihnen auch die Inhaberschaft des kaiserlichen Landgerichts Burggrafentums Nürnberg zu Statten kam.

Was die Pflege der Wissenschaften im Cisterzienser Kloster zu Heilsbronn anlangt, so ist hervorzuheben, daß im vierzehnten Jahrhundert einer der Mönche geistlich-diktatische Gedichte und Abhandlungen verfaßte, ferner, daß schon vom vierzehnten Jahrhundert an das Kloster stets einige seiner befähigten Mitglieder an die Hochschulen nach Heidelberg (woselbst das Heilsbronner

Kloster sogar ein eigenes Haus besaß), dann nach Paris, Prag oder Wien entsandte, um sie in den Wissenschaften, namentlich in der Theologie und Jurisprudenz, ausbilden zu lassen, dann, daß die Heilsbronner Mönche seit alter Zeit einen Ruf als gute Musiker hatten, endlich, daß das Kloster im Besitze einer bedeutenden Bibliothek war.

Das Kloster war auch von Fremden stets sehr frequentiert; so notierte der Kornbewahrer im Jahre 1342 für die Fremden nicht weniger als 19700 Pferderationen, welche Anzahl auch in den folgenden Jahren fast nie unter 10000 Rationen herabging. Bei dem Kloster wurde eine umfassende Ökonomie betrieben, da es zahlreiche und ausgedehnte Klostergüter, darunter selbst Weinberge besaß.

Es ward, wie es Bischof Otto von Bamberg gleich bei der Gründung des Klosters im Auge hatte, ein förmlicher Mönchsstaat in Heilsbronn gebildet. Dieser bestand aus Probsteien, Vogteien und Ämtern. Zur Probstei Bonhof gehörten Besitzungen in 76 Ortschaften, zur Probstei Zenn oder Neuhof und zwar in der Zenngegend 73, im Amt Rangau 29 und im Schultheißenamte Equarhofen 12 Ortschaften, zur Probstei Randersacker 15, zur Probstei „An der Altmühl oder Merkendorf" 63, zum Amt „An der Wieset oder Waizendorf" 35 und zum Amt Nördlingen 17 Ortschaften. Außerdem besaß das Kloster auch im Bistum Regensburg 4 Ortschaften. Im Ganzen waren es 324 Orte, in welchen das Cistercienser Kloster Besitzungen und Rechte hatte.

Die Beziehungen des Klosters zu den Burg- und Markgrafen wurden mit der Zeit ungemein innig. Die Äbte, in hochangesehener Stellung in den Fürstentümern, in den politischen Geschäften mannigfach verwendet, standen auch der Person ihrer Schirmvögte und Landesherren sehr nahe und waren gewöhnlich Gevattersleute derselben. Das Kloster durfte sich

mancher frommen Stiftung und die Äbte mancher Gegen=
geschenke seitens der burg= und markgräflichen Herrschaft er=
freuen. Freilich wurde auch das Kloster mit seinen Grund=
holden des öfteren zur Besteuerung herangezogen und war dieses
nicht immer erfreut, wenn die Burggrafen mit zahlreichem Ge=
folge auf ihren Jagdzügen oft lange und kostspielige Einkehr
hielten.

Die im romanischen Stile erbaute Klosterkirche gehört dem
zwölften Jahrhundert an. Es war daselbst wegen der oft=
maligen Anwesenheit der Kaiser zu deren Privatandacht ein
eigenes Bethaus, die dem heiligen Georg geweihte sog. Kaiser=
kapelle eingerichtet worden, die jedoch seit 1775 niedergerissen
ist. Daselbst waren an einem Adlerkopfe die fünf Buchstaben:
A. E. J. O. U. angebracht, welche man dahin dechiffriert hat:
„All Erdenrund ist Österreich Unterhan", Worte, welche nament=
lich Kaiser Friedrich III., der öfters, so auch im Jahre
1474, in Heilsbronn zu Gast war, gerne im Munde geführt
haben soll. Aus den von den Kaisern über und in Heilsbronn
ausgestellten Urkunden erhellt, daß Rudolf von Habsburg
(1273—1291), Adolf von Nassau (1292—1298), Albrecht I.
(1298—1308) und Heinrich VII. (1308—1313) von den Burg=
grafen oft nach Heilsbronn geführt und daselbst glänzend
bewirtet wurden. Insbesondere Kaiser Heinrich VII. kann in
einer Urkunde nicht Worte genug finden, die während seines
Aufenthalts zu Heilsbronn erwiesene Gastfreundschaft zu rühmen.
Ein Jahr nach Burggraf Friedrichs IV. Tod († 1332) finden
wir Ludwig den Bayern an dessen Grab zu Heilsbronn. Im
Jahr 1346 war Kaiser Ludwig nochmals daselbst, diesmal be=
gleitet von seiner Gemahlin und seinen Söhnen. Sehr häufig,
von 1348—1377 wohl zwanzigmal, verkehrte Kaiser Karl IV.,
dessen Tochter Margareta mit dem Burggrafen Johann III.
(† 1420), dem Sohne Friedrich V. vermählt war, mit seinen
Angehörigen im Burggrafenhause. Wie Kaiser Karl IV., so

wurde auch dessen Sohn und Nachfolger Wenzel vom Burggrafen Friedrich V. wiederholt in das Burggrafenhaus nach Heilsbronn geführt. Auch der an Wenzels Stelle gewählte Pfalzgraf Ruprecht, der eine Tochter des Burggrafen Friedrich V. zur Gemahlin hatte, erscheint häufig unter den Gästen zu Heilsbronn. Als Kaiser war er, geführt von seinen Schwägern den Burggrafen Friedrich VI. und Johann III., zum erstenmale im Jahre 1401 in Heilsbronn und kam dann bis zu seinem im Jahre 1410 erfolgten Tod fast alljährlich dahin. Auch den Namen des Kaisers Sigmund findet man im Jahre 1414 in der Fremdenliste des Burggrafenhauses. Kaiser Albrecht II., der nur zwei Jahre regierte, kommt im Winter von 1437 auf 1438 als Gast dort vor. Vom Reichstag in Nürnberg aus besuchte Kaiser Friedrich III. das Kloster, wo er vom Abte mit einer Reliquie und einer Monstranz beschenkt wurde. Im Februar 1474 war derselbe Kaiser beim Kurfürsten Albrecht Achilles im Burggrafenhause zu Gast und stellte dem von ihm sehr verehrten Klosterabte eine Bestätigung der Klosterprivilegien aus. —

Ob der erste fränkische Zollern=Burggraf Friedrich I. in Heilsbronn begraben liegt, ist fraglich. Die älteste Aufzeichnung der Heilsbronner Epitaphien, die des Wenzel Gurkfelder, kennt einen Totenschild Friedrichs I. nicht. Auch ist nicht sicher, ob Burggraf Johann I. in Heilsbronn ruht. Festgestellt dagegen ist, daß Burggraf Friedrich III., der 1297 starb, in Heilsbronn begraben liegt. Derselbe hatte schon im Jahre 1269 zwei Waldungen zur Abhaltung von Seelenmessen für sich und die Seinigen ins Kloster gestiftet. An Burggraf Friedrich III. erinnern drei in der Klosterkirche befindliche Denkmale. So über einer Säule ein runder Totenschild mit der Umschrift: „A. D. 1297 in vigilia assumtionis obiit Dns. Fridericus senior Burggravius de Nurnberg". Dieser Schild wurde bei einer im Jahre 1712 vorgenommenen Restaurierung nebst neun anderen Zollern'schen Schilden auf Holz kopiert und findet sich an Stelle des Originals aufgestellt.

Dann befindet sich im Mittelfenster des Chores ein aus der Lebenszeit des Burggrafen herrührendes Glasgemälde. Dasselbe besteht aus drei Abteilungen; die mittlere zeigt den gekreuzigten Heiland, zu beiden Seiten knieen die erlauchten Schenkgeber, und zwar zur Rechten eine männliche Gestalt mit der Überschrift „Fredericus", zur Linken zwei weibliche Figuren mit der Überschrift „DUE . DOMINE . PUR". Pur ist eine Abkürzung für „Purgravie", und stellen die Figuren die beiden Gemahlinnen des Burggrafen Friedrich III. dar, nämlich Elisabetha, geb. Herzogin von Meran († 1272) und Helena, geb. Herzogin von Sachsen († 1309). Über den Figuren findet sich das zollerische Wappen transparent in Farben dargestellt. Im Jahre 1876 ließ Kaiser Wilhelm I. das interessante Glasgemälde stilgerecht mit folgender Widmung renovieren: Friderico Burggravio de Nürnberg, Comiti de Zolre, progenitori suo Guilelmus Imperator Germanicus Borussorum Rex MDCCCLXXVI. Die Ruhestätte dieses Burggrafen bezeichnete unmittelbar hinter dem Dreikönigsaltar früher ein Leichenstein, auf dem sich eine bemalte und beschriftete Tafel befand, die aber im Laufe der Zeit abgängig wurde.

An deren Stelle unter dem oben beschriebenen Mittelfenster des Chores ließ 1824 Franz Maria Freiherr von Carnea-Steffaneo zu Tapogliano, Magnat in Ungarn, Johanniter-Ritter und kaiserlich österreichischer Geheimrat, zum Andenken an diesen Burggrafen und zur Erinnerung an das freundschaftliche Verhältnis, in welchem derselbe mit dem Kaiser Rudolf von Habsburg und dem Herzog Ludwig von Bayern stand, einen Marmoraltar in antiker Form errichten. Oben an den vier Seiten des Altares befinden sich in Goldschrift die Worte eingemeißelt: „Amicitiae . Augustae . Sacram . Aram", während unten die Worte stehen: "Erexit 8. Febr. 1824 F. M. a Carnea Steffaneo Baro in Cronheim et Eppenstein P. S." Auf jeder von 3 Seitenflächen des Denkmals sind in Goldschrift die Namen, Wappen und Sterbetage Burggraf Friedrich's III. (14. August 1297), Rudolf's von Habsburg (15. Juli 1291) und Ludwig's von Bayern (3. Februar 1294) eingemeißelt, während auf der vierten Seitenfläche bemerkt ist, daß die Errichtung des Altars unter der Regierung des Kaisers Franz von Österreich, des Königs Maximilian Josef von Bayern und des Königs Friedrich Wilhelm III. von Preußen geschah. In die Kirchenmauer, gegenüber dem Denkmal, sind 4 marmorne Tafeln mit erklärenden lateinischen Inschriften und dem Wappen des Stifters eingelassen.

Baron Carnea Steffaneo stiftete außerdem noch ein Kapital von 1000 fl., wovon die Zinsen teils zur Unterhaltung des Monuments, teils dazu verwendet werden sollen, daß am Todestag des Burggrafen — 14. August — alljährlich an die Ortsarmen in Heilsbronn, besonders an Kinder, Unterstützungen verabfolgt werden. Auf diese Weise wird das Andenken an Burggraf Friedrich III. jetzt noch, nach fast 600 Jahren, wach erhalten — ein Beispiel, wie es wenige in der Geschichte gibt.

Daß auch Burggraf Friedrich IV. in Heilsbronn seine Ruhestätte fand, dafür ist als Beweis sein Totenschild vorhanden, auf welchem es heißt: 1332 Kal. Junii obiit Dns. Fridericus Burggravius de Nurnberg. Schon im Jahre 1327 hatte dieser Burggraf dem Kloster die Zinsen aus einem Kapital von 2000 Hellern verschrieben zu einem Seelgeräte für sich und seine Gemahlin Margareta und zu einem ewigen Licht an der burggräflichen Gruft.

Auch Burggraf Johann II., der oft im Burggrafenhause verkehrte, liegt zu Heilsbronn begraben. Die Inschrift auf seinen Totenschild lautet: A. D. 1357 Non. Oct. obiit Dns. Johannes

Burggravius de Nurnberg. Schon vier Jahre darauf nahm die Klosterkirche die irdischen Überreste wieder eines Zollern, Albrechts des Schönen, auf, der wie auch schon Johann II. ein Seelengerät in dem Kloster gestiftet hatte. Die Worte auf dem Totenschild lauten: A. D. 1361 Non. Apr. obiit Dns. Albertus Burggravius de Nurnberg.

Ein teuerer aber dankbarer Gast des Klosters war Burggraf Friedrich V., Johann des II. Sohn und Albrechts Neffe. Sein Aufenthalt im Burggrafenhause war für das Kloster stets sehr kostspielig, wie aus den noch vorhandenen Rechnungs-Komputationen hervorgeht. So kommt in einer Rechnung vom Jahre 1394 u. a. vor: „für des Burggrafen Hunde 26 Simra Getreide." Dagegen machte aber auch der Burggraf mehrfach Schenkungen an's Kloster, so schenkte er demselben ein Lehen in Wasserzell, dann ein Haus in Uffenheim. Dieser Burggraf war es, der die Hauptgruft in der Klosterkirche erbaute. Auch erhielt von Friedrich V. das Kloster 800 Pfund Heller zur Stiftung des Dreikönigsaltares, sowie zu einer Seelenmesse und einem ewigen Licht. Er wurde im Jahre 1398 in der von ihm erbauten Hauptgruft bestattet. Die Inschrift auf seinem Totenschild lautet: A. D. 1398 12. Kal. Febr. obiit Dns. Fridericus Burggravius Senior de Nurnberg. Die Schnitzwerke und Ölbilder des von diesem Burggrafen gestifteten Dreikönigsaltares sind noch gut erhalten und sehr sehenswert.

Als Freskomalerei befand sich dereinst ein sehr schönes Familienbild dieses Burggrafen über zwei Säulen an der Wand im Hauptkirchenschiffe. Von diesem Bilde wurde im Jahre 1711 durch Maler Schulz in Fürth eine Kopie auf Blech veranstaltet und diese mit Klammern über dem Original befestigt, wodurch letzteres völlig verdeckt ward. Als man im Jahre 1850 die Blechkopie wegnahm, kam das Original wieder zum Vorschein, wobei sich als Befund ergab, daß das Kolorit, ebenso die zehn weiblichen Köpfe wohl erhalten waren, weniger

dagegen das Gesicht des Vaters, ebenso waren die Spruchbänder
nur noch teilweise lesbar. Das Freskobild wurde nicht restau=
riert, sondern übertüncht, die Blechkopie aber an der flachen
südöstlichen Wand des nördlichen Seitenschiffes aufgehängt.
Das schöne Bild stellt den Burggrafen Friedrich V. nebst seiner
ganzen Familie dar. In voller Rüstung kniet er auf blumen=
reichem Rasen, hebt Augen und Hände betend zum Himmel
empor und hält in letzteren ein Spruchband mit der Aufschrift:
Sancta Trinitas, unus Deus, miserere mei. Den zimierten
Helm, der zurückgeschlagen ist und ihm auf dem Rücken hängt,
hält sein ältester Sohn Johann (III.), aus dessen Munde die
Worte hervorgehen: Ora pro me, sancta dei genetrix. Hinter
ihm kniet der jüngere Friedrich (der erste Kurfürst), gleich
seinem Bruder und Vater mit grün gemustertem Waffenrock
bekleidet. Mit beiden Händen hält derselbe den zollerischen
Wappenschild empor und bei seinem Haupte schwebt ein Spruch=
band mit den Worten: Miserere mei Deus secundum magnam
misericordiam. Die zweite Gruppe des Freskobildes zeigt die
Gemahlin des Burggrafen, Elisabeth, die Tochter des Land=
grafen von Thüringen, mit neun Töchtern. Das Haupt der
Burggräfin ist in einen weißen Schleier gehüllt, der nur das
Gesicht frei läßt; ein langer scharlachroter Mantel mit Hermelin
verbrämt umgibt ihre Gestalt. Ein langes Spruchband, worauf
die Worte stehen: „Audi nos, nam te filius nihil negans
honorat" zieht sich über die knieenden neun burggräflichen
Töchter hin. Am weitesten von der Mutter entfernt kniet die
älteste Tochter Elisabeth, seit 1374 mit Kurfürst Ruprecht von
der Pfalz vermählt, der im Jahre 1400 König wurde —
daher auf dem Bilde die Krone auf Elisabeth's Haupt.. Von
ihr geht ein Spruchband aus mit den Worten: Salva nos Jesu,
pro quibus virgo Mater te orat. Dieser ältesten Tochter
folgt Beatrix, Gemahlin des Herzogs Albrecht von Österreich,
dann Margaretha, Gemahlin Hermanns des Gelehrten. Darauf

folgen noch sechs Töchter: darunter Veronica, nachmals Gemahlin des Herzogs von Pommern.

Friederich's V. Sohn Johann III., der in Plassenburg starb, wurde ebenfalls in Heilsbronn beigesetzt. Der auf ihn bezügliche vorhandene Totenschild lautet: „A. D. 1420 am Tag Barnaba Apostoli starb Burggraf Hans von Nürnberg dem Gott gnad."

Besonders innig waren die Beziehungen des ersten Kurfürsten Friedrich und seiner Gemahlin zu dem Kloster. Namentlich letztere, die „Schöne Else", finden wir häufig im Burggrafenhause, während der Kurfürst auf dem Konzil zu Konstanz und in der Mark weilte. Die in den Komputationen des Klosters verrechneten Ausgaben lassen ersehen, daß dasselbe dem kurfürstlichen Paare vielfach an die Hand ging, teils mit Darreichung von Waffen und Munition, teils mit Herleihung von Klosterpferden zu Kriegsfuhren, sowie für den Transport des Kammerwagens der Kurfürstin nach den verschiedenen festen Plätzen in Franken. Während der Krankheit des Kurfürsten führten Heilsbronner Klosterpferde seinen Arzt von Nürnberg zu ihm nach Kadolzburg und wieder zurück. Vor seinem Tode verordnete er: „Wir haben unser Begräbnis erwählt in dem Kloster zu Hailsbrunn, und daß unser Begräbniß in schlechter, demüthiger Form geschehen soll, in leinenem Tuch, ohne große hoffärtige Pompey, die nicht zu göttlichen Ehren dient. Alle wissentliche Schulden auf Pfandschaft oder sonst sollen gütlich ausgerichtet und bezahlt werden. Um daß wir leider unsere armen Leute, Unterthanen und auch etliche Andere mit Steuern und anderen Sachen beschwert haben, so schaffen wir, daß unsere Söhne und Erben das im Gedächtniß haben, nach Gestalt der Sache Ersatz leisten und guten Willen beweisen sollen." In seinem Testament vom 14. September 1440 bestimmte Kurfürst Friedrich u. a.: „Item wir schaffen, daß man uns einen ewigen Jahrstag in Hailsbronn bestallen soll und auch unserm

Bruder Johannsen seelgen einen Jartag." Als einer der Exekutoren dieser testamentarischen Bestimmungen ist der Abt des Klosters Heilsbronn ernannt.

Schon im Jahre 1406 hatte der Kurfürst und sein Bruder, Johann III., einen Jahrtag für ihren 1398 verstorbenen Vater, den Burggrafen Friedrich V., zum Dreikönigsaltar ins Kloster gestiftet.

Am 21. September 1440 starb der erste Kurfürst zu Cadolzburg. Sein Leichnam ward nach Heilsbronn gebracht, wo er wie seine zwei Jahre darnach verstorbene Gemahlin bestattet wurde. Zur Zeit der Klosterauflösung hing an einer der runden Säulen der Heilsbronner Kirche eine Votivtafel für den ersten Kurfürsten mit der Inschrift: „A. D. 1440 an St. Matthäi des Evangelisten Tag, da starb der durchlauchtig hochgeborne Churfürst und Herr, Herr Fridrich, Morggraue zu Brandenburg, des heil. röm. Reichs Erzkämmrer und Burggraue zu Nürnberg, der hie begraben ligt, dem Gott gnädig sey". Die Kopisten, welche diese Inschrift im Jahre 1607 abschrieben, bemerkten dabei: „Ein sehr alt Täfelein übel zu lesen." Während im gegenwärtigen Jahrhundert dieses Votivtäfelchen sich nicht mehr vorfand, muß es noch im Jahre 1731 vorhanden gewesen sein. Denn Hocker in seinem im genannten Jahre herausgegebenen Heilsbronnischen Antiquitätenschatz bemerkt: „Ein noch allda vorhandenes Brettlein, welches kaum drei Schuh lang und mit nunmehro fast vermoderter Leinwand, die übertünchet, überzogen, enthält folgende jetzo kaum leserliche Grabschrift" (folgt obige Inschrift). Dagegen fand Pfarrer Muck vor ungefähr 10 Jahren ein sehr ruinöses, rot und weiß umrahmtes Brustbild, welches man für das des ersten Kurfürsten ausgab und nach Berlin schickte. Vom Kopf und Gesicht sah man nur noch die äußersten Umrisse.

Erst im Jahre 1854 entdeckte man auf den Flügelthüren eines Altarschreines in der Kirche zu Cadolzburg, woselbst die

Lieblingsresidenz Friedrichs war, auf einem die Kreuzigung darstellenden Bilde unter Maria eine Abbildung des Kurfürsten, wie er an einem Betstuhl kniet, dessen Vorderwand das kombinierte burggräflich-zollern-brandenburgische Wappen zeigt.

Der Kurfürst erscheint nach diesem Gemälde als eine kräftige männliche Gestalt von mittlerer Größe, mit starkem dunklen Haupthaar, das ihm hinten bis zum Nacken herabhängt, mit rundem vollem, etwas breitem Gesicht, von sehr mildem wohlwollendem Ausdruck, großen offenen Augen mit durchdringendem Blick. Die Tracht, worin Friedrich in dieser Abbildung auftritt, ist ein langes seidenes Untergewand mit einem ebenfalls seidenen, faltenreichen, mit Zobel gefüttertem Obergewande. (Über das Gegenbild seiner Gemahlin siehe bei „Schön Else".)

Kurfürst Friedrich I. ist außerdem auf einem (restaurierten) Ölbilde in der Münsterkirche zu Heilsbronn in seiner kurfürstlichen Tracht dargestellt. Ein scharlachroter Mantel umgibt die Gestalt; den Kopf bedeckt ein pelzverbrämtes Barett; in der Hand trägt der Fürst Scepter und Schwert. Graf Stillfried meint, daß das Bild vielleicht den Kurfürsten Friedrich II. vorstelle, da Friedrich I. keinen Bart trug und anstatt des Scepters als Zeichen der Kurwürde den Reichskämmererschlüssel führte.

Auch Friedrichs I. Sohn, der zweite Kurfürst von Brandenburg, Friedrich der Eiserne, liegt in Heilsbronn begraben. Da er ohne männliche Erben war, zog er sich nach Franken auf die Plassenburg zurück und starb daselbst am 10. Februar 1471. Das auf ihn bezügliche, in der Münsterkirche noch vorhandene Votivbild zeigt zwei Engel, welche den von diesem Kurfürsten im Jahre 1440 gestifteten Schwanenorden tragen und hat darüber folgende Inschrift: „A. D. 1471, am Sonntag nach St. Scholastikatag ist der durchlaucht. und hochgeb. Fürst und Herr Friederich Marggrau zu Brandenburg, des heil. röm. Reichs Erzkämmerer und Churfürst, zu Stettin, Pommern, der Cassuben,

Wenden Herzog, Burggraf zu Nurmberg und Fürst zu Rugen ꝛc. gestorben, der diese unser lieben Frauen Gesellschaft aufgerichtet und dazu ein Stift auf unser lieben Frauen Berg zu Brandenburg gestift hat, daselbst man die Bruderschaft derselben Gesellschaft beget. Des Seel und aller der Seel, die in dieser Bruderschaft verschieden sind, der allmächtig Gott barmherzig sei. Amen."

Für seinen Bruder, den Markgrafen Johannes Alchymista, welcher das obergebirgische Fürstentum erhalten hatte und im Jahre 1464 zu Baiersdorf (bei Erlangen) starb, war noch im vorigen Jahrhundert eine Votivtafel in der Heilsbronner Münsterkirche vorhanden, aus deren Inschrift hervorging, daß dieser Markgraf dortselbst bestattet wurde.

Auch der dritte Brandenburgische Kurfürst, Albrecht Achilles, fand seine Ruhestätte in dem Heilsbronner Kloster. Er war während seiner 46 jährigen unruhigen und stürmischen Regierung häufig im Burggrafenhause.

Albrecht Achilles nahm die reichen Mittel des Klosters für seine kühnen Unternehmungen vielfältig in Anspruch. Gar häufig begehrte er die Klosterpferde vor seine „Puchsen" und Rüstwägen; auch entnahm er mehrmals baare Darlehen. Albrecht starb, 71 Jahre alt, im Jahre 1486 zu Frankfurt, wohin er zur Königswahl des Erzherzogs Maximilian gereist war. Sein Leichnam wurde nach Kloster Heilsbronn gebracht und dort beigesetzt.

Wahrscheinlich war es Kurfürst Johann Cicero — so genannt, weil er ein guter Sprecher war —, der seinem Vater Albrecht eine herrliche, allem Vermuten nach von Wohlgemuth in Nürnberg gemalte Gedächtnistafel gewidmet hat, die heute noch im nördlichen Seitenschiff des Klosters hängt. Zwei Engel, leicht beschwingt und weiß gekleidet, tragen die großmeisterliche Kette des Schwanenordens. Auf ihr ist außer den gewöhnlichen Insignien noch ein gar zierliches Frauenbild angebracht, wahrscheinlich das seiner zweiten Gemahlin, der sächsischen Anna. Die Engelsgestalten sind schwebend über Erde und Meer auf Goldgrund dargestellt. Das blondgelockte Haar der mit Stirnreif und Kleinod geschmückten Köpfe wallt über die mit grüngefütterten Purpurmänteln bedeckten Schultern hinab und quillt noch unter den unbekleideten Füßen hervor. Außer diesem unbeschrifteten Ölbild ist in Beziehung auf Albrecht Achilles in der Heilsbronner Münsterkirche eine blaue Tafel mit folgender Goldschrift vorhanden: „Ann. Dom. 1486 am Sambstag vor dem Sontag Judica in der Fasten, der da was der eilfte tag des Merzen, starb auf einen großen kaiserlichen Tag zu Frankfurt am Mayn der durchlauchtig hochgeboren Fürst und Herr, Herr Albrecht Marggraue zu Brandenburg, des heiligen römischen Reichs Erzkemmerer und Churfürst, zu Stetin, Pommern, der Cassuben und Wenden Herzog, Burggraue zu Nürmberg und Fürst zu Rügen, der hie begraben ligt, des Seelen der allmechtig Gott gnedig und barmherzig sein wolle. Amen."

Auch die beiden Gemahlinen des Kurfürsten, Margaretha von Baden († 1457) und Anna von Sachsen († 1512) ruhen in der Heilsbronner Münsterkirche. Kurfürstin Anna hatte schon 10 Jahre vor ihrem Tode in's Kloster einen Jahrtag gestiftet und dafür Gefälle, die sie um 170 Gulden gekauft, dem Kloster geschenkt. Im Eingang des Stiftungsbriefes heißt es: „Wir Anna, von Gottes Gnaden, geborne Herzogin von Sachsen, Markgräfin von Brandenburg ꝛc., thun kund. Da wir erkannt haben, daß die guten Werke und Seelgeräth, die ein Mensch bei lebendigem und gesundem Leibe willig thut und stiftet, Gott allerlöblichst sind und den Seelen zur Seligkeit Hilfe und Trost am besten kommen mögen, darum haben wir um Heils und Seligkeit willen unserer Seelen und weiland unseres lieben Gemahls, Herrn Markgrafen, Erzkämmerers und Kurfürsten und allen unsern Vorältern und Erben zu Hilf und Trost und zur Ehre Gottes, einen ewigen Jahrtag und ein ewig brennendes Licht von Öl, das Tag und Nacht bei unserem Grabe brennen soll, in dem Kloster Heilsbronn gestiftet." Das Zeremoniell war genau vorgeschrieben. Schon am Vorabende des Jahrtags, während der Vigilien, sollten 8 Kerzen am Grabe der Kurfürstin brennen, ebenso bei der Hauptfeier tags darauf. Das Totenamt sollte „an der Herrschaft Altar", d. i. dem Dreikönigsaltar gehalten, nach dem Amte sollte am Grabe der Kurfürstin ein Salve Regina gesungen und an diesem Tage jedem der Mönche ein Stück gebackener, ein Stück gebratener, zwei Stücke gesalzener Fische zum Kraut, ein süßer Pfeffer- und ein Lebkuchen, eine Maaß Wein und eine Semmel gereicht werden.

Nach ihrem Tode wurde ihr in der Kirche ein Denkmal gesetzt, bestehend aus einem acht Schuh langen, drei Schuh breiten und vier dergleichen hohen Steine. Auf dem Sarkophagdeckel ist Kurfürstin Anna lebensgroß in Nonnentracht in einer Laube, auf damasziertem Untergrund liegend, dargestellt, zu den Füßen Löwe und Hündchen, unter den gekreuzten Händen ein Rosenkranz, um den Hals den Schwanenorden, daneben ein Lilienkrüglein, auf beiden Seiten der Laube schlanke Baumstämme, an acht Ästen derselben die Wappen von Brandenburg, Zollern, Bayern, Mailand, Sachsen, Braunschweig, Österreich und Polen, oben eine oblonge Tafel mit Blumengewinden, mit dem brandenburgischen Adler und Kurscepter, links und rechts die Buchstaben O. M. D. M. M. A. d. i. O Mater Dei Miserere Mei Amen. An den vier Wänden des Steinsarkophages sieht man in Stein gehauen, an der Westseite: einen quadrierten Schild mit den vier Wappen von Brandenburg, Sachsen, Bayern und Österreich, in der Mitte dieser vier Schilde einen Herzschild mit den Kurscepter von Brandenburg und Sachsen, auf einer Seite dieses Wappens das Jesuskind auf den Armen der gekrönten Jungfrau, über deren Schultern zwei Engel hereinschauen, auf der anderen Seite die heilige

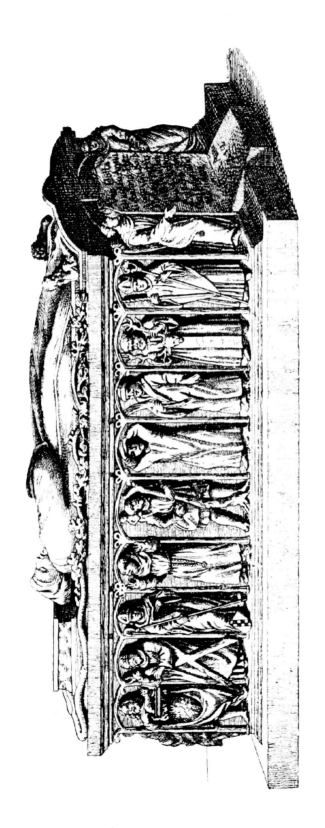

Steinsarkophag der Kurfürstin Anna in Heilsbronn.

Anna, mit der Rechten ein knieendes Mädchen haltend, auf dem linken Arm ein Kind tragend. An der Südseite: den Täufer Johannes mit dem Lamm; Andreas mit dem Andreaskreuz; Bernhard im Bischofsornat, zu seinen Füßen das Cisterzienserwappen; Franziskus mit ausgebreiteten Händen; Christophorus mit dem Jesuskind und dem Baumstamm; Pantolianus, beide Hände über den Scheitel mit einem Nagel durchbohrt; Achacius mit einem Baumast im Arme; Eustachius mit einem Hirschkopf auf der Brust; Blasius mit Inful, Bischofsstab und Fackel. An der Nordseite: Erasmus mit Bischofsstab und Fackel; Veit mit Palme und Hahn; Georg mit dem Lindwurm; Leonardus an beiden Händen gekettet; Egidius, in seiner Rechten ein Buch, auf dessen Einband fünf Nägel, ein aufspringendes Reh; Dionysius im Bischofsornat, seinen Kopf in der Hand tragend; Margaretha mit Kleeblattstab; Barbara mit Kelch und Palmstab; Katharina mit Schwert und Bruchstück von einem Rad. Vier von den genannten 18 Heiligen: Bernhard, Pantolianus, Leonardus und Margaretha stehen jeder isoliert in einer besonderen Nische, die übrigen 14 in 7 Nischen und zwar in jeder Nische zwei. An der Ostseite, zu den Füßen der Steinfigur, ist eine von zwei Engeln gehaltene Tafel angebracht mit folgender Inschrift: „Von Gottes Gnaden Anna gebohren Herzogin von Sachsen, Marggräfin zu Brandenburg, zu Stettin, Pommern, der Cassuben und Wenden Herzogin, Burggräfin zu Nürnberg und Fürstin zu Rügen. Obiit Anno 1512 ultimo Octobris." (Eine Abbildung des Sarkophages ist beigegeben.)

Auch die drei Söhne Albrechts: Kurfürst Johann Cicero (der nähere Stammvater des deutschen Kaiserhauses), dann die Markgrafen Friedrich der Ältere und Sigmund haben Erinnerungen und Jahrtage in Heilsbronn. Die zwei letzterwähnten Söhne sind auch dortselbst bestattet. Vom Kurfürsten Johann Cicero erhielt das Kloster 100 fl. zu einem Jahrtag.

In Beziehung auf den im Jahre 1495 zu Onolzbach ge-

storbenen und in der Münsterkirche begrabenen Markgrafen
Sigmund befindet sich dortselbst und zwar im nördlichen Seiten=
schiffe eine hölzerne Gedächtnistafel. Sie zeigt auf ihrem oberen
Teile ein Gemälde von großer Schönheit: auf purpurfarbigem
reichbemustertem Grunde zwei schwebende Engelsgestalten, welche
die Kette des Schwanenordens halten. Den unteren Teil der
Tafel nimmt die mit der auf den beiden Ansbacher Toten=
schilden fast gleichlautende Inschrift (Siehe Seite 34) ein.

An Sigmunds unglücklichen Bruder Friedrich den Älteren,
Markgrafen von Ansbach=Bayreuth, der von seinen Söhnen
Casimir und Johann angeblich wegen Geistesstörung der Re=
gierung entsetzt und auf dem Plassenburger Schlosse verwahrt
gehalten ward, erinnert in der Münsterkirche ein Gemälde auf
der gegen das Mittelfenster des Chores gerichteten Außenseite
des Dreikönigsaltars, welches den genannten Markgrafen und
seine Familie zum Gegenstande hat.

Dieser Dreikönigsaltar wurde schon im Jahre 1366 vom
Burggrafen Friedrich III. gestiftet. Das Schnitzwerk gehört un=
streitig zu dem vollendetsten, zierlichsten und kunstreichsten, was
die Gotik auf dem Gebiete der religiösen Holzskulptur hervor=
gebracht hat. Im Jahre 1522 ließ der Klosterabt Wenk die
beiden Außenflügel dieses Altares von einem der besten Schüler
Albrecht Dürers malen. Unter einem Gemälde, das die Kreuzi=
gung Christi darstellt, sehen wir den Markgrafen Friedrich
knieen und vor ihm (stehend) einen seiner Söhne (Georg oder
Casimir). Beide, Vater und Sohn, tragen die Schwanen=
ordenskette. Die übrigen Söhne Friedrichs und sein Schwieger=
sohn Jakob von Baden=Durlach knieen neben dem Bruder.
Gegenüber, unter einem Gemälde, das die Messe des heiligen
Gregorius darstellt, erblicken wir, ebenfalls knieend, im Purpur=
gewand mit golddurchwirktem Fürstenmantel die Gemahlin
Friedrichs, Markgräfin Sophie, durch den roten Schild mit
dem goldenen Adler als eine königliche Prinzessin von Polen

gekennzeichnet. Neben ihr knien 8 Damen, welche ihre Töchter
darstellen. Doch stimmt die angegebene Zahl nicht ganz zu der
wirklichen Zahl der damals lebenden Töchter des Markgrafen=
paares. Es ist dieses Altarbild*) gleichsam als die Fortsetzung
des in der Ansbacher Ritterkapelle befindlichen Schwanen=
ordensaltars anzusehen. Beide bilden ein Ganzes, nämlich die
die Darstellung der markgräflichen Familie als Trägerin des
Schwanenordens.

Eine Abbildung des Markgrafen Friedrich des Älteren
findet sich auch auf dem sogen. Brandenburger Fenster der
Sebalduskirche zu Nürnberg.

Friedrichs Söhne Casimir und Georg regierten von 1515
an gemeinschaftlich die fränkischen Fürstentümer. Doch weilte
Georg, der in Schlesien Jägerndorf, Ratibor und Oppeln er=
worben hatte, vielfach auswärts. So war es Casimir meist allein,
der die Regierung führte, wobei er den Bauernaufstand in
Franken mit eiserner Hand niederschlug. Der Reformation
gegenüber, die bald in seinen Landen, namentlich von Nürnberg
aus, Boden faßte, zeigte sich Casimir mißtrauisch, zumal er mit
dem Kaiser innig befreundet war. Er vermählte sich im Jahre
1518 zu Augsburg, wo eben ein Reichstag versammelt war,
mit Susanna von Bayern, der Schwestertochter des Kaisers
Maximilian, „des letzten Ritters". Diese Verbindung eines
Hohenzollern mit einer Tochter aus dem Hause Wittelsbach hat

---

*) Auf der Vorderseite dieses Altarbildes befindet sich ganz genau
dasselbe Lilienkrüglein abgebildet, welches S. 24 erwähnt ist. Auf demselben
finden sich an derselben Stelle, wie auf dem Schwanenordensaltar in der
Gumbertuskapelle drei Anfangsbuchstaben angebracht, nämlich I. H. S.,
d. h. in hoc signo (vinces). Das H ist auf diesem Bilde so verschlungen
gemalt, daß man es auch für ein M halten könnte. Wahrscheinlich hat
auch die Inschrift auf dem Ansbacher Schwanenordensaltar nicht I. M. V.
sondern I. H. S. gelautet, wodurch sich die Seite 24 ausgesprochene An=
sicht von selbst korrigiert.

der bekannte Maler und Architekt C. Alex. Heideloff im Jahre 1827 anläßlich eines Besuches König Ludwig's I. von Bayern in Ansbach zum Gegenstand eines Cyklus von 5 Wandbildern gemacht, die im Orangeriegebäude daselbst sich befinden. Das erste Bild stellt den Einzug des Herzogs Ludwig von Bayern in Ansbach mit seiner Schwester Susanna, Braut des Markgrafen Casimir, dar. Die Braut sitzt im Wagen, ihr Bruder Herzog Ludwig von Bayern, der sie begleitet, winkt dem Gefolge, Halt zu machen; und übergibt und empfiehlt seine Schwester dem aufwartenden Adel. Der Bräutigam, Markgraf Casimir, drängt sich auf mutigem Rosse an den Wagen und bittet die Braut, sie willkommen heißend, getrost zu sein. Auf dem zweiten Wandbilde sind zwei Genien gemalt, welche die vom Schwanenorden umschlungenen Wappenschilder von Hohenzollern und Bayern halten. Das dritte Wandbild stellt einen zur Vermählungsfeier gegebenen Schwerterkampf dar. Auf dem vierten hält der bayerische Löwe im Helme die drei pfalzbayerischen Wappen. Das fünfte und letzte Wandbild hat zum Gegenstand einen Fackeltanz, wie er heute noch bei Vermählungen Sitte am preußischen Hofe ist.

Im Sommer 1527 zog Casimir in den ungarischen Krieg; er sollte nicht mehr lebend von da zurückkehren. In Ofen von der Ruhr befallen, starb er daselbst am 21. September 1525. Seine Leiche wurde nach Heilsbronn geschafft.

Portraitbilder des Markgrafen Casimir und seiner Gemahlin Susanna, die später sich mit dem Pfalzgrafen Otto Heinrich von Neuburg vermählte, befinden sich in der Münsterkirche. Auf dem Bilde tragen beide klösterliche Kleidung und sind mit dem Schwanenorden geschmückt. Rechts ist das bayerische Wappen, links das brandenburgische.

Markgraf Casimir und seine Gemahlin Susanna von Bayern wurde auch von Albrecht Dürer auf eine Votivtafel gemalt. Der markgräfliche Hof- und Regierungsrat Christian

Fr. v. Knebel zu Ansbach) (geb. 1728, gest. 1805) hat in der 1768 verfaßten (im Manuskript vorhandenen) Beschreibung seiner Gemäldegallerie folgende Schilderung über das nunmehr verlorene Gemälde hinterlassen: „Des Heilands Salbung zum Grabe. Von Albrecht Dürer auf Holz gemahlet: 46 Zoll hoch, 37 breit. . . . Im Vorgrund ist die gottselige Fürstin Susanna Herzogin in Baiern, die Andacht vor dem Fronleichnam auf einem prächtigen Betstuhl knieend verrichtend, vor welchem links ein großer Hund lieget. An ihrer Rechten stehet ihr Gemahl, der weise Markgraf Casimir von Brandenburg . . . Das ganze Gemählde ist durchaus Miniatur und vortreflich coloriret: wie denn bekanntlich Dürers Pinsel im schimmernden Schmelz der Farben ohnnachahmlich bleibet. Diese Tafel, darin er auf einen Stein in goldener Schrift die Jahreszahl 1518 und sein Namenszeichen gesezet hat, ist in seinen letzten Jahren gemahlet und gewiß eine seiner besten und merkwürdigsten. . . . Hiezu (d. i. zu dem Fehler der Übereinstimmung der Zeit, des Orts und der Geschichte) wurde er wahrscheinlich durch den Befehl der Fürstin, seiner großen Beschützerin*), verleitet, die zum Gedächtniß ihrer Heimführung diese Tafel in eine berühmte Klosterkirche zum Gestift durch ihn verfertigen liese."

Da Casimirs Sohn Albrecht bei des Vaters Tod erst 5 Jahre alt war, regierte nunmehr Georg, der wegen seiner Hinneigung zur Reformation, die er mit allem Nachdruck in seinen Landen einführte, den Beinamen der „Fromme" erhielt, allein in den fränkischen Fürstentümern. Als Kaiser Karl V. auf dem Reichstage zu Augsburg im Jahre 1530 an die evangelischen Fürsten die Forderung stellte, sie sollten die freie Predigt unterdrücken, da sagte, wie erzählt wird, Markgraf

---

*) Knebel merkt hiezu an: Köhler weiset in seiner Münzbelustigung eine Medaille auf, deren vordere Seite das Bildnis dieser Fürstin, die Rückseite aber das Dürerische zeiget.

Georg freimütig: „Herr, ehe ich von Gottes Wort abstünde, wollte ich lieber auf der Stelle niederknien und mir den Kopf abhauen lassen." Da soll Karl V. betroffen in seinem gebrochenen Niederdeutsch den Markgrafen mit den Worten begütigt haben: „Löber Fürst, nit Kopp ab." Auch der Forderung, mit dem Kaiser an der Frohnleichnamsprozession teilzunehmen, widersetzte sich Markgraf Georg standhaft und mit Erfolg.

Er war es auch, der im Jahre 1528 in seiner Residenz zu Onolzbach ein Gymnasium gründete, — nach Nürnberg, wo unter Beihilfe Melanchthons im Jahre 1526 ein solches gegründet war, — das zweite in Süddeutschland. Im Jahre 1541 — nach dem Reichstag zu Regensburg — beehrte Kaiser Karl V. den Markgrafen Georg mit einem Besuche. Seine letzten Jahre verkümmerte der Zwist mit dem Neffen Albrecht, dem er sein Erbe, das Burggrafentum oberhalb des Gebirgs, herausgeben mußte. Georg der Fromme, der mehrfach mit Luther korrespondiert hatte, starb im Jahre 1543 in Ansbach und wurde zu Heilsbronn beigesetzt.

An ihn erinnert in der Heilsbronner Kirche ein eingemauertes Marmorepitaphium, worauf er und sein Vater Friedrich vor dem Bild des gekreuzigten Heilandes mit aufgehobenen Händen knieend dargestellt ist. Links und rechts befinden sich je 8 Wappenschilde. Lucas Gruenberg aus Nürnberg ist der Verfertiger des Epitaphs, unter welchem die folgenden lateinischen und deutschen Verse stehen.

>Inclitus ingenua virtute Georgius Heros,
>Brandenburgiaca Marchio stirpe satus.
>Hic ubi fortis avus fratresque paterque quiescunt
>Luce senex functus post sua fata jacet.
>Qui licet excelsae praestaret robore mentis,
>Attamen innocuae pacis amator erat.
>Bella nec ulla domi sed publica et externa gessit,
>Noxio nec patriae justa sed arma tulit.
>Hinc sibi Pannoniae regnum devinxit amorem

Praemia Slesiacos laudis adeptus agros.
Adde, quod et titulis accessio Brussia avilis,
Facta per hunc gelido subdita terra polo.
Tum vero patriam tranquilla pace gubernans
Fortiter asseruit dogmata vera Dei.
Hacque fide referens constanti et pectore toto
Confessus coram Caesare saepe fuit.
Justitiae custos et castus caetera princeps
Subjecti meruit civis amore coli.
Hunc, quia te coluit, quia te constanter amavit,
Salvator, gremio suscipe Christo tuo.

Der hochgeboren Fürst, Marggraf Georg aus Gottes gaben,
Ligt alhie bey seinen vorfaren begraben.
Er war eins hohen und manlichen muts.
Dennoch friedts begierig und nit bluts.
Im offentlichen kriegen sich gehalten wie ein held,
Mit recht angefangenen sachen wenig im sieg felbt,
Erworben der könige zu Ungern grose gnad,
Auch treflich land und leut zu einer gab,
Preussen zum haus Brandenburg gebracht,
Dasselb geauffert mit grossem gewalt und macht,
Seine furstenthumb in ruhe und fried regiert,
Mit rechtschaffener christlicher religion ziert,
Offentlich das Evangelium bekant
Vor keiserlicher Majestät und gemein Reichsstand,
Recht, zucht und tugend gehanthabt und gemehrt,
Von seinen unterthonen als ein vatter geliebt und geehrt
Den Christus zu den himlischen freuden uffgenommen,
Dahin er allein durch den seligmachenden Glauben kommen.

Dann folgen die Worte: Vixit annos 59, menses 9, dies 23. Mortuus est 5. Cal. Jan. A. D. 1543. Requiescat in spe resurr. mortuorum et vitae aeternae. Des Markgrafen Friedrich, obwohl seine Figur sich auch auf dem Relief befindet, wird in dieser Inschrift nicht gedacht.

Von Markgraf Georg dem Frommen ist auch noch ein Portraitbild in der Münsterkirche vorhanden. Als derselbe und sein Bruder Albrecht, der Großmeister des deutschen Ordens, im Jahre 1522 in der Heimat des fränkischen Fürstentums zusammentrafen, ließen sie sich von dem Maler Henneberg, den Albrecht von Königsberg mitgebracht hatte, portraitieren, worauf beide Portraits im Burggrafenhause zu Heilsbronn aufbewahrt wurden und daselbst blieben, bis das Burggrafenhaus aufhörte, eine fürstliche Herberge zu sein, worauf man die beiden Portraits in die Kirche brachte, worin sie heute noch im nördlichen Seitenschiffe hängen. Ein Kopist, der ums Jahr 1600 diese Portraits betrachtete und besprach, bemerkt: „Sehr lustig gemalt". Der Großmeister des deutschen Ordens ist in brauner Ordenstracht mit weißem Scapulier, Deutschordenskreuz und Schwanenorden dargestellt. Weil das Gesicht defekt ward, ist das ganze Bild bei der letzten Restauration von dem preußischen Hofmaler Jarwart kopiert worden.

Um dieselbe Zeit, als der Hochmeister Albrecht sich für das Burggrafenhaus in Heilsbronn malen ließ, weilte er auch öfters in Nürnberg, woselbst im Jahre 1522 ein Reichstag abgehalten wurde. Dort machten auf ihn die Predigten des Osiander solchen Eindruck, daß er dadurch zur Erkenntnis der evangelischen Wahrheit gelangte und so — durch Osiander vorbereitet — von Luther selbst in Wittenberg für die Reformation gewonnen wurde.

Markgraf Georg trägt auf dem erwähnten Bilde ein Barett und zwei goldene Ketten, aber nicht die des Schwanenordens, der unter seiner Regierung zu existieren aufgehört hatte. Des Bildes rechte Hand, an deren Zeigefinger ein Goldreif mit prismatisch geschliffenem rötlichem Stein sichtbar ist, hält eine Pergamentrolle. Der prachtliebende Markraf ist in spanischer Kleidung abgebildet. Eine Nachbildung findet sich beigegeben.

Zwischen den beiden Thürflügeln eines Schrankes in der Kirche zu Heilsbronn befindet sich, fast in Lebensgröße, das Bildnis des in Onolzbach geborenen und erzogenen Markgrafen Albrecht Alcibiades, Casimirs einzigem Sohne, gemalt von dem

Georg der Fromme
Markgraf von Brandenburg-Ansbach.

erwähnten Nürnberger Lucas Gruenberg und gestiftet von Markgraf Georg Friedrich. Das Antlitz des Bildes zeigt tiefen Ernst, die Rechte hält den Kommandostab, die Linke stützt sich auf das Schwert. Der Helm liegt ihm zur Seite. Auf dem Haupte trägt er einen spitzigen Filzhut. Die Rüstung ist von geschmackvoller Form. Es wurde ihm der Name Alcibiades beigelegt, weil er dem griechischen Jüngling an Tugenden und Lastern auffallend ähnlich sei. Leopold Ranke bemerkt über diesen im Exil verstorbenen Fürsten, man sehe ihm seine Fehler nach, weil man sie von keiner Bosheit herleitet.

Unter dem erwähnten Bilde in Heilsbronn steht zu lesen: „Nach Christi Unseres Lieben Herrn Geburt im 1557 Jar am 9. Tag des Monats Januarii ist der durchlauchtig hochgebohren Fürst und Herr Herr Albrecht der Jünger, Markgraf zu Brandenburg, in Preußen, zu Stettin, Pommern, der Cassuben und Wenden, auch in Schlesien zu Oppeln und Ratibor Herzog, Burggraf zu Nürnberg und Fürst zu Rügen, der streitbar berühmt Heldt, der umb die Freyheit teutscher Nation mennlich gestritten und darüber sein land und leuth, auch all sein Vermögen Leibs und Guts gewagt, zu Pforzheim bei seinem Schwager Marggraf Karl zu Baden und Hochberg und seiner fürstlichen Gemahlin Schwester Frau Kunigund gebohrner Margräfin zu Brandenburg seeliglich und christlich gestorben. Gott verley im und allen Christen eine seelige Urstend; und liegt der Enden in der Pfarrkirche begraben."

Unter seinem Scepter war für das Brandenburg-Kulmbach'sche Land eine unruhige und verhängnißschwere Zeit hereingebrochen. „Donner und Blitz und wildes Feuer können nicht schrecklicher sein als er," hieß es von dem reckenhaften Markgrafen. Vor Metz nahm Alcibiades am 5. November 1552 den Herzog von Aumale, Kommandierenden der französischen Armee, gefangen, schleppte ihn auf die Plassenburg und gab ihn erst nach einigen Jahren gegen ein Lösegeld von 60000

Kronen frei. Er wurde im Jahre 1553 bei Sievershausen von Moriz von Sachsen und dann nochmals bei Braunschweig geschlagen; hierauf floh er nach Frankreich. Anfangs 1556 kehrte er nach Deutschland zurück und starb am 8. Januar 1557 in Pforzheim bei seinem Schwager, dem Markgrafen Carl von Baden. Auf seinem Sterbelager hielt der immerhin gottesfürchtige Markgraf folgende Anrede an seine Umgebung: „Ich weiß wohl, daß ich sterben muß, darüber habe ich euch zusammen berufen lassen, daß ihr mir vor Gott am jüngsten Tage und auch hier vor der Welt Zeugniß gebet, daß wiewohl ich hoch und schwerlich beleidigt und von Land und Leuten vertrieben bin, dennoch von Herzen verzeihe und vergebe allen denen, so mich beleidigt haben, so aufs heftigste wider mich gehandelt, auf die Gnade Gottes, daß mir Gott auch alle meine Sünde verzeihe und vergebe. Denn heute will ich sterben wie ein verjagter Fürst und frommer Christ. Das von Gott zu erlangen, sprecht mit mir ein Vaterunser!"

Von dem Markgrafen wird berichtet, daß er allemal, wenn er zu Pferde stieg, um ins Treffen zu reiten, den von ihm selbst verfaßten Spruch vor sich hinsagte:

„Das walt' der Herr Jesu Christ,
Mit dem Vater, der über uns ist;
Wer stärker ist als dieser Mann,
Der komm' und thu' ein Leid mir an."

Es wird ihm auch das nachfolgende Kreuz- und Trostlied zugeschrieben, das in viele Gesangbücher Aufnahme gefunden hat und u. a. auch in dem gegenwärtig im Gebrauch befindlichen Gesangbuch für die evangelisch-lutherische Kirche in Bayern als Nummer 403 unter seinem Namen steht:

Was mein Gott will, das g'scheh allzeit,
Sein Will' der ist der beste;
Zu helfen den'n ist er bereit,
Die an ihn glauben feste.
Er hilft aus Not
Der fromme Gott
Und züchtiget mit Maßen;
Wer Gott vertraut,
Fest auf ihn baut,
Den will er nicht verlassen.

Gott ist mein Trost, mein' Zuversicht,
Mein Hoffnung und mein Leben;
Was mein Gott will, daß mir ge=
schieht,
Will ich nicht widerstreben;
Sein Wort ist wahr,
Denn all mein Haar
Er selber hat gezählet;
Er hüt und wacht,
Stets für mich tracht't,
Auf das uns gar nichts fehlet.

Drum will ich gern von dieser Welt
Hinfahr'n nach Gottes Willen
Zu meinem Gott, wenn's ihm gefällt,
Will ich ihm halten stille.
Mein arme Seel
Ich Gott befehl
In meiner letzten Stunden;
O frommer Gott,
Höll' und Tod
Hast Du mir überwunden.

Noch eines, Herr, will ich bitten dich,
Du wirst mir's nicht versagen:
Wenn mich der böse Geist anficht,
Laß mich doch nicht verzagen.
Hilf, steur' und wehr,
Ach Gott, mein Herr!
Zu Ehren deinem Namen;
Wer das begehrt,
Dem wird's gewährt,
Drauf sprech ich fröhlich: A m e n!

Nachfolger des im Jahre 1543 gestorbenen Markgrafen Georg des Frommen war sein Sohn Georg Friedrich; aber dieser war beim Tod seines Vaters erst 4 Jahre alt, weshalb seine Mutter, die Markgräfin Emilie, eine Sachsen=Weimar'sche Prinzessin, die Vormundschaft bis zu dessen im Jahre 1557 eingetretener Mündigkeit führte. In diesem Jahre wurde er auch mit Jägerndorf belehnt, auf welchem Fürstentum ein Teil des Anspruchtitels des Brandenburg'schen Hauses an Schlesien beruhte. Ziemlich gleichzeitig starb Albrecht Alcibiades unver= mählt, weshalb Georg Friedrich lange Jahre bis 1603 in beiden Fürstentümern Ansbach und Bayreuth allein regierte. Ihm ward als nächsten Agnaten des geisteskranken Albrecht Friedrich, Herzogs von Preußen, auch die Vormundschaft und Regierung dieses Landes übertragen. Damals wurden die preußischen Angelegen=

heiten von Ansbach aus geleitet; es bestand daselbst eine eigene preußische Kanzlei. Markgraf Georg Friedrich war selbst verschiedene Male, einmal sogar acht Jahre lang in Preußen. Als er 1587 zurückkam, brachte er einen Teil seiner Räte von daher mit.

Mit dem Tode des letzten Konventualen und Abtes von Heilsbronn (1578) fiel das ganze reiche Klostergebiet als ein herrenloses Gut dem Markgrafen zu. Indessen verwendete dieser das Klostergut zu löblichen Zwecken. So baute er davon das Hospital zu Ansbach und gründete von Königsberg aus mit Urkunde vom 19. Juli 1581 die Heilsbronner sogen. Fürstenschule*), welche ihre Absolventen nach Wittenberg schickte, wofür der Markgraf reichliche Stipendien ausgesetzt hatte. Markgraf Georg Friedrich war zweimal vermählt. Als ihm kurz vor seinem Tode gemeldet ward, daß sich im Walde bei dem Kloster Sulz sieben Adler von unterschiedlicher Größe hätten sehen lassen, befahl der abergläubische Markgraf, man solle nicht nach den Adlern schießen, es wären das seine Vettern, die sieben Söhne des Kurfürsten Johann Georg aus der Mark, die sich umsähen, ob ihnen nicht die fränkischen Fürstentümer deferiert würden.

Nach fünfzigjähriger Regierung beschloß Georg Friedrich am 26. April 1603 sein ruhmvolles Leben. Die Beisetzung geschah am 13. Juni in der Münsterkirche zu Heilsbronn. Ein überaus zahlreicher glänzender Konduft begleitete die Leiche von Ansbach nach Heilsbronn, darunter der Kurfürst Joachim Friedrich von Brandenburg mit seinen Brüdern Joachim Ernst

---

*) Aus diesem Gymnasium, einem Internat für 100 Zöglinge, gingen wenigstens zwei berühmt gewordene Männer hervor: Simon Marius, welcher am 29. Dezember 1609 die Trabanten des Jupiter, dann den Nebel der Andromeda entdeckt hat, und Friedrich Taubmann, nachmals Professor in Wittenberg.

und Christian. Die beiden letzten erhielten, da Georg Friedrich kinderlos starb, die Fürstentümer Ansbach und Bayreuth.

Im Jahre 1614 ließ der Klosterabt von dem onolzbachischen Hofmaler Andreas Riehl die Bildnisse des Markgrafen Georg Friedrich, sowie seiner beiden Gemahlinen Elisabeta von Brandenburg-Cüstrin und seiner zweiten Gattin Sophia, geb. Herzogin von Braunschweig-Lüneburg, in Lebensgröße malen. Die gut erhaltenen Portraits hängen in dem nördlichen Seitenschiffe der Klosterkirche.

Diesem Markgrafen ist auch an der Stätte, wo Burggraf Friedrich V. ein Hochgrab errichten ließ, ein sehr schöner steinerner Sarkophag errichtet, der erst in den letzten Jahren restauriert wurde. Auf der Deckelplatte liegt die lebensgroße Statue des Markgrafen Georg Friedrich.*) Der Kopf des Steinbildes zeigt Portrait-Ähnlichkeit. Der Helm liegt zu seiner rechten Seite, die Hände sind betend gefaltet; zu Füßen befindet sich ein Löwe. Von zwei anderen Löwen wird zu Häupten des Markgrafen eine Tafel aufrecht gehalten, welche auf der Rückseite das markgräflich brandenburgische Wappen und auf der Vorderseite folgende Inschrift trägt: "Von Gottes Gnaden der durchlauchtig Hochgebohrn Fürst und Herr Herr Georg Friederich, Marggraf zu Brandenburg, zu Stettin, Pommern, der Cassuben und Wenden, auch zu Schlesien zu Jägerndorff Herzog, Burggraf zu Nürnberg und Fürst zu Rugen, hat in hertzlicher Betrachtung dieses mühseeligen zergenglichen Lebens, und daß nach demselben alle, die in Christo seelig entschlaffen,

---

*) Pfarrer Muck in seiner Geschichte des Klosters Heilsbronn hält das Steinbild für die Gestalt des Burggrafen Friedrich V. († 1398), für welchen das ganze Denkmal errichtet worden sei, welches sodann Markgraf Georg Friedrich renoviert habe. Es sprechen jedoch eine Reihe der gewichtigsten Gründe für die vom Grafen Stillfried vertretene Ansicht, daß wir nicht den Burggrafen Friedrich V., sondern den Markgrafen Georg Friedrich vor uns haben.

zu einem andern freudenreichern und gotseligen Leben am jüngsten Tag ufferweckt werden, dise Ihrer F. G. Hochlöblicher Christseeliger Gedechtnuß Vorfarn, Urältern und Eltern Christliche Schlaffkammer und Begrebnus, so von langwiriger Zeit und Alter etwas schadhafft worden, widerum aus Christlicher gutherczyger Mainung und aus schuldiger Lieb und Treu gegen denselben (wie zu sehen) renoviern und ernewern lassen nach Christi unsers Erlösers Geburt MDLXVIII, dessen F. G. hernach in ungezweifelter Hoffnung des aus Gnaden durch Christum denselben und allen Christgläubigen versprochen und zugesagten ewigen Lebens Anno MDCIII am XXVI Tag des Monats Aprilis auch seliglich verschieden und bey obgemeldten seiner F. G. Voreltern und Eltern versamlet, erwartent der fröhlichen Zukunft Christi Jesu unsers Herrn und Heilants, und allhie begraben."

Auf den vier Ecken des Decksteines stehen Genien, von denen jeder zwei Wappenschilde trägt. Die Seitenwände sind mit dem zollerischen Wappen, dem Nürnberger Löwen und dem aus Zollern und Nürnberg verschränkten burggräflichen Wappenschilde verziert. Außerdem befinden sich auf jeder Langseite, dem Sarkophage an Höhe gleichkommend, vier aus Stein gehauene, bemalte, drei Fuß hohe Statuetten mit ihren Wappen, nämlich zwei Bischöfe aus dem burggräflichen Hause (Berthold v. Eichstätt und Friedrich v. Regensburg), vier weltliche Burggrafen (Albrecht der Schöne, Johann II., Friedrich V. und Johann III.) und zwei Burggräfinen (Margareta, Gemahlin Johann's III. und Beatrix, Tochter des Burggrafen Friedrich V.)

Der Nachfolger Georg Friedrichs, des letzten fränkischen Landesfürsten von der älteren markgräflichen Linie des Hauses Brandenburg, Joachim Ernst, war ein Mann von gelehrter Bildung. Er hatte eine tüchtige Kriegsschule unter Moritz von Oranien in dem spanischen Kriege der Niederlande durchgemacht, wo er der Belagerung von Ostende beiwohnte. Es war ihm bestimmt, an den einleitenden Schritten des dreißigjährigen Krieges teil zu nehmen.

In der ehemaligen Konventstube des säkularisierten Benediktinerklosters Auhausen, einem markgräflich Ansbach'schen Orte beim Eingang ins Ries, waren am 14. Mai 1608 eine Anzahl lutherischer und kalvinistischer Fürsten, darunter Kurfürst Friedrich IV. von der Pfalz, der Pfalzgraf von Neuburg, die Herzöge von Anhalt und Württemberg, dann die Markgrafen von Ansbach, Kulmbach und Baden zu einer Beratung zusammengetreten, wie sie sich gegenüber den Verletzungen des Religionsfriedens durch Herzog Maximilian I. von Bayern, insbesondere dessen Gewaltmaßregeln gegenüber der freien Reichsstadt Donauwörth verhalten wollten, da ihre Klagen bei dem schwachen Kaiser Rudolf II. keine Abhilfe gefunden hatten.

Das Resultat dieser Beratschlagungen war, daß diese Fürsten, denen sich 15 Reichsstädte, darunter Nürnberg, Ulm und Straßburg, anschlossen, einen Bund aufrichteten, der ein festes Bollwerk für die evangelischen Bekenntnisse sein und die Verbündeten gegenseitig in ihrem Besitzstand sichern sollte.

Dieser Bund, genannt die evangelische Union, sollte auch auf die politische Gestaltung Deutschlands einwirken, und versprachen die Verbündeten, daß sie in Sachen der Freiheit und Hoheit deutscher Stände alle für einen Mann stehen wollten. Zum Haupte der Union, durch welche als Gegenbund die katholische Liga hervorgerufen ward, ist der Pfalzgraf von Neuburg, zu einem der Unionsgenerale aber der tapfere Joachim Ernst, Markgraf von Ansbach, erwählt worden. Im Dienste der Union hatte er jedoch, insbesondere dem spanischen Feldherrn Spinola gegenüber wenig Glück. In demselben Jahre, 1612, als er sich mit einer Gräfin Solms vermählte,*) erhielt er in

---

*) In der Münchener Staatsbibliothek ist „deß Margrafenn Joach. Ernsts vonn Onspach Hoch Zeit Lied" aufbewahrt, welches nicht ohne poetischen Wert und auch sprachlich bemerkenswert ist.

seiner Residenz zu Ansbach den Besuch des Kaisers Mathias. Die Union löste sich, nachdem längere Zeit Uneinigkeit in derselben geherrscht, bald nach der Schlacht am weißen Berge, in welcher das damalige Haupt der Union, der Winterkönig Friedrich V. von der Pfalz, von Herzog Maximilian von Bayern und von Tilly völlig geschlagen wurde, im Frühjahr 1621 förmlich auf.*)

Markgraf Joachim Ernst, der besorgt war, seine Lande vor den Verwüstungen des Krieges zu sichern, nahm nach Auflösung der Union nicht weiter Teil an demselben. Nachdem er eine Reise an den kurfürstlichen Hof nach Berlin gemacht hatte, gerade in einer recht kritischen Periode, als Tilly mit seiner Armee in Sicht war, starb Joachim Ernst am 25. Februar 1625 und hinterließ seiner Witwe in schwerer Zeit die Sorge für vier unmündige Kinder. Er war der letzte Markgraf, der in der alten hohenzollernschen Grablegstätte zu Heilsbronn beigesetzt wurde.

Ihm ist alsbald nach seinem Tode von seiner Witwe Sophia und seinem Bruder, dem Markgrafen Christian von Bayreuth, in der Heilsbronner Klosterkirche ein Monument errichtet und solches im Jahre 1630 aufgestellt worden. Es ist ein auf sechs weißen Adlern ruhender Sarkophag aus schwarzem Marmor. Auf der Deckelplatte ruht in Lebensgröße die mit sorgfältiger Behandlung der Gesichtszüge und der Tracht vortrefflich von Georg Herold in Nürnberg in Bronze gegossene Figur des Markgrafen. Zu dessen Haupte die geflügelte Fama und an den Ecken Engel aus Bronze. Schon ein Jahr, nachdem die Aufstellung des Monumentes stattgefunden, wurde das schöne Denkmal im Jahre 1631 von Tilly's Reitern geplündert und teilweise zerschlagen.

---

*) Eine ganze Reihe von Original-Akten über die Union befindet sich noch auf der Ansbacher Schloßbibliothek.

Erst im Jahre 1711 begann die Wiederherstellung des Monuments, wie folgende Inschrift auf seiner Tafel an demselben bezeugt: „Als nach vielfältigen Kriegsläuften die göttliche Güte mehrere Sicherheit verliehen, hat der durchlauchtige Fürst und Herr, Herr Wilhelm Friedrich, Markgraf zu Brandenburg, Herzog in Preußen, zu Magdeburg ꝛc., unser gnädigster Fürst und Herr dieses Monumentum dero Herrn Urgroßvatern höchstseligster Gedächtnuß zum ruhmwürdigsten Andenken aufrichten und zu Stand bringen laſſen Anno Christi 1712, in welchem Jahr auch die erfreuliche Geburt dero Erbprinzen, Herrn Carl Wilhelm Friedrichs, sich derer durchlauchtigsten Herren Vorfahren zu erinnern Anlaß gegeben."

Von den Tilly'schen Reitern wurden im Jahre 1631 auch noch andere markgräfliche Grüfte erbrochen und spoliirt,— wohl der Hauptgrund, weshalb von da an die markgräfliche Familie darauf verzichtete, sich in der alten Grablegstätte zu Heilsbronn beisetzen zu lassen.

In den Jahren 1709 bis 1771 wurden im Innern der Münsterkirche mehrfache Umgestaltungen vorgenommen, die sich teilweise als Verunstaltungen erwiesen. Vom Jahre 1771 an veränderte sich sodann wenig mehr an der Kirche.

In den vierziger Jahren dieses Jahrhunderts sollte für die altehrwürdige Münsterkirche eine neue Zeit anbrechen. Wie König Friedrich Wilhelm IV. von Preußen, den man bezeichnend den Romantiker auf dem Throne nannte, den von seinen Vorfahren gestifteten Schwanenorden aufleben laſſen wollte, wie derselbe die schwäbische Stammburg seines Hauses in alter Pracht und Herrlichkeit wieder erstehen ließ, so trug er sich auch mit dem Plane, die Heilsbronner Münsterkirche mit den darin befindlichen Grabdenkmalen seiner Ahnen, der Burggrafen von Nürnberg, sowie der Kurfürsten und Markgrafen aus dem Brandenburgischen Hause auf seine Kosten restaurieren zu laſſen. Sein Wunsch ging dahin, es möchte die Kirche lediglich als

Hohenzollern'sches Mausoleum bestehen bleiben. Dafür wollte er für den Gemeindegottesdienst eine neue Kirche erbauen und das Patronat übernehmen. Allein in Bayern ging man auf diese Wünsche nicht ein. Doch versprach man, die Kirche auf Staatskosten restaurieren zu lassen. Mit Rücksicht auf diese Verheißung errichtete König Friedrich Wilhelm IV. unterm 23. Februar 1849 eine Stiftung mit einem Kapitale von 12000 Thalern, damit aus den Zinsen die in der Kirche befindlichen Zollern-Brandenburgischen Denk- und Grabmäler unterhalten und alljährlich am 30. April, als dem Tage, an welchem im Jahre 1415 Burggraf Friedrich VI. von Nürnberg mit der Kur Brandenburg belehnt wurde, in der zu diesem Zwecke festlich zu schmückenden Kirche eine Gedächtnisfeier mit Predigt gehalten werde. Aus den Überschüssen sollen Stipendien für junge Studierende der evangelischen Theologie oder des evangelischen Schullehreramtes, welche aus Heilsbronn oder, wenn solche nicht vorhanden, aus dem Gebiete der ehemaligen fränkischen Fürstentümer Ansbach-Bayreuth gebürtig sind, dann Lehrbücher angeschafft und an arme, fleißige evangelische Schulkinder von Heilsbronn verteilt werden.

Nach mehrjährigen Vorbereitungen begannen im Jahre 1851 nach dem Bauplane des Akademiedirektors Gärtner die Restaurations-Arbeiten, während deren die Ausgrabungen der burggräflich-brandenburgischen Grabstätten vorgenommen wurden. Erst im Jahre 1866 war die Restaurierung der Kirche zu Ende und erfolgte am 14. Oktober des genannten Jahres in Gegenwart des Grafen Stillfried-Alkantara die feierliche Einweihung derselben. Man kann wohl sagen, daß die Restaurierung auf eine Weise geschah, welche die geschichtliche Gestaltung der Kirche nicht einer allzu rigorösen Styl-Konsequenz opferte. An dem Einweihungstage trat auch die vorerwähnte Stiftungsurkunde Friedrich Wilhelms IV. in Kraft. Die Verwaltung des Stiftungskapitals, welches „als ein unveräußerliches, von der gedachten evangelischen Kirche untrennbares Gut angesehen werden soll", ist der K. Administration der allgemeinen protestantischen Pfarrunterstützungs-Anstalt zu Nürnberg unter Aufsicht und Oberaufsicht des K. Konsistoriums zu Ansbach und des K. Oberkonsistoriums zu München unterstellt. Der Vermögensstand dieser durch Abmassierung von Renten-Überschüssen seit 1866 fortwährend vermehrten „Friedrich-Wilhelm-Stiftung" bezifferte Ende des Jahres 1889 62334 ℳ 69 ₰.

Im preußischen Königshause hat man stets das lebhafteste Interesse für die Heilsbronner Münsterkirche an den Tag gelegt. Kaiser Wilhelm I. besichtigte, als er noch Prinz und ehe die Kirche restauriert war, die Grabdenkmale seines Hauses, während Kaiser Friedrich sowohl während der Restaurationsarbeiten als nach der Vollendung im Jahre 1873 die Stätte seiner Ahnen besichtigte, in der sich die wertvollsten Erinnerungen an die Hohenzollern-Herrschaft in Franken vereinigt finden.

Die früher mit der Kirche und dem übrigen Klosterbau durch einen Kreuzgang verbunden gewesene, jetzt aber freistehende sog. Primizkapelle, welche ums Jahr 1263 als Refektorium erbaut wurde, wird gegenwärtig zu einer katholischen Kirche eingerichtet. Die architektonische Schönheit dieses Baues ist in allen Büchern über Kunstgeschichte (namentlich auch von Kugler) gerühmt. Das unvergleichlich schöne romanische Portal, eines der edelsten Vorbilder vorgotischen Styls, wurde im Jahre 1884 durch Kronprinz Friedrich Wilhelm erworben und dem Germanischen Museum in Nürnberg zur Aufstellung in seinen Sammlungen übergeben.

Die Fürstengruft bei St. Johannis.

Während mindestens von Burggraf Friedrich III. († 1297) an bis auf den im Jahre 1625 verstorbenen Markgrafen Joachim Ernst die Münsterkirche in Heilsbronn die Grablegstätte für die Glieder des burg- und markgräflichen Hauses Brandenburg-Onolzbach war, sollte von 1660 an die von Markgraf Albrecht unter dem Chor der St. Johanniskirche zu Ansbach erbaute Gruft die Begräbnisstätte für die Familie der Markgrafen von Brandenburg-Ansbach werden.

Der Grund dieser Verlegung der Grablegstätte war außer der Unbequemlichkeit des Leichentransportes wohl hauptsächlich der, daß während des dreißigjährigen Krieges im Jahre 1631 die Tilly'schen Reiter bei ihrem verheerenden Einfall in Heilsbronn auch die fürstlichen Grabmäler mit der Plünderung nicht verschont hatten, so daß es nicht mehr sicher schien, der exponierten Klosterkirche die Aufbewahrung der Sarkophage anzuvertrauen. Deshalb entschloß sich nach Beendigung des dreißigjährigen Krieges Markgraf Albrecht, eine Krypta unter dem Chor der St. Johanniskirche als Grablegstätte seines Hauses zu erbauen.

Die St. Johanniskirche ist ein gotischer Bau aus dem fünfzehnten Jahrhundert mit zwei Türmen von ungleicher Höhe und einem Chor, zu dem der Grundstein im Jahre 1441 unter Albrecht Achilles gelegt worden war. Kurfürst Friedrich II. von Brandenburg hat zu dieser Kirche im Jahre 1442 eine ewige Messe gestiftet und Albrechts Gemahlin Margareta von Baden hat darin*) einen „Altar vor ihrem Stuhl errichten lassen." Auch Albrecht selbst hat 1457 eine Stiftung zum Gedächtnis seiner Gemahlin errichtet.

---
*) Nicht wie auf S. 13 irrtümlich angegeben, in der St. Gumbertuskirche.

St. Johanniskirche und Georgsbrunnen.

Der älteste Teil dieser Kirche, der schon unter Kurfürst Friedrich I. neu zu bauen angefangen worden war, befindet sich am Westende der beiden Längenfaçaden. An der Süd- und Ostseite des südlichen Turmes ist eine Sonnenuhr mit dem zwanzigfeldigen markgräflich brandenburgischen Wappen und dem Stadtwappen angemalt. Der Chor der Kirche, dessen Fußboden im Jahre 1886 samt der darunter befindlichen Gruft um 2,1 Meter tiefer gelegt wurde, ist schlank und luftig gebaut und bietet einen würdigen Prospekt, wie die beigegebene Abbildung ersehen läßt.

Die St. Johanniskirche mit dem Marktplatz, auf dem der von Markgraf Georg dem Frommen errichtete Brunnen steht, ward von dem berühmten Architekturmaler Neher für wert erachtet, daß sie zum Vorwurf eines Gemäldes gemacht wurde. Der Brunnen, dessen Spitze das vergoldete bronzene Standbild des Stifters krönt, trägt folgende Inschrift: „Markgraf Georg erbaut seiner fürstlichen Stadt diesen Brunnen 1515, Markgraf Carl Alexander erneuert ihn 1780 und mit eines eisernen Beckens ewiger Zierde bewahrt ihn König Maximilian 1815."

Rechts neben dem Brunnen erinnert ein Privathaus — das mit dem Balkon und den herabgelassenen Marquisen — ebenfalls an die markgräfliche Zeit. Dies Haus heißt im Munde der Leute heute noch „das Brandenburger Haus", weil hieher der vorher in der Neustadt befindlich gewesene Gasthof „Zum Brandenburger" verlegt wurde. An dem ursprünglichen Brandenburger Haus, in welchem zugleich die kaiserliche Post war, sieht man noch das brandenburgische Wappen. Gegenüber dem „Brandenburger" steht das im Jahre 1531 unter Georg dem Frommen erbaute und im Jahre 1621 erweiterte Rathaus.

Im Jahr 1660 ließ der Erbauer der Gruft, Markgraf Albrecht, die vorher in der Gumbertuskirche beigesetzt gewesenen Särge seiner ersten Gemahlin Henriette Ludovika, geb. Prinzessin von Mömpelgard, († 1650), zweier in zartem Kindesalter verstorbener Töchter und seiner Mutter Markgräfin Sophie, geb. Gräfin von Solms-Laubach († 1651), in die neue Gruft bei St. Johannis verbringen. Im Jahre 1664 ward die zweite Gemahlin Albrechts, Sophia Margareta, geb. Prinzessin von Öttingen, und im Jahre 1667 Markgraf Albrecht selbst in der neuen Gruft beigesetzt. Die Eingeweide — viscera — dieses Markgrafen, seiner Mutter und seiner zweiten Gemahlin ruhen in der „Ritterkapellen" der St. Gumbertuskirche „vor dem Altar unter einem rauhen Stein", auf welchem nebst dem zollerischen Wappen die Anfangsbuchstaben der Verstorbenen eingemeiselt waren, und zwar bezüglich der Mutter des Markgrafen die Buchstaben: „S. M. Z. B. G. G. Z. L. W. 1651," bezüglich der zweiten Gemahlin: „S. M. M. Z. B. G. G. Z. O. 1664" und bezüglich des Markgrafen selbst: „A. M. Z. B. 1667." Hinsichtlich dieses Steines heißt es in den Pfarrakten: derselbe sei 1734 „verrückt" und „ein junges Herrlein" dahin begraben worden, als die Kapelle 1736 „verbaut und gantz unkenntlich gemacht" wurde.

Im Ganzen sind 25 Särge von verschiedener Größe in der Fürstengruft bei St. Johannis aufgestellt. Die meisten sind aus Zinn gegossen, reich vergoldet und mit eingravierten Sprüchen und Inschriften versehen.

Zu den schönsten unter den Sarkophagen gehört jener des Erbauers der Gruft, des Markgrafen Albrecht. Sein Vater Joachim Ernst, der Begründer der jüngeren markgräflichen Linie, war 1625 gestorben und hatte seine Gemahlin Sophia als Witwe mit drei unmündigen Söhnen, Friedrich, Albrecht und Christian, in den Wirren des dreißigjährigen Krieges zurückgelassen.

Bald nach Joachim Ernst's Tode sollte das Ansbacher Land die Drangsale dieses schrecklichen Krieges schwer empfinden. Zuerst waren es die Mansfeld'schen Truppen, welche dort durchzogen. Ernst von Mansfeld, ein waffenkundiger Parteigänger, früher General der evangelischen Union, kam auf seinem Zuge von Böhmen und der Oberpfalz nach der Rheinpfalz durch Franken mit seinen Truppen durch das Ansbach'sche. Die Scharen Mansfelds waren, wie die jener Zeit überhaupt, übel berüchtigt. Von Kriegszucht war keine Rede; bei der Masse Troß, der damals die Heere begleitete, — auf ein Regiment deutscher Soldaten rechnete man 4000 Personen vom Troß, bestehend aus Reiterbuben, Soldatenweibern mit ihren Kindern und Marketendern — gab es Plünderungen und Räubereien genug. Und so war selbst ein nicht feindlicher Durchzug eine arge Landplage. Die markgräfliche Regierung hatte sich mit den Schweden verbündet und deshalb von Gustav Adolf unterm 11. Oktober 1631 einen von Würzburg aus datierten Schutzbrief erhalten, der als Plakat überall angeschlagen wurde, inhaltlich dessen das fränkische Fürstentum in des Königs „Spezial-Schutz, Schirm, Protektion und Salva Guardia auf und angenommen" und den schwedischen Generalen befohlen ward, dasselbe „ruhigt und unverkränkt sein und verbleiben zu lassen..., im geringsten nicht betrüben, pressiren, hemmen noch beleidigen, viel weniger mit eigenwilliger Exaction, Einquartierunge, Bestreiffunge, Brandt, Raub, Namb, oder ander gewaltsamb belästigen, verunruhigen, infestiren oder diese Salva guardia einigerlei violiren, sondern selbige in alle wege gebührendt respectiren und ehren."

Allein dieser Schutzbrief konnte nicht verhindern, daß schon im November Tilly auf seinem Rückzug von der Schlacht bei Leipzig und Breitenfeld (7. September 1631) mit seinen Truppen in Ansbach das sehr ansehnliche Zeughaus plünderte, welches an der Stadtmauer stand, da, wo jetzt die Gärten an der Promenade angelegt sind. Die fürstliche Witwe flüchtete sich mit ihrem Gefolge zunächst auf die markgräfliche Festung Wülzburg, während die beiden jüngeren Prinzen Albrecht und

Christian, um sie vor den Gefahren des Krieges zu bewahren, mit ihrem Hofmeister, dem als Publizisten so berühmt gewordenen Limnaeus auf Reisen ins Ausland geschickt wurden. Im Frühling 1632 stellte sich der junge Erbprinz Friedrich zu Nürnberg dem Schwedenkönig vor und schloß sich ihm an. Trotz des königlichen Schutzbriefes waren die Kontributionslasten im fränkischen Fürstentum so schwer, daß die schwedischen Truppen zu wahren Peinigern des Landes wurden. Schwedische Offiziere und Soldaten trieben in der Nähe von Ansbach das Räuberhandwerk so ungescheut, daß Gustav Adolf sich genötigt sah, die markgräfliche Regierung zu den strengsten Maßregeln gegen sie zu ermächtigen und, wie Soden in seinem Werke „Gustav Adolf und sein Heer" berichtet, in die Worte auszubrechen: „Ihr Offiziere vom höchsten bis zum niedrigsten, Ihr bestehlet eure eigenen Glaubensgenossen, mir eckelt vor Euch."

Bei der Nähe so großer Heeresmassen, wie es im Sommer 1632 vor Nürnberg der Fall war, kam es vor, daß Ansbach gleichzeitig von Schweden und den Wallenstein'schen bedroht wurde. Am 4. Juli 1632 blies der Kroatenoberst Putzkani vom Isolanischen Korps die Stadt mit Trompetern an und forderte eine Rantion von 6000 Thalern. Es waren aber nicht mehr als 750 Thaler und 50 Dukaten aufzubringen. Um sich gegen weitere derartige Anforderungen möglichst sicher zu stellen, ließ man sich von Wallenstein in Fürth eine Salveguardia gegen das Versprechen geben, täglich 30 Centner Brot und 2 Faß Bier, sowie im Ganzen 150 Eimer Wein in das Lager der alten Veste zu liefern. Durch Oberst Freyberg ließ Wallenstein das Ansbacher Zeughaus fast völlig ausräumen und 350 Musketen, 40 ganze und 115 halbe Karthaunen und anderes Kriegsmaterial in das Fürther Lager schaffen. Nachdem der kaiserliche Oberst Freyberg nach längerem Aufenthalt die Stadt verlassen, wobei die Soldateska fast alles, was transportabel war, mitnahm, wurde sie von den Schweden aufs ärgste heimgesucht. Aus dieser Zeit stammen die bezeichnenden Verse:

"Die Schweden sind kommen,
Hab'n alles mitg'nommen,
Hab'n d'Fenster neig'schlag'n,
Hab'ns Blei davontrag'n,
Hab'n Kugeln d'raus gossen
Und d'Bauern erschossen."

In den letzten Wochen des Jahres 1632 wurde Ansbach auch noch einmal durch die Kaiserlichen und zwar von dem durch seine Tollkühnheit und Tapferkeit berühmten bayerischen Reiterführer Johannes von Werth bedrängt.

Im Frühjahre 1633 kam Herzog Bernhard von Weimar auf seinem Durchzuge nach Bayern zur Vereinigung mit dem schwedischen General Horn nach Ansbach und weilte dort mehrere Tage. Die Lasten des Krieges und der Einquartierung waren so arg, daß der Rat der Stadt in die Klage ausbrach: es sei ein Elend, daß es einen Stein erbarme, die Einwohner hätten vor, zu entlaufen und ihre Häuser im Stiche zu lassen. Zugleich herrschte eine solche Teuerung, daß man Brot aus Mühlstaub und Flachs machte, daß Erwachsene und Kinder aus Hunger sich von Gras nährten, wovon viele krank wurden und starben.

Am Freitag vor Laurenzi des Jahres 1634 kam der kaiserliche Oberst Freyberg mit 14 Regimentern von der Feuchtlach aus in halbmondförmiger Aufstellung gegen die Stadt angerückt, dieselbe zur Übergabe aufzufordern. Man ließ es zwar aufs äußerste ankommen, aber man sah sich zur Unterwerfung gezwungen. Trotz der gezahlten Kontributionen ward die Stadt nicht vor der Plünderung bewahrt.

Bald darauf, am 5. und 6. September 1634, kam es zur Schlacht bei Nördlingen, die für die Schweden und deren Verbündeten ungünstig ausfiel. Großes Unglück traf hiebei die Markgräfin Mutter. Denn deren ältester Sohn, der neunzehnjährige Erbprinz Friedrich), welcher auf schwedischer Seite mitgefochten hatte, ward vermißt und blieb verschollen. Nicht einmal sein Leichnam konnte aufgefunden werden.

Nunmehr kamen wieder die Kaiserlichen ins Land; weil die Landesherrschaft abwesend war, ward eine kaiserliche Sequestration eingesetzt.

In rascher Folge wechselte Einquartierung und Durchzug verschiedener Truppen ab, so die des Feldmarschall Gallas, des bayerischen Heerführers Mercy, der kaiserlichen Heerführer Brink und Pallavicini, und des greisen Feldmarschalls Piccolomini. Schließlich fielen auch wieder schwedische, ja selbst französische Soldaten dem armen ausgesogenen Lande zur Last.

Nachdem Markgräfin Sophie dem Separatfrieden von Prag beigetreten war, hörte die kaiserliche Sequestration wieder auf und es konnte auch die Regentin in ihre Residenz zurückkehren und die Regierung übernehmen. Auch der nun 15 jährige Erbprinz Albrecht kam mit seinem Mentor von der Reise zurück, jedoch ohne den jüngeren Bruder, der auf der Reise starb und zu Blois begraben liegt. Jahre lang hoffte die Markgräfin Mutter auf die Rückkehr ihres seit der Nördlinger Schlacht als vermißt gemeldeten ältesten Sohnes, jedoch vergeblich. Als einige Jahre später ein fremder Kavalier, der sich, ohne seinen Namen zu nennen, in Ansbach aufgehalten und in auffallender Eile wieder entfernt hatte, ging die Sage, dieser unbekannte Fremde sei niemand anderer, als der tot geglaubte Prinz gewesen, er habe sich aber der Mutter und dem Bruder entzogen, weil dieser bereits die Regierung übernommen, er ihn aber nicht habe verdrängen wollen.

Am 26. Mai 1639 nach erreichter Volljährigkeit übernahm der zweite Sohn des Markgrafen Joachim Ernst: Albrecht die Selbstregierung seines Landes. Dieser, in harter Schule aufgewachsen, war ein ausgezeichneter Regent. Freilich stand ihm auch ein ausgezeichneter Ratgeber zur Seite, der berühmte

Publizist Limnaeus, früher sein Lehrer, nun sein Freund und erster Ratgeber, — und Markgraf Albrecht ließ sich beraten. Von Limnaeus ist ein in der Ansbacher Monatsschrift vom Jahre 1793 publizierter handschriftlicher Aufsatz erhalten unter dem Titel: "Was einem regierenden Fürsten des Hauses Brandenburg bei diesen Landen sonderlich in Acht zu nehmen, damit er seine fürstliche Hoheit erhalte, das Land bessere und für einen Landesfürsten erkannt und geehrt werden möge" — ein wahrer Fürstenspiegel, der treffliche, vielfach auch jetzt noch anwendbare Regierungsmaximen enthält.

Markgraf Albrecht war unablässig bestrebt, alles zu thun, was er zur Linderung der durch den schrecklichen Krieg verursachten Leiden seines Landes zu thun vermochte. Er rief die verlaufenen und zerstreuten Untertanen zurück und gab ihnen Beschäftigung. Er verminderte den überhand genommenen Wildstand und beförderte den Getreidebau. Unter seiner Regierung ergingen viele treffliche Mandate ins Land. Er stellte auch die während des Krieges verlassene Fürstenschule in Heilsbronn wieder her. Doch hatte Ansbach auch unter der glorreichen Regierung dieses Markgrafen noch einmal kurz vor Ende des dreißigjährigen Krieges die Bitterkeit desselben zu kosten, als 2000 Schweden bis in die Schloßvorstadt vordrangen, wo sie plünderten und alles zerschlugen. Aus jener Zeit stammt das bekannte Sprichwort:

O Onolzbach, o Onolzbach,
Fängst an mit "O", hörst auf mit "Ach"!

Nach dem endlichen Friedensschlusse wurde auch in Onolzbach ein feierliches Dankfest gehalten.

Markgraf Albrecht war dreimal vermählt, im Jahre 1642 mit Henriette Luise von Württemberg, im Jahre 1651 mit Sophie Margareta von Öttingen und im Jahre 1665 mit Eleonora Juliana von Baden-Durlach. Nur aus der zweiten Ehe waren zwei Söhne vorhanden. Der treffliche Regent starb im Jahre 1667 an den Blattern und wurde sein Leichnam in der von ihm erbauten Gruft bei St. Johannis beigesetzt.

Als Markgraf Albrecht im Jahre 1667 starb, war sein ältester Sohn Johann Friedrich erst 13 Jahre alt und kam dieser daher unter die Vormundschaft Friedrich Wilhelms, des großen Kurfürsten, der die Erziehung des Prinzen weislich und sorgfältig leitete. Er ließ den Prinzen in Straßburg und Genf studieren und schickte ihn dann auf Reisen. Als Johann Friedrich im Jahre 1672 die Regierung seines Landes übernahm, widmete er sich neben der gewissenhaften Ausübung seiner Regentenpflichten mit Eifer litterarischen Studien. Sein Hof ward eine Stätte schönwissenschaftlicher Bestrebungen. Unter dem Dichternamen „Isidorus Fidelis" gab Markgraf Johann Friedrich im Jahre 1679 als Nachbildung eines französischen Romans einen deutschen Heldenroman „Canis Bologniensis" (der getreue Liebhaber) heraus, dem noch in dem nämlichen Jahre die Herausgabe eines anderen Buches folgte, das den Titel führte „Mancipium suave ac sibi sufficiens" oder „der glückliche Leibeigene". Außerdem schrieb der fürstliche Autor, von dem gerühmt wird, daß er fertig Verse aus dem Stegreife gemacht habe, den „Durchlauchtigsten Pilgrim". Auch war er Mitglied des Pegnesischen Blumenordens.

Es soll ihm unvergessen bleiben, daß er gleich dem großen Kurfürsten und seinem Vetter Christian Ernst von Bayreuth einer Kolonie französisch Reformirter, die in Folge der Aufhebung des Ediktes von Nantes aus ihrem Vaterlande vertrieben worden waren, gastliche Aufnahme in seinem Lande gewährte. Mehr als 500 solche Vertriebene siedelten sich namentlich in Schwabach an, während für die in der Residenzstadt Ansbach Zurückgebliebenen ein Zimmer im markgräflichen Schlosse eingeräumt wurde, damit der reformierte Schwabacher Geistliche jährlich zweimal predigen und das Abendmahl reichen konnte. Noch bis auf den heutigen Tag wirkt in Folge einer markgräflichen Stiftung diese Erlaubnis insoferne fort, als der reformierte Geistliche in einem Lokale der Gumbertus= als der ehemaligen Hofkirche zeitweise das Abendmahl austeilt.

Auf dem zinnernen, ausgezeichnet schön gearbeiteten Sarkophage des im Jahre 1686 gestorbenen Markgrafen Johann Friedrich findet sich ein Kranz von Wappenschildern, ferner mit langer Inschrift außer dem Wahlspruch des Fürsten: „Pietate et justitia" zwei Leichentexte, neun Sprüche und folgender Endreim:

Hier liegt der schönste Fürst begraben
Und mit ihm sehr viele schöne Gaben;
  Der Gemahlin Kron
  Seiner Kinder Won'
  Seines Landes Sohn
Ging in diesem Sarg davon.

Eine Tochter dieses Markgrafen aus zweiter Ehe war die treffliche Wilhelmine Caroline, welche die Gemahlin König Georg's II. von England und von dem englischen Volke mit dem Beinamen „die Gute" geziert wurde. Auch in ihrer Vaterstadt Ansbach steht Wilhelmine Caroline noch in hoher Verehrung und bestem Andenken und ist die Stadt stolz darauf, daß in ihr die Wiege dieser gefeiertsten unter den englischen Königinnen des vorigen Jahrhunderts stand. Man hat dort nicht vergessen, daß sie die intellektuelle Gründerin der deutschen Universität Göttingen ist, daß sie die Freundin des großen Philosophen Leibnitz war, dessen Werke sie schon als Prinzessin in Ansbach unter des gelehrten Mathematikers Hänsling Leitung kennen gelernt hatte. Ihr großes Bild, ein Ölgemälde, seinerzeit vom englischen Hofe den markgräflich Ansbach'schen Verwandten übersandt, hing früher in der Bildergallerie des Ansbacher Schlosses. In der Sammlung des historischen Vereins von Mittelfranken befindet sich ein Kupferstich von einem ihrer Bildnisse, desgleichen im Sitzungszimmer des Ansbacher Magistrats. Der letztere Kupferstich zeigt die Königin sitzend im Hermelinmantel; auf sie schwebt ein Engel mit der Krone zu. Unter dem Kupferstich stehen die Worte: „Guilelm . Caroline de Brandenbourg-Anspach, Reine de la Grande Bretagne et Electrice d'Hannover. Amiconi pinxit. Vertue sculpsit 1731." Darunter das englisch-hannövrische Wappen. Der gelehrte Göttinger Professor Johann Mathias Gesner, ehedem Gymnasialrektor in Ansbach, hielt mehrere ganz vorzügliche lateinische Gedächtnisreden „in honorem divae Carolinae" in der Aula der Georgia Augusta. Hierin ist insbesondere aus eigener Wahrnehmung die außergewöhnliche Verehrung geschildert, deren sich die Prinzessin Wilhelmine Caroline schon in ihrer Jugend bei dem Volke in ihrer Vaterstadt erfreute.

Auch über den Sohn und Nachfolger Johann Friedrichs, den tapferen Prinzen Georg Friedrich, führte der große Kurfürst die Obervormundschaft und war darauf bedacht, daß sein Mündel vorerst eine umfassende wissenschaftliche Ausbildung erhielt (er studierte in Utrecht) und dann — wie sein Vater — auf Reisen geschickt wurde. Die Prinzessin Elisabeta Charlotte von Orleans, mit der der Prinz in Paris vielfach verkehrte, rühmte ihm nach, er sei schön gewesen wie ein Engel, aber er habe sich in Paris nicht „debauchieren lassen, sondern platt herausgesagt, die Laster wären seine Sache nicht." Er focht in Italien unter Prinz Eugen, wurde am 28. März 1703 als kaiserlicher Reitergeneral in der Schlacht bei Schmidtmühlen an der Vils durch eine Musketenkugel verwundet und starb am folgenden Morgen im Dorf Kuttensee in den Armen seines Bruders Wilhelm Friedrich. Seinen prachtvollen zinnernen Sarkophag in der Fürstengruft zieren schöne Gußarbeiten und eine große Anzahl Kriegsembleme aller Art. Engelsfiguren halten das Bildnis des auf dem Felde der Ehre gestorbenen Markgrafen.*)

---

*) Markgraf Georg Friedrich war der erste Chef des jetzigen ersten brandenburgischen Dragoner-Regiments Nr. 2 (in Schwedt), dessen Stamm Teile von Truppen bildeten, welche der Markgraf im Jahre 1689 dem preußischen Kurfürsten Friedrich überlassen hatte.

Auf Georg Friedrich folgte in der Regierung dessen Bruder Wilhelm Friedrich. Auch er war, wie sein Vorfahrer, kaiserlicher General und ist im Jahre 1702 in dem gegen die Franzosen gelieferten Friedlinger Treffen „hart blessirt" worden, so daß er in einer Sänfte nach Hause getragen werden mußte; von da her hatte er einen siechen Körper. Er war mehrmals am preußischen Hofe und besuchte auch einigemale seine Schwester Wilhelmine Carolina in Hannover. Im Jahre 1703 hatte er die Ehre des Besuches seitens des Kaisers Joseph I. in dem benachbarten Lust- und Jagdschloß Triesdorf. An dem Hof des kränklichen Fürsten herrschten mancherlei Intriguen, indem dieser sich zu sehr von seinen Hofleuten abhängig machte. Er starb 1723. Auch sein Sarkophag ist reich vergoldet und wieder halten Engel des Verstorbenen Bildnis, unter welchem eine lateinische Inschrift angebracht ist.

Der bekannte schlesische Dichter Neukirch, der im Jahre 1718 von Berlin zur Erziehung des Prinzen Carl an den markgräflichen Hof nach Ansbach berufen war, verherrlichte den verstorbenen Markgrafen durch folgenden Vers:

„Vest in der Freundschaft sein, war unsers Fürsten Ruhm,
Mehr halten, als er sprach, sein größtes Eigenthum,
Es werden hundert Jahr und Jahre noch verschwinden,
Eh' Redlichkeit und Treu' wird solche Freunde finden."

Von Neukirch haben wir übrigens weit bessere Verse. So hat er die Krönung Friedrichs I., Königs von Preußen, im Jahre 1701 in schwungvoller Ode besungen. Einige Verse daraus lauten:

„Was Cäsar abgezielt, ward von August vollzogen;
Was Friedrich Wilhelm wünscht', hat Friederich gethan:
Er legt' ein neues Reich wie dort Augustus an,
Doch hierin hat er noch den Römer überwogen,
Daß er in Ruh betritt, was jener blutig schaute,
Daß er dem Sohne pflanzt, was jener Fremden baute"

Gegen Ludwig XIV. richtete er mit männlicher Kühnheit folgenden Sinnspruch:

„Ihr Deutschen, saget doch zu eurem Nachbar nicht,
Daß Frankreichs Ludwig den Frieden mit euch bricht,
Indem er Straßburg nimmt. Er spricht: Es ist erlogen,
Ich hab' euch nicht bekriegt, ich hab' euch nur betrogen."

Für seinen fürstlichen Zögling Carl übersetzte Neukirch Fenelons Telemach und wurde dieses Werk in einer Prachtausgabe von drei Bänden mit Kupfern unter dem Titel „Begebenheit des Prinzen von Ithaka aus dem Französischen des Fenelon in deutsche Verse gebracht" auf herrschaftliche Kosten herausgegeben. Neukirchs Telemach stand in der Bibliothek von Göthes Vater und war eines der ersten Bücher, an denen der Knabe sich erbaute. Göthe berichtet im ersten Buch von „Dichtung und Wahrheit, daß das Buch trotz der Unvollkommenheit der Übersetzung „eine gar süße und wohlthätige Wirkung" auf sein Gemüt geäußert habe. Gellert konstatiert, daß Neukirchs Poesien seiner Zeit allgemein mit Beifall aufgenommen wurden.

Als Markgraf Friedrich Wilhelm im Jahre 1723 starb, war sein einziger Sohn erst 11 Jahre alt. Für ihn führte die Regierung seine Mutter Christiane Charlotte, eine württembergische Prinzessin. Sie war eine vorzügliche Fürstin und besonders für das Aufblühen ihrer Haupt= und Residenzstadt sehr besorgt. Selbstverständlich war sie auch auf eine gute Erziehung ihres Sohnes bedacht. Neben dem erwähnten Neukirch waren der steife Liefländer Brehmer und der gelehrte, aber pedantische Georgi als Erzieher berufen.*) Aber diese scheinen

---

*) Das Erziehungsexperiment wurde in dem 3 Stunden entfernten, alten Schloß zu Bruckberg gemacht, woselbst von 1727—1730 ein heute noch mit dem markgräflichen Wappen geschmücktes Lustschloß erbaut ward. Dahin wurde 1767 eine herrschaftliche Porzellanfabrik verlegt, zu welcher mehrere Künstler, die im siebenjährigen Kriege Meißen verlassen hatten, berufen worden waren. Gegenwärtig ist das restaurierte Schloß, ein anmutiger Landsitz, in Privathänden. Im Jahre 1724 ließ Christiane Char=

es nicht verstanden zu haben, den allzusehr entwickelten Eigenwillen ihres überaus lebhaft und sanguinisch angelegten Zöglings zu zügeln und in die richtigen Bahnen zu leiten. Unterricht, Zucht und Erholung arbeiteten sich gegenseitig in die Hand, um den Prinzen zum Widerwillen gegen das Lernen, zur Mißachtung seiner Aufseher und Lehrer, zum verbotenen Streben von Erholung anzutreiben. Die Unterrichtsmethode war im geraden Widerspruch mit der Natur des Zöglings. Man hielt den lebhaften, oft leidenschaftlichen Knaben von allem Umgange mit anderen Kindern ferne, und so schloß sich der Prinz an die Diener an, welche seinen Lieblingsneigungen Vorschub leisteten und ihn auf seinen Streifereien im Walde begleiteten. Dafür wurde seine Leidenschaft für Hunde und Falken, für die wahrhaft unmäßige Liebhaberei zur Jagd genährt. Diese Ungebundenheit des Waldlebens entschädigte ihn für die Langweiligkeit des Unterrichts. Seine bedächtigen Informatoren wurden alsbald die Zielscheibe des Spottes seitens des fürstlichen Zöglings. Man begreift nur nicht, wie diese unpassende Erziehungsweise die Genehmigung der ebenso geistreichen als gebildeten Markgräfin Mutter Christiane Charlotte erhalten konnte. Ritter von Lang ist der Meinung, sie sei entweder hinsichtlich der Erziehung ihres Sohnes getäuscht worden, oder es sei ihr nicht gestattet gewesen, den entsprechenden Einfluß auszuüben.

Man hatte schon in früher Jugend für den Prinzen die Tochter des preußischen Königs Friedrich Wilhelm I., Friederike Luise, zur Gemahlin bestimmt, und da Christine Charlotte wegen Kränklichkeit die Regierung an ihren Sohn abzutreten wünschte, so wurde der halberwachsene Jüngling, ein Siebzehnjähriger, mit der nur fünfzehnjährigen preußischen Prinzessin Friederike Louise

---

lotte für ihren Sohn Carl „zu dessen Ergötzen auf rauher Höh'" — um mit Uz zu reden, — den Prinzengarten in Ansbach anlegen und schmückte ihn mit einem Schlößchen.

10*

am 30. Mai 1729 in Berlin vermählt. Noch am gleichen Tage legte Christiane Charlotte die Regierung in die Hände ihres Sohnes nieder, auf welche Übergabe eine Medaille geprägt wurde. Von ihrem Gegenschwieger, König Friedrich Wilhelm I., erbat sich die kranke Markgräfin Mutter dessen aus Ansbach stammenden Leibarzt Dr. Georg Ernst Stahl*) (geb. 1660) zur Konsultation. Aber auch dieser berühmteste Arzt seiner Zeit vermochte die fortschreitende Krankheit der Fürstin nicht zu bannen, und so hauchte sie am ersten Weihnachtsfeiertage 1729 ihre edle Seele aus. Noch heute wird ihrer in Ansbach, das sie durch Bauten und allerlei nützliche und humanitäre Einrichtungen ungemein gehoben hatte, mit hoher Verehrung und Liebe gedacht. Ihre irdischen Überreste ruhen in einem einfachen, mit schwarzem Samt überzogenen, unbeschrifteten Sarg der Fürstengruft.

Von einem Bruder dieser Markgräfin, dem württembergischen Prinzen Max Emanuel, befindet sich das Herz in einem zinnernen Kästchen der Gruft. Dieser Prinz war in jungen Jahren Generaladjutant bei König Karl XII. von Schweden, machte die Schlacht bei Putolsk, die Belagerung von Thorn und die Eroberung von Lemberg mit und starb zu Dubno als Obrist eines schwedischen Regiments am 16. September 1709 im Alter von 20 Jahren.

Man kann dem Sohne Christiane Charlottens, dem Markgrafen Karl, nicht versagen, daß er manches Förderliche für sein Land schuf. Insbesondere die Gewerbe und der Bürgerstand fingen unter seinem Regiment an aufzublühen, sowohl durch

---

*) Vor Stahl begleitete auch einer aus dem Ansbach'schen die Stelle eines Hof- und Leibmedikus in Berlin. Es war Dr. Andreas v. Gundelsheimer (1703—1715). Dieser stammte zwar aus Feuchtwangen, hat sich aber auf dem Ansbacher Gymnasium zur Universität vorbereitet. So kann sich das Ansbacher Land rühmen, nacheinander zwei Leibärzte dem preuß. Königshause gegeben zu haben.

den wohltätigen Geldumlauf, der vom Hoflager ausging, als durch die von dem Markgrafen in der liberalsten Weise erteilten sog. Baugnaden, wodurch ganze Reihen von neuen hübschen Privathäusern entstanden. Auch dem Bildungswesen in seinem Lande wendete der Markgraf seine volle Aufmerksamkeit zu. So ließ er das schöne nach ihm benannte „Gymnasium Carolinum illustre" erbauen und dotierte die schon seit 1528 ruhmvoll bestandene Anstalt mit den Einkünften aus der unter ihm aufgelösten Fürstenschule von Heilsbronn. Auch eine großartige Bibliothekstiftung errichtete er in seiner Residenzstadt. Aber sein Eigenwille, die barbarische Art und Weise, mit der er, zumal nach den Genüssen der Tafel, unbedeutende Verfehlungen strafte, manche harte Handlungen seines wild aufbäumenden Jähzorns beflecken seine Regierungsgeschichte, so daß ihm das Volk den Beinamen des „bösen" oder des „wilden" Markgrafen gab.

Es sollen nur einige charakteristische Handlungen dieses Fürsten angeführt werden. So wurde auf seinen Befehl ein Herr v. Rauber wegen angeblicher Pasquille auf den Markgrafen, nachdem er sich vorher „auf das Maul" hatte schlagen müssen, hingerichtet. Im Jahre 1738 wurde ein preußisches Soldatenweib an einem Lindenbaum unweit des Falkenhauses zu Triesdorf aufgehängt, weil sie einen Gefreiten der Leibkompagnie zur Desertion verleitet hatte. Im Jahre 1744 ließ der Markgraf einen wegen eines unbedeutenden Diebstahls ertappten Soldaten sofort an dem Hause des Bestohlenen aufknüpfen. Allgemeines Mitleiden erregte die Hinrichtung eines Soldaten, welcher im Jahre 1747 mit der Magd des Marketenders zu Triesdorf desertierte und das Unglück hatte, erwischt zu werden. Auf geschehene Anzeige bei dem Markgrafen wurden beide auf Serenissimi allerhöchsten Befehl nach Ansbach geführt und dort andern Tags auf dem Schinderkarren nach dem Hochgericht gebracht und nach einander aufgehenkt. Einem Bürger von Gunzenhausen, der vor dem Schloßthor daselbst Wache hielt, forderte der Markgraf, als er eben ausreiten wollte, zur Versuchung das Gewehr ab und als dieser, in solchen Dingen wenig erfahren, es ihm gutwillig hinreichte, wurde er vom Markgrafen als Memme, als Hundsfot, behandelt und zweien Husaren übergeben, die ihn an den Pferdeschwanz binden und durch die Altmühl hin- und herschwemmen mußten, worauf der also Traktierte bald hernach krank ward und starb. Dem Fallmeister bei Gunzenhausen, der denunziert war, daß er die Hunde des Markgrafen, die er in Pflege hatte, vernachlässigte, ritt er alsbald vor das Haus, rief ihn an die Hausthüre und schoß ihn ohne weiteres nieder. Der Reise-Oberstallmeister v. Reitzenstein rettete einmal durch eine kluge Notlüge einen Schäfer, der dem Markgrafen und seinem scheuenden Pferde nicht schnell genug den Weg durch seine Heerde offen gelassen hatte, vor dem Tode des Erschießens. Schon hatte der Markgraf von dem ihm begleitenden Oberstallmeister die Pistolen abverlangt, um damit in seiner Zornwut den Schäfer auf der Stelle niederzuschießen. Da entgegnete ihm v. Reitzenstein, die Pistolen seien nicht geladen. Als dann beide im Nachhausereiten unfern der Schloßthore waren, schoß der Reise-Oberstallmeister rechts und links die Pistolen ab, worauf der überraschte und erschrockene Markgraf nach dem Grunde fragte. Reitzenstein gab zur Antwort: „Gnädigster Herr, ich meine nur, daß Sie heute Nacht viel süßer schlafen werden, nachdem sie meine Pistolen jetzt erst haben krachen hören, statt einer Stunde früher." Es wäre nur zu wünschen gewesen, daß immer Jemand in der Umgebung des Markgrafen gewesen, der wie der genannte v. Reitzenstein den Mut gehabt hätte, mit Ernst und kalter Besonnenheit bei den manchmal unüberlegten Handlungen des Markgrafen dazwischen zu treten.

Bei so sanguinischen Naturanlagen, wie sie dem Markgrafen eigen waren, kann es nicht Wunder nehmen, daß auch die Ehe des fürstlichen Paares keine glückliche war. „Ils se haissent comme le feu" schrieb der Schwager, Friedrich der Große, an seine Lieblingsschwester Wilhelmine, die an den Markgrafen Friedrich von Bayreuth vermählt war, während diese in ihre Memoiren berichtet: „Mein Schwager lebt wie Hund und Katze mit meiner Schwester... Ich that mein Möglichstes, um sie zu versöhnen, und dem Verhältnis wenigstens den Schein der Schicklichkeit zu geben." Durch dieses unerquickliche eheliche Verhältnis erregte der Markgraf begreiflich Mißstimmung am Hofe seines Schwagers, des großen Friedrich, der an Wilhelmine nach Bayreuth schrieb: „Dieser Markgraf bildet sich ein, ein Ludwig der vierzehnte zu sein. Die Leute sind Narren." Diese Verstimmung trug mit dazu bei, daß der Markgraf gegen den Willen des Erbprinzen und seiner Minister beim Beginn des siebenjährigen Krieges sich auf Seite der Gegner seines Schwagers stellte. Offenbar wollte Friedrich die fränkischen Stammlande seines Hauses schonen und ließ 1757 nur einen Streifzug in der Nähe von Ansbach vornehmen, welcher zur Folge hatte, daß der markgräfliche Hof flüchtete. Der gleich darauf, am 3. August 1757, in Folge eines Schlaganfalles zu Gunzenhausen eingetretene Tod des Markgrafen änderte mit einem Schlage die Politik seines Landes.

„Als man seine Leiche von der Triesdorfer Straße her", schreibt Ritter v. Lang, „den neuen Weg herabkommen sah, stürmte ihr eine wilde Menge Volks entgegen, nicht zur Begleitung, nicht den Sturz menschlicher Größe schweigsam betrachtend, sondern in neugierigen schadenfrohen Toben und Brausen, gleichsam als würde der ärgste Räuber und Friedensbrecher, der die Stadt schon lange erschreckt, endlich einmal in Ketten und Banden hereingeliefert." Es war der Abscheu vor so manchen schrecklichen und blutigen Exekutionen, die dem sonst großmütigen und freigebigen Fürsten die Herzen des Volkes entfremdet hatten. Auch sein Sarg steht schmucklos, nur mit schwarzem Samt überzogen, in der Fürstengruft.

Daneben befinden sich die irdischen Überreste seiner unglücklichen Gemahlin Friederike Luise, die sich seit 1740 in freiwilliger Trennung nach ihrem am Fuße des Hesselberges gelegenen Schlosse Schwaningen*) vom Hofe ihres Gemahles zurückgezogen hatte, von wo aus sie nur selten und auf wenige Tage am fürstlichen Hoflager erschien. Zuletzt verfiel sie in förmliche Schwermut, in der sie, wie Lang berichtet, gespenstische und selbst höllische Erscheinungen zu sehen glaubte und die Grausamkeit ihres Gemahls und die Schrecknisse der Zukunft bejammerte, bis sie am 4. September 1780 im Alter von 66 Jahren der Tod vor ihren Qualen erlöste.

Die letzte markgräfliche Leiche, welche in der Gruft bei St. Johannis beigesetzt wurde, war die der Markgräfin Friederike Caroline, Tochter des Herzogs Franz Josias von Sachsen-Coburg-Saalfeld und Gemahlin des letzten Markgrafen Alexander. Sie starb am 25. Februar 1791 ebenfalls zu Schwaningen und ruht in einem unbeschrifteten, mit schwarzem Samt überzogenen Sarge.

Noch in demselben Jahre trat der markgräfliche kinderlose Witwer seine Fürstentümer Ansbach-Bayreuth an die Krone Preußen ab, vermählte sich mit seiner Freundin Lady Craven und zog nach England, wo er im Jahre 1806 auf seinem Landsitz „Brandenburg-House" bei Curswick an der Themse in Londons Nähe starb. Er liegt in der Kirche zu Benham, einem Craven'schen Gute begraben.

Von feierlich-ernster Stimmung getragen, verläßt der Beschauer den Ehrfurcht gebietenden Ruheort der brandenburg-onolzbach'schen Markgrafen aus hohenzollern'schem Stamm.

---

*) An dem Portal des ehemaligen Lustschlosses zu Schwaningen befindet sich noch ein schönes steinernes, von Genien getragenes brandenburgisches Wappen.

Das markgräfliche Schloß.

Als im Jahre 1331 Onolzbach an den Burggrafen Friedrich IV. kam, befand sich daselbst von den früheren Besitzern, den Grafen von Dornberg herrührend, ein Herrensitz, der heute noch das „Dornbergische Schlößchen" genannt wird. Dasselbe lag in der Nähe des oberen Thores und bildete der an dieses Haus (jetzt A 173) angebaute Turm die nordwestliche Ecke der Umfassungsmauer der Stadt.

Friedrich IV., der schon 1332 starb, und seine Söhne Johann, Conrad und Albrecht, die ihm in der Burggrafschaft folgten, waren nur selten in der neu erworbenen Stadt. Sie ließen die Herrschaft daselbst durch einen von ihnen bestellten Vogt ausüben. Als einer der ersten erscheint ein Herr von Seckendorf, wie denn überhaupt das alte vielverzweigte Adelsgeschlecht derer von Seckendorf dem Burggrafen eine Reihe von hohen Beamten in den wichtigsten Teilen der Verwaltung gab.

Erst mit dem Sohne Johanns, dem Burggrafen Friedrich V., welcher 1357 seinem Vater folgte und nach dem Tode Albrechts des Schönen die Burggrafschaft allein beherrschte, wurde Onolzbach wenn auch anfangs nur zeitweilige Residenz der Burggrafen, während ihre eigentliche Residenz in Nürnberg und auf der Cadolzburg war. Von 1374 an ist fast für jedes Jahr der Aufenthalt des Burggrafen Friedrich V. in Onolzbach urkundlich nachgewiesen, indem er daselbst persönlich Regierungshandlungen vornahm. Im Jahre 1383 hielt er daselbst einen feierlichen Akt der Strafrechtspflege. Der Ritter Götz Schenk von Lochhof hatte den Ritter Heinrich v. Ellrichhausen getötet, weshalb die Witwe des Getöteten Klage beim Burggrafen erhob.

Dieser saß darauf mit seinen Edlen zu Gericht und fällte das Urteil dahin: Der Todschläger habe die Töchter des Erschlagenen auszustatten, ein ewig Licht und ein steinernes Kreuz auf des Getöteten Grab zu stiften, auch eine Bußfahrt nach Rom und Aachen zu thun.

Als Burggraf Friedrich V. seine fränkischen Besitzungen in das Ober- und Unterland einteilte, ward Onolzbach die Hauptstadt des „untergebürgischen" Fürstentums. Nunmehr stellte sich aber auch das Bedürfnis heraus, in dieser Stadt für den Aufenthalt des Burggrafen eine Veste zu bauen. Zu diesem Zwecke erwarben laut Urkunde vom 23. September 1397 seine Söhne Johann und Friedrich (VI.) vom Gumbertusstift an der Stelle, wo das jetzige Schloß steht, einen Hof, dessen Lage in der erwähnten Urkunde also bezeichnet ist: „der do ligt vor der Steynin brucken."

In einer Urkunde von 1409 wird zum erstenmale von „unserer Veste zu Onolzbach" gesprochen, indem Burggraf Friedrich VI. dieselbe seiner Gemahlin, „der schönen Else" u. a. zum Wittwensitz verschrieb und am 12. Dezember 1417 hat Bischof Nikolaus von Sebastopol (i. p.) „in der Veste zu Onolzbach" als Generalvikar des Bischofs Johann II. von Würzburg „die neue Hofkapelle in der Veste zu Onolzbach" eingeweiht. In dieser Veste nahm Schön Else nach dem Tode ihres Gemahls ihren Wittwensitz; hier starb sie auch im Jahre 1442. Die Onolzbacher Veste wurde sodann die beliebteste Residenz ihres Sohnes, des Albrecht Achilles. Auch dieser war darauf bedacht, das Schloß auszubauen. So schrieb dieser Kurfürst im Jahre 1471 von Cölln an der Spree aus an seine Räte nach Onolzbach: „Item, daß der Bau in Onolzbach im Schloß vor sich geht, wie wir verlassen haben und daß die Bürger daselbst auch nicht feiern, an der Stadt zu bauen." Der Originalplan dieses ersten Schloßbaues ist noch vorhanden, wie auch eine Ansicht von der Südwestseite.

Unter Kurfürst Albrecht Achilles liefen nicht selten die Fäden der deutschen, ja zuweilen der europäischen Politik in dem Fürstenschlosse zu Onolzbach zusammen.

Der prachtliebende Markgraf Georg Friedrich ließ sodann im Jahre 1565 den größten Teil dieses alten Schlosses abbrechen und an dessen Stelle ein neues aufführen. Dieses präsentierte sich als ein umfangreicher Fürstensitz, ein teils vierteils zweistöckiges Quadrat mit der Hauptfaçade gegen Westen. Ein hoher Turm, derjenige der Schloßkapelle, hob sich östlich aus dem Schlosse hervor, aus dem südöstlichen Hofe der Stiegenturm. In jede Ecke war ein Turm eingebaut. Von der Mitte lief ein Altan zu einem Vorbau, der sich an den alten Marstall anschloß. Der ganze Bau war mit Wasser umgeben und hatte mehr das Ansehen einer Burg als eines Schlosses. Auch hievon ist der Originalplan vorhanden und existieren verschiedene Abbildungen des massigen Schlosses.

Im Jahre 1710 brach in dem südlichen Teile dieses Gebäudes Feuer aus, welches dasselbe größtenteils einäscherte. Markgraf Friedrich Wilhelm befand sich gerade in dem 13 Kilometer entfernten Lustschloß Triesdorf, als er die Nachricht von dem Schloßbrande erhielt. Sofort bestieg er einen Renner und ritt in unglaublich kurzer Zeit auf den Brandplatz. Das Pferd, das in Folge des überaus schnellen Rittes zu Tode gehetzt war, ließ der Markgraf ausstopfen und wird dieses noch heute auf dem Schloßboden verwahrt.

Nach wenigen Jahren, 1713, wurde mit dem Wiederaufbau des Schlosses nach dem Plane des italienischen Baumeisters Gabrielli begonnen. Der neue Schloßbau fand jedoch nicht den Beifall der Markgräfin Witwe Christiane Charlotte, weshalb sie denselben zum Teil wieder einlegen ließ und unter Leitung des Baudirektors Leopold Retti und ihres kunstverständigen Ministers v. Zocha weiter bauen ließ. Diese Markgräfin war es auch, welche im Schloßgarten eine 1550 Schritte lange doppelten Lindenallee anlegte und darin 1726 bis 1727 an Stelle eines alten Opernhauses das Orangeriegebäude*) zu bauen unternahm. Erst unter ihrem Sohne, dem Markgrafen Carl, wurde der neue Schloßbau fertig (1732). Das Schloß, von

---

*) Die geräumigen Hallen dieses Gebäudes schmückt ein Cyklus von Bildern aus der Hohenzollerngeschichte, welchen die Stadt zu Ehren des Besuchs von König Ludwig I. von Bayern im Jahre 1827 durch den Maler und Architekten C. Alex. Heideloff herstellen ließ. Der eine Gemälde-Cyklus stellt den Einzug des Herzogs Ludwig von Bayern (vom Jahre 1518) mit seiner Schwester Susanna, der Braut des Markgrafen Casimir, dar (Siehe S. 118), während der andere in fünf Wandbildern das glänzende Turnier behandelt, welches im Jahre 1485 Kurfürst Albrecht Achilles in seiner Residenzstadt veranstaltete, an dem 282 Ritter teilnahmen und das 150 Damen, darunter 6 Prinzessinen aus dem Hause Hohenzollern, mit ihrer Gegenwart verherrlichten. Das erste Wandbild enthält die Wappenschilde der vier Turniervögte und Kampfrichter: Fuchs, Pappenheim, Aufseß und Törring. Auf dem zweiten Wandbild öffnet Markgraf Friedrich, Achill's Sohn, die Schranken und empfängt die beiden ersten Kämpfer: von Gumppenberg und Pappenheim. Das dritte Wandbild enthält die Wappen der Turnierstadt Ansbach mit den Schilden der vier Preisgewinner: des von Gumppenberg aus dem Land Bayern, des von Truchseß-Wetzhausen aus dem Land Franken, des von Schellenberg aus dem Land Schwaben und des von Dalberg aus dem Rheinland. Auf dem vierten Wandbild ist der wirkliche Kampf zwischen Gumppenberg und Pappenheim dargestellt. Letzterem zerspringt im heftigen Anrennen der Speer und Gumppenberg bleibt Sieger. Das fünfte Wandbild gibt eine Ansicht von einem Teile der Preisverteilung; links im Hintergrunde halten adelige Fräulein die Fahnen der Rittergesellschaften des Bären, der Krone, des Bracken, des Einhorns, des Wolfs, des Pfittigs, des Steinbocks, des Leithundes und des Esels. Der von Gumppenberg empfängt den Preis aus der Hand der Prinzessin Elisabeth, Schwester des Markgrafen, Gräfin von Württemberg. Die Prinzessin Dorothea hält einen zweiten Preis bereit für den nächst dem Gumppenberg stehenden Truchseß von Wetzhausen. An den Stufen der Tribüne spielen die fürstlichen Kinder: Kasimir und Georg, Prinzessin Margaret und Anastasia. Auf dem Bilde sieht man auch den Markgrafen Friedrich im Ornate des Schwanenordens. Gegen ihn macht Front ein junger Herr, Johannes von Schwarzenberg, der nachher berühmte Urheber der Bamberger Halsgerichtsordnung, aus

Das markgräfliche Schloß.

dem eine Abbildung beiliegt, ist im italienischen Style vier Geschoße hoch gebaut. Das Hauptgebäude bildet ein großes Viereck und umschließt einen weitläufigen, mit Arkaden gezierten Hof. Oberhalb der nach Südost gerichteten Hauptfaçade ist die Gallerie mit steinernen Statuen besetzt; gleiche Statuen stehen auch auf der den Schloßgraben umgebenden Mauer vor dem Hauptportal, während die vier Schilderhäuser und das Schloßthor mit kriegerischen Emblemen geziert sind.

Der große Saal des Schlosses geht durch zwei Stockwerke und hat in der Länge sechs Fenster. Der Plafond, eine Glorifizierung des Markgrafen Carl darstellend, ist von dem Italiener Carlo Carloni gemalt. Die vier Ecken stellen ein Bacchantenfest, die Musik, Malerei und Architektur vor. In der Mitte ist das Portrait des Markgrafen angebracht, welchen eine Venus mit einem Amor im Schoße hält. An der westlichen Wand ist das überlebensgroße Bild des Markgrafen Carl, und an der östlichen dasjenige seines Vaters, des Markgrafen Wilhelm Friedrich, eingelassen.

Zur Zeit ist das ganze erste Stockwerk für Besuche des Königlich bayerischen Hauses reserviert, während das Parterre, der zweite und der dritte Stock die Bureaus der K. Regierung von Mittelfranken enthält.

Hier möchte der Ort sein, der hohen Besuche zu gedenken, welche der markgräfliche Hof Seitens der Königlichen Linie aus Berlin erhielt. Gleich ein Jahr, nachdem Markgraf Carl sich mit Prinzessin Friederike Louise von Preußen vermählt hatte (1730) kam König Friedrich Wilhelm I. mit seinem Sohne, dem Kronprinzen Fritz zu Besuch. Während der Königliche Vater in dem dem Schlosse gegenüberliegenden Gesandtenhaus logierte,

---

welcher die Carolina hervorgegangen. Dem Markgrafen zur Seite mit dem Hofstab steht der Minister und Hausvogt Sebastian von Seckendorf, weiter rückwärts: Hans von Eyb, Hofmeister; dann Georg von Absberg, Landhofmeister, zu hinterst der alte Kanzler Hans Völker.

bewohnte der Kronprinz die neuen Zimmer in der obersten Etage des Schlosses. Diesen Aufenthalt wollte der 18jährige preußische Kronprinz benutzen, um sich durch die Flucht zu dem verwandten Königlichen Hof nach England der ihm unerträglich gewordenen Tyrannei seines Königlichen Vaters zu entziehen. Er verlangte von seinem Schwager, dem Markgrafen, Pferde unter dem Vorwande, eine Spazierfahrt machen zu wollen. Der Markgraf, dem die erbitterte Stimmung des Kronprinzen gegen den Königlichen Vater nicht unbekannt war, vereitelte indeß den Plan, indem er der gestellten Bitte nicht willfahrte. Auf der Weiterreise von Ansbach an den Rhein fand dann einige Tage darauf der bekannte mißglückte Fluchtversuch statt, der so schwere Folgen nach sich zog.

Im Jahre 1743 war Friedrich der Große, nachdem er König geworden, nochmals zu Gast bei seinem Schwager, dem Markgrafen Carl. Seine Reise galt diesmal vorzugsweise einem politischen Zweck. Er war gekommen, um sich einen Verzicht der markgräflichen zu Gunsten der Königlichen Linie auf Schlesien ausstellen zu lassen, und wie das Voltaire'sche Tagebuch berichtet, auch um für Abschluß eines Fürstenbundes gegen Österreich zu Gunsten des Wittelsbachers Karl VII. zu wirken. Voltaire erzählt, daß der Markgraf nur „lau" zugestimmt habe. Damals logierte König Friedrich der Große wieder im Schlosse, aber diesmal in des Markgrafen neuen Zimmern, während der in seiner Begleitung gekommene Bruder Prinz Wilhelm in der unteren Etage wohnte.

Acht Jahre darauf, im Jahre 1751, traf Prinz Heinrich von Preußen, der bekannte Feldherr, zu Besuch seiner Schwester, der Markgräfin Friederike Louise, ein.*)

---

*) Dreimal war Markgräfin Wilhelmina von Bayreuth, Schwester Friedrichs des Großen, zu Besuch bei ihrer Schwester in Ansbach, in den Jahren 1732, 1734 und 1737.

Die Besuche der preußischen Majestäten während der Zeit, da das Fürstentum Ansbach durch Abtretung des letzten Markgrafen an die Krone Preußen kam, finden sich im Aufsatze „Unter preußischer Herrschaft" erwähnt.

Im Jahre 1796, als in Folge der Neutralität Preußens eine Menge französischer und deutscher Emigranten ihre Zuflucht in die damals preußische Stadt nahmen, wurde in einem Zimmer des Königlichen Schlosses zufällig ein Fußboden gelegt. Die Arbeitsleute haben damals auf der Rückseite folgende Inschrift angebracht: „Anno 1796 ist dieser Fußboden gelegt worden; zu der Zeit waren hieher geflüchtet in das Schloß der Markgraf von Baden-Durlach, der Herzog von Württemberg und der Herzog von Zweibrücken. Da waren über 2000 geflüchtete Personen in Ansbach."

Die hier erwähnten Fürsten hatten sich auf Einladung des Königs Friedrich Wilhelm II. in die neutrale Stadt begeben. Herzog Maximilian Josef von Zweibrücken, der spätere König von Bayern, logierte längere Zeit mit seinen beiden Söhnen Ludwig (I.) und Carl im Königlichen Schlosse zu Ansbach. Damals — am 12. Oktober 1796 — kam im Schlosse zu Ansbach ein für das Wittelsbachische Fürstenhaus und die staatsrechtlichen Verhältnisse Bayerns wichtiger Hausvertrag zu Stande, der in der Litteratur und der bayerischen Verfassungsgeschichte als „der Ansbacher Vertrag" bekannt ist. Paciscent war auf der einen Seite Herzog Maximilian Josef von Zweibrücken als Haupt der Linie Birkenfeld, auf der anderen Seite Herzog Wilhelm, als Haupt der Nebenlinie Gelnhausen. Die Vereinbarung geschah mit Rücksicht auf die damals nahe liegende Möglichkeit des Aussterbens des pfalzneuburgischen Mannsstammes, und wurde in diesem Hausvertrage eine Reihe der wichtigsten Grundsätze, namentlich über die fürstlichen Obervormundschaften, über die Verwaltung des Staates bei Minderjährigkeit des Landesherrn und über die Finanzverwaltung aufgestellt.

Während Ansbach unter preußischer Herrschaft stand, ward auch dem Minister Freiherrn von Hardenberg bis zu seiner im Jahre 1798 erfolgten Abberufung das Schloß zur Wohnung eingeräumt.

Vom Februar bis September 1806 hatte sich der französische Marschall Bernadotte im Schloß einquartiert. Auf einem der Bälle, die Bernadotte damals im großen Saale des Schlosses gab, waren, wie Lang berichtet, einmal vier Marschälle zu gleicher Zeit zu sehen, nämlich außer Bernadotte: Mortier, der Kommandant des 5. Armeekorps, ein Mann mit langem steifem Zopf und einer geistlosen Schildwachgestalt, dann Lefebvre, ein alter Elsässer Gamaschenknopf, mit seiner Gemahlin, der ehemaligen Regimentswäscherin, ferner Davoust — später die Geißel Hamburgs — ein kleines glatzköpfiges anspruchsloses Männlein, das nicht satt werden konnte, zu walzen.

Es erübrigt noch, von den vielen Zimmern des Schlosses einige besonders erwähnenswerte hervorzuheben. Vor allem kommt hier in Betracht die in einem großen Saale und vier Zimmern aufgestellte Schloßbibliothek. Den ersten Grund hiezu legte Markgraf Joachim Ernst. Dieser bildete aus den Büchersammlungen von 9 säkularisierten Stiftern und Klöstern des Fürstentums eine sogen. Konsistorialbibliothek und sammelte für sich zu eigenem und der Prinzen Gebrauch eine Anzahl Bücher, denen er die Buchstaben J. E. M. Z. B. aufdrucken ließ. Die damals allerdings nur kleine Hofbibliothek konnte unter seinem Nachfolger Markgraf Albrecht während des dreißigjährigen Krieges nur wenig vermehrt werden. Einen namhaften Zuwachs erhielt sie aber unter Johann Friedrich, der bei seiner Anwesenheit in Paris eine Anzahl auserlesener Werke erwarb. Markgraf Wilhelm Friedrich ließ sodann einen Katalog über die vorhandenen Bücher anfertigen und faßte im Jahre 1720 den Entschluß, aus der fürstlichen eine öffentliche Bibliothek zu errichten und zu deren Herstellung und Vermehrung jährlich eine fixe Summe auszusetzen. Auch verordnete dieser Markgraf, daß von allen Beamten und Geistlichen des Fürstentums ein gewisser bestimmter Beitrag zur Bibliotheksvermehrung geleistet werde. Von diesen Geldern wurde unter der obervormundschaftlichen Regierung der Markgräfin Christiane Charlotte die ganze Bibliothek des ehemaligen preußischen Geheimrats von Blaspiel zu Cleve (um 3000 fl.), desgleichen viele der besten Werke aus der Büchersammlung des Kardinals Dubois in Holland erworben. Als Markgraf Carl im Jahre 1729 zur Regierung kam, verleibte er der Bibliothek nicht nur einen Teil seiner eigenen Büchersammlung, sondern auch die ansehnliche Handbibliothek seiner Mutter ein. Außerdem bereicherte er die Bibliothek durch die Erwerbung der besten Werke aus der Uffenbach'schen Büchersammlung in Frankfurt und aus der Gundling'schen in Halle.

Unterm 6. Februar 1738 hat sodann Markgraf Carl einen förmlichen Stiftungsbrief errichtet, worin er die fürstliche Bibliothek zu einer öffentlichen Landesbibliothek mit eigener juristischer Persönlichkeit stempelte. Hiebei verzichtete der Markgraf für sich und seine Nachfolger auf Verfügung über die Bibliothek und bestimmte, daß in der Residenzstadt Ansbach für alle Zeiten der Sitz der Bibliothek sein solle.

Die Sammlungen der Bibliothek wurden im Laufe der Zeit auch durch Vermächtnisse und Schenkungen vermehrt und bereichert. So hat im Jahr 1759 der in Schwabach verstorbene Historiograph von Falckenstein seine gesamte Büchersammlung mit allen dazu gehörigen Manuskripten testamentarisch der Ansbach'schen Bibliothek vermacht. Einen beträchtlichen Zuwachs im medizinischen Fache erhielt solche durch ein ähnliches Vermächtnis des Hofrats und Leibmedikus Dr. Maier.

Auch Markgraf Alexander wandte der Bibliothek seine volle Gunst und Aufmerksamkeit zu, so daß sie schließlich auf eine Zahl von fast 20000 Bänden kam. Trotzdem die meisten und wertvollsten Werke in den Jahren 1805 und 1806 an die Universität Erlangen abgegeben werden mußten, blieben immer noch 6—7000 Bände zurück, welche in den früheren Bibliotheklokalen des Schlosses zur öffentlichen Benützung aufgestellt sind.

Mit der Bibliothek war früher ein Münzkabinett verbunden und dieses durch die erwähnte Stiftungsurkunde des Markgrafen Carl vom 6. Februar 1738 in das gleiche Fideikommiß, wie die Bibliothek, einbezogen.

Dieses Münzkabinett ist teils „aus den Schatzgeldern der hochfürstlichen Personen" und zufälligen Sammlungen der früheren Markgrafen, teils aus einer von dem Hofrat Weyl in Wien erkauften Münzsammlung, teils endlich aus zufällig im Ansbacher Land gefundenen und zum Ministerium eingesendeten Münzen nach und nach entstanden. Der Bibliothekar Hofrat Christ begutachtete im Jahre 1735, diese Münzsammlung mit der Bibliothek zu verbinden, welcher Vorschlag Genehmigung fand. Nach dem mehr erwähnten Stiftungsbrief vom Jahre 1738 sollten „beede als ein beständiges Requisit des hochfürstlichen Hauses angesehen, niemals weder alienirt noch verteilet, sondern vielmehr als eine sonderbare Zierde der fürstlichen Residenz zu Onolzbach zu allen Zeiten bestens vermehret und in Aufnahm gebracht werden." Es wurden zur Aufstellung des Münzkabinetts sechs kunstvoll gearbeitete Schränke angefertigt, worauf Bibliothekar Joh. Jak. Spieß, ein bedeutender Numismatiker, im Jahre 1764 die Münzen ordnete und beschrieb.

Der erste Schrank verwahrte die Münzen des Königlichen, Kur- und Hochfürstlichen Hauses Brandenburg in folgender Ordnung: Zuerst die goldenen Münzen und zwar in 3 Schubladen die goldenen Medaillen, darunter die größte diejenige, welche Kurfürst Friedrich Wilhelm 1679 auf die aus Preußen vertriebenen Schweden hatte prägen lassen. Dann in zwei Fächern die brandenburgischen Goldgulden von Friedrich I., Burggrafen zu Nürnberg, an; in je einem Fache die Dukaten des K. preußischen Hauses und diejenigen der Kurfürsten von Brandenburg, während drei Fächer mit den Dukaten der beiden fränkischen Linien Ansbach und Bayreuth angefüllt waren. In anderen Abteilungen dieses Schrankes fanden die silbernen Münzen Aufstellung. Zunächst die silbernen Medaillen des K. preußischen, dann die des kurfürstlichen Hauses, ferner die der beiden älteren und der beiden jüngeren fränkischen Linien; die des Markgrafen Alexander, sowie diejenigen Medaillen, welche auf berühmte und gelehrte Männer geprägt worden waren, die dem Königlichen, Kur= oder Hochfürstlichen Brandenburgischen Hause gedient oder sich in dessen Lande aufgehalten haben, z. B. Dankelmann, Fuchs, Gotter, Maupertus, Superville, Ellrodt, Mendelsohn u. a. Dann folgten die Thaler des K. preußischen Hauses (darunter die seltensten Stücke), diejenigen der Kurfürsten von Brandenburg (darunter zwei von Kurfürst Joachims I Thalern, und sechs verschiedene Gepräge von den berühmten Fehrbellinischen Siegesthalern), hierauf die Thaler der beiden älteren und die der beiden jüngeren fränkischen Linien, die Thaler des Markgrafen Alexander und endlich diejenigen der geistlichen Fürsten aus dem Hause Brandenburg, ingleichen der appanagierten Prinzen und der anderwärts verheirateten Prinzessinnen. Die kleineren Münzen des brandenburgischen Hauses (bestehend in vielen hundert ganzen, halben und Viertelsgulden, auch Groschen und noch kleineren Stücken) waren in drei besonderen Schubladen des ersten Schrankes verwahrt.

Der zweite Schrank enthielt goldene und silberne Medaillen von Kaisern, Königen und anderen weltlichen und geistlichen Fürsten, sowie eine Sammlung von alten Goldgulden. Die großen goldenen Medaillen, darunter solche zu 70, 60, 54, 40 und 20 Dukaten füllten drei volle Schubladen. Unter den fürst=

lichen silbernen Medaillen waren die wertvollsten die auf Lud=
wig XIV. und XV. bezüglichen, deren eine vollständige Suite
vorhanden war.

Der dritte Schrank enthielt eine Fortsetzung der Medaillen
der weltlichen Fürsten, ferner solche auf Vermählungen, Krönungen,
Huldigungs= und Todesfälle, Kriegs= und Friedensmedaillen (8 volle
Fächer), Medaillen auf geistliche und weltliche Stiftungen, sowie
auch auf verschiedene Natur= und andere Begebenheiten, die
Vestnerische Sammlung der westphälischen Friedensgesandten,
Medaillen auf berühmte Männer und Frauen und sogenannte
Miscellan=Medaillen.

Der vierte Schrank war in 5 Abteilungen angefüllt mit
einer großen Menge kupferner und starkvergoldeter Medaillen
(meist von Vestnerischen Stempeln), mit einer ganzen Suite der
in Rußland auf Kaiser Peter I. geprägten und anderen russischen
Medaillen (darunter der große Medaillon mit dem Brustbilde
des Admiral Orloff), mit Medaillen auf verschiedene große
Männer und Gelehrte, mit einer Sammlung von merkwürdigen
Kupfermünzen, endlich mit einer großen Sammlung von Thalern
(darunter: die Glockenthaler, die Thaler „mit Gottes Freund —
der Pfaffen Feind" mit und ohne Jesuiten Mütze, die ver=
schiedenen Gepräge von den Thalern „bei Gott ist Rat und
That").

Der fünfte und sechste Schrank war mit antiken Münzen
angefüllt und verwahrten diese beiden Schränke eine Sammlung von
ungefähr 6000 goldenen, silbernen und anderen sowohl griechi=
schen als römischen Münzen. Darunter befanden sich viele
Münzen von äußerster Seltenheit. Unter den goldenen, welche
drei Fächer ausfüllten, zeichneten sich namentlich die der morgen=
ländischen Kaiser aus. Der Grund zu dieser antiken Samm=
lung ist im Jahre 1728 durch Erkaufung desjenigen Kabinetts
gelegt worden, welches der kursächsische Resident am kaiserlichen
Hof Jonas Schrimpf nach und nach gesammelt hatte.

Dieser kostbare, seit 1797 in Berlin befindliche Münz=
schatz wurde auch von dem letzten Markgrafen Alexander durch
viele Zuwendungen bereichert, so daß das Kabinett auf einen
Stand von fast 8000 Stücken kam und eines der vollständigsten
seiner Zeit ward. —

In einem 125 Fuß langen Saale, der sogen. Bilder=
gallerie, hängen 62 Ölgemälde und außerdem finden sich in
den verschiedenen Sälen und Zimmern des Schlosses noch viele
Bilder. Sie stammen meist von holländischen und niederländi=
schen Meistern, so von Werfft, Wouvermann, Vinck=Booms,
Jordaens, Bent, Jonghe, Knierings, Goovaerts, Boocke, Marcel,
Breydel, Bredael, Doubbles, Fallens, Huysmann, Vliet u. a.,
dann von dem französischen Maler Oudry, dem Italiener
Barbieri, den Deutschen: Manns, Thomas, Joh. Jak. Beck,
Heinr. Roos, Sperling, Naumann u. a. Die Perlen der Samm=
lung, zwei Bilder von Franz Hals, zwei von Laar und eines
von Joh. v. d. Heyden (Ansicht des Prinzenhofes zu Haag mit
dem Tiergarten) wurden im Jahre 1871 von dem Konservator
Voltz für die Pinakothek in München ausgewählt.

Wie Heß in seinen „Durchflügen durch Deutschland, die
Niederlande und Frankreich" erwähnt, waren im Jahre 1786
noch folgende bedeutende Gemälde im K. Schlosse vorhanden,
die aber inzwischen fortgekommen sind: Eine Kreuzigung von
Rubens und ein Kopf von van Dyck, Viehstücke von Potter,
eine Landschaft von Poussin, ein Trinkgelage von Tenier, ein
paar Landschaften von Berghem, vier Feldschlachten von Quer=
furth, 21 Dietzische Blumenstücke, verschiedene der besten Male=
reien von Kupetzky, darunter der barmherzige Samariter und
eine Schäferin, dann ein Familienstück, worauf dieser Maler
sich und seine Familie zum Vorwurf genommen hat. Kupetzky
sitzt an der Staffelei mit der Palette in der Hand, gegenüber
seine Frau und zwischen beiden ihr Sohn in einem Buch
lesend. Er macht Miene, dem Vater den Pinsel zu nehmen.

Hinter der Frau steht die Magd, welche ihr den Kopfputz zurecht macht. Auf einem Tische sieht man eine Flasche nebst einem Glas Wein und in einem Schrank Gebratenes mit Brot. Heß bemerkt weiter in seinem erwähnten Buche: „In dem Schlafzimmer des Markgrafen hängt Vanloos Meisterstück, die Medea vorstellend. Es ist ein gräßliches Gemälde. Medea sitzt auf dem mit Drachen bespannten Wagen, hinter welchem ein feuerspeiendes Ungeheuer folgt. Sie selbst mit dem Blick voll Wut und Verzweiflung hält den blutigen Dolch in der Hand, mit dem sie soeben ihre Kinder ermordet hat. Diese liegen an den Stufen des Palastes. Ob diese blutige Scene sich in ein Schlafgemach passe, beurteile der, dessen Bett hier steht. Es sei denn, daß außer der großen Ähnlichkeit dieser Medea mit der Schauspielerin Clairon, die dem Gemälde diesen Platz verschafft hat, der Besitzer noch etwas anderes, als die Schwester des Absyntus an ihr bewundert; der russische Gesandte bot dem Markgrafen für dieses Meisterstück 33000 fl." Clairon selbst schreibt in ihren Memoiren: „Als König Ludwig XV. dieses Gemälde in Paris gesehen, habe er unter Lobpreisungen über dasselbe geäußert, es möge ihm gestattet sein, einen passenden Rahmen zu diesem schönen Gemälde machen zu lassen. Der in des Königs Auftrag gefertigte Rahmen habe 5000 Francs gekostet."

Auch Fischer in seiner 1789 herausgegebenen „Geschichte von Ansbach" beschreibt das Gemälde der Medea und bemerkt über dasselbe: „Die Farben sind frisch und zart, das warme durchscheinende Kolorit ist geistreich, schön und edel und im Ausdruck der Leidenschaften sowohl, als in der Draperie sehr einnehmend, täuschend und rührend." Derselbe bemerkt auch, daß ein französischer Kupferstich dieses Gemäldes im Schlosse vorhanden war. Nach diesem Stich ist das zu dem Aufsatz „Der letzte Markgraf und sein Hof" beigegebene Bild „Hippolyte Clairon" gefertigt.

Fischer erwähnt ferner, es seien vorhanden gewesen: vier Savoyardenstücke von Spanioletto, ein Zigeunerstück von Caravaggio, drei holländische Reiter von van Dyck, ein Herr und eine Dame das Dammbrett spielend, ein Jean de Witt, Hiob von J. Senella, zwei Landschaften von Chatelet, ein Land- und ein Seestück von Hackaart, eine Landschaft von Claude de Lorrain u. a. —

Nicht leicht wird man — außer vielleicht in Berlin — eine so große Anzahl von Bildern Hohenzollern'scher Fürsten vereinigt finden, als in dem ehemals markgräflichen Schlosse zu Ansbach, wie aus beifolgenden zwei Verzeichnissen zu ersehen ist.

Ahnengallerie der Hohenzollern
im markgräflichen Schlosse.

1. Bilder von Angehörigen der markgräflich Brandenburg-Ansbach'schen älteren Linie:

Markgraf Georg Friedrich der ältere † 1603 (Brustbild).

2. Bilder von Angehörigen der markgräflich Brandenburg-Ansbach'schen jüngeren Linie:

Markgraf Joachim Ernst † 1625 (Brustbild).

Markgraf Albrecht † 1667 (Ganze Figur).

Derselbe (Brustbild).

Dessen Gemahlin Henriette Ludovika, geb. Prinzessin von Mömpelgard † 1650 (Brustbild).

Markgraf Johann Friedrich † 1686 (Kniestück im Stahlharnisch mit dem Elefantenorden).

Derselbe (als ganze Figur mit dem Kurhut).

Markgraf Johann Friedrich und seine Braut Eleonora Erdmutha Luise, Prinzessin von Sachsen-Eisenach (auf einem Bilde).

Markgräfin Eleonora Erdmutha Luise, geb. Prinzessin von Sachsen-Eisenach, Mutter der Königin Wilhelmine Carolina von England (Kniestück).

Markgraf Georg Friedrich der jüngere † 1703 (in halber Figur).

Derselbe (als Kniestück in Rüstung und Allongeperücke mit dem Feldmarschallstab).

Markgraf Wilhelm Friedrich † 1723 (als Brustbild).

Derselbe (als Kniestück in Rüstung mit dem Kommandostab).

Derselbe (in ganzer Figur von Zierl 1704).

Derselbe (in ganzer Figur in Überlebensgröße von Liebhardt im großen Saale).

Dessen Gemahlin Christiane Charlotte, geb. Prinzessin von Württemberg, † 1729 (als Brustbild).

Dieselbe (in ganzer Figur und Überlebensgröße mit einem Mohren und einem Papagei, von Joh. Peter Feuerlein, † 1728. Auf diesen Maler, der auch die Entwürfe zu dem Plafond des großen Schloßsaales fertigte, wurde eine Denkmünze geprägt mit der Unterschrift: Johann Peter Feuerlein, pictor excellens.)

Markgraf Carl, † 1757 (als Kind mit einem Hündchen in ganzer Figur).

Derselbe (als Kniestück im roten Kleide und Brustharnisch) mit dem englischen Hosenbandorden).

Derselbe (in Überlebensgröße mit seinem Kammerdiener, gemalt vom Hofmaler Sperling; im großen Saale. Außerdem befindet sich noch eine Marmorbüste in Lebensgröße von diesem Markgrafen im Schlosse. Diese Büste diente als Modell zu der Figur auf dem Brunnen vor der Gumbertuskirche).

Markgraf Alexander, † 1806 (halbe Figur im jugendlichen Alter).

Derselbe (als Kniestück im Mannesalter im blauen silbergestickten Kleide).

Derselbe (als Brustbild).

Dessen Gemahlin Friederike Caroline, geb. Prinzessin von Sachsen-Coburg, † 1791 (Kniestück in sitzender Figur).

3. Bilder von Angehörigen der markgräflich Brandenburg-Bayreuth'schen Linie:

Prinzessin Friederike Sophie, die durch besondere Schönheit ausgezeichnete Gemahlin des Herzogs Carl von Württemberg, geb. 1732 (Brustbild).

4. Bilder von Angehörigen der Kur- und Königlichen Linie:

Friedrich Wilhelm, der große Kurfürst, † 1688 (als Kniestück in Rüstung mit dem Kommandostabe).

Friedrich I., König von Preußen, † 1740 (als Kniestück in der Uniform des Garde-Bataillons).
Dessen Gemahlin Dorothea Sophia (als Kniestück in sitzender Figur).
Friedrich II. oder der Große, König von Preußen, † 1786 (als Kronprinz; Kniestück in der Uniform des alten Regiments „Kronprinz", jetzt Nr. 24 in Neuruppin).
Derselbe (in ganzer Figur und blauer Uniform, den Fuß auf ein Kanonenrohr gestellt).
Derselbe (als Kniestück im blauen Sammtrock mit dem Stern zum schwarzen Adlerorden, die linke Hand auf einen mit Landkarten bedeckten Tisch gestützt).
Dessen Gemahlin Königin Elisabetha Christina, geb. Prinzessin von Braunschweig-Wolfenbüttel (als Kniestück, gemalt von Been).
Dessen Bruder Prinz Heinrich, der Feldherr.
Dessen Bruder Prinz Ferdinand, der Großmeister des Johanniterordens.
Dessen Bruder Prinz August.
Dessen Schwester Luise Ulrike, nachherige Königin v. Schweden.
Dessen Schwester Philippine Charlotte, Herzogin von Braunschweig (am Klavier sitzend. Die Gesichtszüge sind ungemein denen ihres Bruders Friedrichs des Großen ähnlich).
Dessen Schwester Prinzessin Amalie.
Friedrich Wilhelm II., König von Preußen, † 1797 (in halber Figur).
Derselbe in halber Figur mit verändertem Hintergrund.

Verzeichnis der in der Sammlung des Historischen Vereins v. Mittelfranken befindlichen Hohenzollern-Bilder.*)

Eine ganze Ahnengallerie von Hohenzollern'schen Bildern enthalten auch die in einem Flügelgebäude des Schlosses befindlichen, sehr sehenswerten Sammlungen des Historischen Vereins von Mittelfranken. Erst vor kurzem wurden dahin drei Brustbilder brandenburgischer Kurfürsten erworben (22 Centimeter hoch, in Holzbasrelief), deren einer — wohl Kurfürst Friedrich II. († 1471) — die Schwanenordenskette trägt. Die hübsche Arbeit entstammt dem Ende des 15. oder dem Anfange des 16. Jahrhunderts.

Markgraf Georg der Fromme oder der Bekenner, † 1543 (Brustbild mit einer goldenen Halskette; in älteren Jahren gemalt als auf dem Heilsbronner Bilde).

Herzog Albrecht von Preußen, † 1568 (oder Markgraf Georg Friedrich, † 1603) halbe Figur.

Markgraf Albrecht Alcibiades, † 1557 (in Rüstung und ähnlicher Stellung wie auf dem Heilsbronner Bilde).

Kurfürst Joachim II., † 1571 (Brustbild in polnischer Tracht).

Markgraf Georg Friedrich, † 1603 (Brustbild).

Markgraf Joachim Ernst, † 1625 (halbe Figur).

Markgraf Albrecht, † 1667 (ganze Figur).

Eine der Gemahlinen desselben, wahrscheinlich Sophia, geb. Gräfin von Solms-Laubach) (ebenfalls ganze Figur).

Derselbe Markgraf Albrecht (in halber Figur).

Die zweite oder dritte Gemahlin desselben, wahrscheinlich Sophia von Öttingen (Brustbild).

Markgraf Johann Friedrich, † 1686 (Brustbild in Harnisch mit blauem Bande).

---

*) Die meisten (38) wurden im Jahre 1880 aus dem Depot des K. Schlosses in Ansbach an den Verein abgegeben.

Derselbe (Kniestück mit dem Kommandostabe).

Dessen Tochter Wilhelmine Caroline, Königin von England, † 1737 (Kupferdruck).

Markgraf Georg Friedrich, † 1703 (als Brustbild in Harnisch mit Kommandostab).

Derselbe (ebenso).

Markgraf Wilhelm Friedrich, † 1723 (Brustbild in Harnisch in zwei Exemplaren).

Derselbe (ganze Figur).

Markgraf Carl, † 1757 (Brustbild in Harnisch mit rotem Ordensband).

Dessen Gemahlin Friederike Luise, geb. Prinzessin von Preußen, † 1780 (Kniestück).

Erbprinz Carl Friedrich August, geb. 1734, † 1737 (ganze Figur im blauen Knabenkleide).

Derselbe (ganze Figur im Galakostüm).

Markgraf Alexander, † 1806, als Prinz (Kniestück).

Derselbe in reiferen Jahren (Kniestück).

Derselbe (gemalt von Schwabeda 1791, Brustbild).

Derselbe (Pastellbild, in Schäfertracht).

Dessen Gemahlin Friederika Carolina, geb. Prinzessin von Coburg, † 1791 (Pastellbild).

Markgraf Alexander (ganze Figur, lebensgroß, vor sich den Plan des Schlosses von Deberndorf).

Dessen Gemahlin (ebenfalls ganze Figur und lebensgroß, einen Mops auf dem Schoß).

Christian, Markgraf von Brandenburg; geb. 1581, succediert zu Bayreuth 1603, vermählt 1604 mit Prinzessin Marie, Tochter des Herzogs Albert Friedrich von Preußen, gest. 1655 (lebensgroßes Brustbild, auf welchem die Worte stehen: „Von Gottes Gnaden Christian, Markgraf zu Brandenburg in Preußen, zu Stettin, Pommern Hertzog.

Seines Alters 19 Jahr, Anno 1600." Damals war
Markgraf Christian noch kurbrandenburgischer Prinz.)
Markgraf Christian Ernst von Bayreuth, † 1712 (ganze Figur
lebensgroß).
Markgraf Friedrich von Bayreuth, † 1763 (Kniestück im blauen
silbergestickten Staatskleide mit rotem Ordensband).
Derselbe (halblebensgroß zu Pferd, besonders schön).
König Friedrich Wilhelm I. von Preußen, † 1740 (ganze Figur,
lebensgroß).
Derselbe (Kniestück).
Königin Sophia Dorothea von Preußen, † 1753 (ganze Figur,
lebensgroß).
Dieselbe (Kniestück).
Prinz Ferdinand von Preußen (Kniestück).
Prinz August von Preußen (Kniestück).
König Friedrich Wilhelm II. von Preußen, † 1797 (ganze
Figur in blauer Uniform, überlebensgroß).
Derselbe (halbe Figur).
Königin Luise von Preußen, † 1810 (Ölgemälde in halber
Figur).
Zwei kunstvoll aus Seide, Papier und Goldflitter zusammen=
gesetzte Silhouettenbilder, den König Friedrich Wilhelm III.
und Königin Luise darstellend, wie sie vor der Büste des
verstorbenen Königs Friedrich Wilhelm II. dessen Andenken
feiern, aus dem Jahre 1793.

In der Ahnengallerie des Schlosses waren früher, sind
aber jetzt nicht mehr vorhanden, die Bildnisse folgender fürst=
licher Personen:
Königin Wilhelmine Caroline von England, Gemahlin Georgs II.,
geb. Prinzessin von Brandenburg=Ansbach (Tochter des

Markgrafen Johann Friedrich). Dieses Portrait ward seiner Zeit vom englischen Hof dem markgräflich Ansbach=schen zum Geschenk gemacht worden.

Eine Marmorbüste, (wahrscheinlich) den Kurfürsten Friedrich Wilhelm darstellend, (zur Zeit in der Universitätsbibliothek zu Erlangen).

Die Markgrafen Albrecht Achilles, † 1486, und Friedrich der ältere, † 1536.

Markgräfin Christiane Charlotte von Kupetzky (sitzend in einem Fauteuil in Gesellschaft der Prinzessin von Bayreuth, der Gräfin von Rüdenhausen, Frau von Nostiz, Frau von Cronegk nebst Fräulein von Teufel und einem Herrn von Heistermann).

Markgraf Wilhelm Friedrich zu Pferd in Lebensgröße in Ge=sellschaft des Grafen von Rüdenhausen und Obrist=Stall=meisters von Boyneburg; ebenfalls von Kupetzky.

Im Audienzzimmer des Markgrafen hing unter dem Bal=dachin das lebensgroße Bildnis Friedrichs des Großen, Königs von Preußen, von der Therbusch in Berlin gemalt. Der König hatte dieses sein Portrait im Jahre 1772 seinem Neffen, dem Markgrafen Alexander, zum Geschenk gemacht. Der König steht auf dem Bilde mit entblößtem Haupte vor einem Zelt. Auf einem daneben in die Höhe steigenden Felsen liegen seine Hand=schuhe und sein Hut. In der Ferne sieht man ein preußisches Lager und eine eingeschlossene Bergfestung. Lady Craven be=merkt über dieses Bild in ihren Memoiren: „Von Anspach nahmen wir ein Bild in Lebensgröße von Friedrich II. mit, zu welchem er selbst für den Markgrafen gesessen hatte. Die Züge, die Miene und die ganze Haltung waren durchaus ähnlich, der Ausdruck sprechend. Ich hatte es in Brandenburg=House . . . aufgestellt, wo es jedem unvergeßlich wurde, der es einmal ge=sehen hatte."

Eine Mosaik, (wahrscheinlich) Friedrich den Großen als Prinzen darstellend, (5 Fuß 2 Zoll hoch und 4 Fuß breit). Dieses Bild kam im Jahre 1806 an die Universitätsbibliothek Erlangen.

Ein Buch, worin verschiedene Portraits alter fürstlicher Personen aus dem Brandenburgischen Hause en miniature enthalten waren. Dieses Buch wurde am 22. Januar 1806 von dem K. preußischen Legationsrat Nagler an das Kunstkabinett nach Berlin abgegeben.

Auch Ölgemälde, den Markgrafen Alexander und die Markgräfin Christiane Charlotte darstellend und von Kupetzky gemalt, sind im April 1806 aus der Ansbacher Schloß- in die Erlanger Universitätsbibliothek abgegeben worden.

Unter den im Schloß befindlichen Kunstgegenständen, welche noch vorhanden und aus der Markgrafenzeit herrühren, sind hervorzuheben: Im Audienzzimmer der Markgräfin ein reizender Lüstre von Berliner Porzellan, ein Geschenk Friedrichs des Großen aus dem Jahre 1772. Eine reiche Sammlung von Porzellan; meist reizende kleine Figuren und Gruppen, Nippsachen und Vasen. Insbesondere eine Gruppe von Porzellanfiguren zum Andenken an den Fabeldichter Gellert gefertigt. Eine schöne Porzellanuhr, chinesische Porzellanfiguren, Elfenbeinschnitzereien, Marmorpfeilertische mit schönen Spiegeln, eingelegte Komoden. In dem großen Bibliotheksaal eine Thonbüste Voltaire's nach Houdon und in dem Audienzzimmer eine Statuette Voltaire's nach der sitzenden Marmorstatue Houdons im Foyer des Theatre français zu Paris.

Auch einige Raritäten sind zu erwähnen. In einer Bodenkammer des Schlosses befinden sich zwei ausgestopfte Pferde, das eine mit einem Zettel um den Hals folgenden Inhalts: Am 28. März 1703 früh zwischen 8 und 9 Uhr erhielt der regierende Markgraf Georg Friedrich in der Schlacht bei Schmidtmühlen auf diesem Pferde einen tötlichen Schuß und starb im Dorf Kuttenſee am 29. März früh nach 9 Uhr." Das andere Pferd iſt das ſeines Adjutanten.

In einem zur Bibliothek gehörigen Zimmer wird das Fernrohr gezeigt, mit welchem Simon Marius am 29. Dezember 1609 die Trabanten des Jupiter entdeckt hat.

Seltſames Spiel des Zufalls — ein Zimmer des Ans= bacher Schloſſes verwahrt heute noch die ſchöne reich mit Schild= kröt und Plattierung verzierte Wiege des letzten Markgrafen, gleichſam ein ſymboliſches Zeichen, das die Gedanken unwill= kürlich zu den Anfängen der Hohenzollernherrſchaft in Franken zurückführt. Am Kopfende der Wiege prangt ein Adler und an den Seiten halten Engel Spruchbänder mit den Inſchriften: „Crescit in Immensum" und „Crescet in aevum."

Der letzte Markgraf und sein Hof.

Nach den alten Hausverträgen, insbesondere der nach Albrecht Achilles so benannten lex Achillea vom Jahre 1473, dann nach den Geraischen Hausverträgen vom Jahre 1598 und 1599 sollten die Hohenzollern-brandenburgischen Lande nie mehr als drei regierende Fürsten haben. Die Mark sollte ohne alle Teilung dem jeweiligen Kurfürsten von Brandenburg einzig und allein bleiben, die fränkischen Fürstentümer, „das Burggrafentum Nürnberg oberhalb und unterhalb Gebürgs", nie mehr als zwei Herrscher haben und behalten. Zugleich bestanden zwischen den drei Linien, der Kur- (später Königlichen) Linie, dann der Ansbacher und Bayreuther Linie Erbverbrüderungen.

Um die Mitte des achtzehnten Jahrhunderts stand die Ansbacher Linie auf vier, die Bayreuther Linie gar nur mehr auf zwei Augen, und war somit für die Königliche Linie die Succession in das Stammland, die fränkischen Fürstentümer, in ziemlich naher Aussicht, — eine Expektanz, die, weil die Erwerbung von großem Einfluß des preußischen Staates auf das südliche Deutschland zu werden versprach, von Friedrich dem Großen mit der ihm eigentümlichen Hartnäckigkeit und besonderem Nachdruck verfolgt wurde. So hatte er bereits im Jahre 1752 die Bestimmung getroffen, daß dereinst im Erledigungsfalle die Vereinigung der fränkischen Fürstentümer mit der Krone Preußen stattfinden und diese auch in Zukunft nicht wieder getrennt werden sollten. Zu diesem Zwecke ließ er die betreffende Konstitution von sämtlichen Prinzen seines Hauses unterzeichnen. Prinz Heinrich, sein Bruder, der darin nicht ganz ohne Grund einen Eingriff in die alten Hausverträge sah, war freilich nicht recht damit einverstanden. Für ihn als nachgebornen Prinzen hatte es einen gewissen Reiz, sich als dereinstigen souveränen Fürsten in dem alten hohenzollernschen Franken zu denken. Prinz Heinrich, der im Jahre 1751 zu Besuch seiner Schwester, der Markgräfin Friederike Luise, in Ansbach war, sprach sich sogar darüber gegen Kaiser Joseph II. bei Gelegenheit der Zusammenkunft in Neisse aus.

Als nach dem siebenjährigen Krieg bei den Friedensverhandlungen zu Hubertusburg im Jahre 1763 von seiten Österreichs darauf angetragen worden war, daß die Fürstentümer Ansbach-Bayreuth im Falle des Aussterbens der fränkischen Linie der Hohenzollern in eine Primogenitur verwandelt und mit der Krone Preußen nicht vereinigt werden sollten, blieb Friedrich der Große dabei, daß das eine brandenburgische Hausangelegenheit sei, in welche sich kein Fremder mischen dürfe. Für alle Fälle wollte Friedrich der Große sein Recht auf die fränkischen Fürstentümer gewahrt wissen, um möglicher Weise durch einen Tausch das preußische Gebiet nach einer andern Seite erweitern zu können. Er wußte sogar im Jahre 1769 die Zustimmung der russischen Kaiserin Katharina II. zu der erwähnten Konstitution zu gewinnen, welche diese in aller Form garantierte. Im bayerischen Erbfolgekriege (1778 bis 1779) wurde die Expektanz Preußens auf Ansbach-Bayreuth mit in Komputation gezogen, und gelang es der Vermittlung Rußlands und Frankreichs, die Kaiserin Maria Theresia am 13. Mai 1779 zu dem Frieden von Teschen zu bewegen, worin dem pfälzischen Hause Bayern, dem österreichischen das Innviertel mit Braunau und dem preußischen die Erbfolge in den Markgrafschaften Ansbach und Bayreuth zugesichert ward. Die betreffende Stelle des Friedensschlusses lautet: „Man hat Zweifel erhoben über das Recht Ihrer Majestät von Preußen, die beiden Fürstentümer Ansbach und Bayreuth im Fall der Erlöschung der jetzt regierenden Linie daselbst mit der Erstgeburt Ihres

Hauses zu vereinigen; Ihre Majestät die Kaiserin und Königin verpflichtet sich daher für sich, Ihre Erben und Nachfolger, der Wiedervereinigung erwähnter Länder mit der Erstgeburt des Kurfürstentums von Brandenburg niemals und auf keine Art entgegen zu sein, noch sich zu widersetzen, daß Ihre Majestät von Preußen in denselben jede beliebige Einrichtung und Veränderung treffen könne."

So waren also Ansbach und Bayreuth zu damaliger Zeit der Gegenstand der Aufmerksamkeit aller Kabinette Europas. Indes weder Maria Theresia, welche 1780 starb, noch Friedrich der Große, welche ihr 1786 im Tode folgte, sollten die Vereinigung der fränkischen Fürstentümer mit Preußen erleben.

Zwar wurde Bayreuth nach dem im Jahre 1769 erfolgten Aussterben dieser Linie mit Ansbach vereinigt. Aber in Ansbach regierte immer noch Markgraf Alexander.

Dieser wurde am 24. Februar 1736 geboren als der zweite Sohn des Markgrafen Carl und Friederiken Louisens, einer Prinzessin von Preußen, Schwester Friedrichs des Großen. Er war nur etwas über ein Jahr alt, als ihm die Inhaberschaft der fränkischen Kreisdragoner-Regiments mit der Würde eines Generalmajors in die Wiege gelegt ward. Kurz darauf wurde er durch den am 9. Mai 1737 erfolgten Tod seines älteren Bruders Erbprinz. In seiner ersten Jugend stand dieser unter weiblicher Aufsicht, unter der Hofmeisterin Frau von Imhoff und einer Französin Madmoiselle Senry. Während der Vater des Erbprinzen, Markgraf Carl, durch seine das österreichische mehr als das preußische Interesse begünstigende Politik wie durch das rücksichtslose Benehmen gegen seine Gemahlin eine große Verstimmung gegen sich am preußischen Hofe erweckt hatte, bezeigte der große Friedrich eine besondere persönliche Zuneigung zu seinem Neffen, dem markgräflichen Erbprinzen, worauf dieser später mit allem Rechte so stolz war.

Schon im Alter von 12 Jahren, im Jahre 1748, wurde der Erbprinz nach Utrecht geschickt. In einem eigenhändigen Prememoria vom Jahre 1747 hat die Markgräfin-Mutter dem geheimen Ratskollegium ihren und ihres Gemahls Willen kund gegeben, warum sie den Erbprinzen gerade nach Utrecht auf die Schule gaben. Es heißt darin u. A.: „Derowegen haben Sie (des Herrn Markgrafen Durchlaucht) sich nach reiflicher Überlegung entschlossen, gegen Anfang künftigen Frühjahrs, geliebts Gott, gedachten unseren lieben Sohn dahin abreisen zu lassen und unter Aufsicht des Prinzen und der Prinzessin von Oranien zu geben, welche sich alle ersinnliche Mühe geben werden, vor seine Gesundheit und Auferziehung zu sorgen; es ist auch nicht in Zweifel zu ziehen, daß an einem solchen Ort, der an sich selbst eine freye Republik ist, eine Education der Jugend viel bequemer ist, indem dadurch zum Theil die Gelegenheit benommen wird, daß Schmeichlern und Anbetern, welche sich bei Höfen pflegen einzuschleichen, kein Zutritt gestattet wird." Gewiß eine der Schwester Friedrichs des Großen würdige Sprache!

In Utrecht waren Mathematik, Philosophie, Geschichte, Fortsetzung des Studiums der lateinischen, französischen und holländischen Sprache, der Religion, dann Musik, Zeichnen, Reiten, Tanzen die täglichen Beschäftigungen des Prinzen. Insbesondere aber wurde der Aufenthalt in Utrecht benützt, um von da aus verschiedene Reisen in die Städte und Festungen der vereinigten Provinzen zu machen. Öftere Einladungen des Prinzen-Statthalters von Oranien und seiner Gemahlin riefen ihn nach dem Haag und wohnte er dort im Jahre 1749 den Friedensfeierlichkeiten bei. Auch hatte er das Vergnügen, dem (durch Königin Wilhelmina Carolina, einer Tochter des im Jahre 1686 verstorbenen Markgrafen Johann Friedrich) verwandten König von England, Georg II., vorgestellt zu werden, als dieser durch Holland reiste, um Hannover zu besuchen. Lady Craven berichtet in ihren Denkwürdigkeiten, es sei eines Abends der Erbprinz in einem großen Zimmer umhergegangen, als König Georg am andern Ende des Gemachs eintrat und mit einem Licht in der Hand auf ihn zuging. „Laß sehen", sagte die britische Majestät, „ob Du der Familie ähnlich bist!"

Des Erbprinzen leutseliges Betragen machte ihn bald zum Liebling des Volkes in Utrecht, und die Freude der sonst so kühlen Holländer gab sich nicht selten in Äußerungen bei seinem Anblick kund. Nach mehr als zweijährigem Aufenthalt in Holland, am 2. September 1750, wurde die Rückreise nach Ansbach angetreten.

Im Jahre 1751 trat der kaiserliche Generalfeldmarschall von Diemar das bisher von ihm innegehabte Kürassierregiment dem Erbprinzen ab und die Kaiserin Maria Theresia ernannte ihn zum Obersten.

Noch im November 1752 wurde für den Erbprinzen eine neue Bildungsreise beschlossen und zwar diesmal nach Italien. Der begleitende Reisestaat bestand aus 10 Personen. Es liegen mir aus dem Nachlasse des durch seine vortrefflichen historischen Schriften bekannten Archivars und Oberregierungsrats Dr. Büttner zwei auf diese Reise bezügliche, von dem 16jährigen markgräflichen Erbprinzen an seinen Vater eigenhändig gerichtete, in französischer Sprache und ungemein schöner Schrift ge= schriebene Briefe vor. Der erste Brief ist aus Turin vom August 1752 datiert und lautet in deutscher Übersetzung: „Monseigneur! Ich benütze mit der größten Gewissenhaftigkeit die Posttage, um mich von dem Zustand der Gesundheit Eurer durchlauchtigsten Hoheit zu unterrichten, deren Erhaltung mir natürlich stets am Herzen liegt. Seit den letzten acht Tagen hat man mich sowohl am Hofe als in der Stadt geneckt über das, was in allen deutschen und französischen Zeitungen bezüg= lich meiner zukünftigen Verheiratung angegeben war. Was ich am besten zu antworten können glaubte, war, daß ich nichts davon wisse, aber daß ich vollkommen überzeugt sei, daß mein theurer Vater mir die Gnade erweisen werde, mich gleichfalls davon benachrichtigen zu lassen, wenn eine solche Unterhandlung im Gange wäre. Als ich gestern Morgen einen Spazierritt machte, speiste ich in der Chartreuse Royal, drei Meilen von hier. Die Mönche haben mich gut bewirtet, was die Anzahl der Gänge betrifft; allein ihre Art und Weise, die Speisen zuzubereiten und zu serviren, hat mich nicht allzusehr erbaut. Monsieur Breze, welcher in Gunzenhausen war, ist hier noch nicht eingetroffen, und ich erinnere mich nicht, ihn persönlich zu kennen; aber wie ich unter der Hand erfahren habe, ist er kein großer Pferdekenner; nachdem er Page des Königs gewesen, wurde er in die Armee eingereiht und ihm dieser Remontenankauf mit Rücksicht auf seine Familie übertragen. Um nicht die Geduld meines theuren Vaters durch eine zu lange Epistel zu mißbrauchen, schließe ich, indem ich mich aus dem Grund meines Herzens der väterlichen Liebe empfehle und werde ich nie aufhören, ewig mit ebenso tiefer als aufrichtiger Hochachtung zu verharren Eurer durchlauchtigsten Hoheit ergebenster und gehorsamster Diener und Sohn Alexander."

Der zweite an dieselbe Adresse gerichtete Brief des markgräflichen Erbprinzen ist datiert: Turin, 30. September 1752, und hat folgenden Wortlaut: „Monseigneur!" Die letzten Briefe aus Ansbach haben unter anderem enthalten, daß Eure durchlauchtigste Hoheit im Begriff sei, eine kleine Reise ins Ries zu machen. Ich wünsche, daß dieser Aufenthalt sehr angenehm werden und daß Sie vollkommen gesund und gänzlich zufrieden zurückkehren möchten. Vergangenen Dienstag hat das Regiment Montferat, welches hier mit dem Regiment Schulenburg in Garnison steht, vor Sr. Durchlaucht dem Herzog von Savoyen exerziert. Ich begab mich morgens 6 Uhr dahin, um dasselbe außerhalb des Thores Susine manövrieren zu sehen. Der Herzog von Savoyen kam nach 7 Uhr dort an und trug die Uniform seines Dragonerregiments, weiße Strümpfe und

Schuhe. Nachdem er die Reihen des Regiments abgeschritten, ließ der Oberst dasselbe manövrieren und im Feuer exerzieren; allein beide Evolutionen machten keinen günstigen Eindruck, und doch erntete er dafür großen Beifall; alsdann defilierte das Regiment vor dem Herzog und es marschierte sehr gut. Es soll aus 1100 Mann bestehen, aber gegenwärtig ist es nur 600 Mann stark. Es formierte nur ein Bataillon von 450 Mann, der übrige Teil war davon abgesondert, da er größtenteils aus Rekruten bestand, die noch nicht exerzieren können. Am nächsten Tag exerzierte das deutsche Regiment Schulenburg ohne Flügelmann unter Trommelschlag und ich muß sagen, daß es weit besseres geleistet hat als das Regiment Montferat; aber sein Exerzitium im Feuer fiel nicht besser aus. Nachdem das Regiment vor dem Herzog defiliert hatte, zog sich S. K. Hoheit alsdann zurück. Das Regiment besteht aus 700 Mann und da nicht viele Rekruten vorhanden sind, so formierte es zwei Bataillons. Die beiden Regimenter bestehen aus sehr kleinen Leuten, die größtenteils im Alter schon vorgerückt sind. Der ganze Hof ist Mittwoch Nachmittag nach dem Jägerhof abgereist und er gedenkt ein Vierteljahr dort zu bleiben. Ich werde alle Sonntage die Ehre haben, dort meine Aufwartung zu machen. Ich habe die Ehre, mein ganzes Leben hindurch mit der vollkommensten Hingebung zu verharren Eurer durchlauchtigsten Hoheit unterthänigster und gehorsamster Diener und Sohn Alexander."

In Venedig traf mit dem Erbprinzen aus seiner heimatlichen Residenzstadt eine andere Gesellschaft zusammen, die ebenfalls im Begriffe war, nach Italien zu reisen. Diese Gesellschaft bestand aus Dichtern und Gelehrten. Das Haupt derselben war Johann Friedrich Freiherr von Cronegk, der im zweiten Jahre des siebenjährigen Krieges dem preußischen Heere begeistert zurief:

> Kämpft, muth'ge Preußen! Sieg und Ehre
> Und ew'ge Palmen warten schon.
> Die Zukunft zeigt sich meinen Blicken,
> Ich fühl' ein heiliges Entzücken! —
> Was flieh'n für Scharen dort am Rhein?
> Kämpft Deutsche! Gott, der euch begleitet,
> Gott ist es selbst, der für euch streitet,
> Und Friedrich muß sein Werkzeug sein."

Dem preisgekrönten Dichter des Codrus hatte sich ein gleichgesinnter Freund, von Gleichen, dann sein früherer Hofmeister, der Mathematiker und Physiker Dr. J. G. Rabe und der markgräfliche Hofkammerrat G. Ludw. Hirsch angeschlossen.

Die Ansbacher Reisegesellschaft hielt es für ihre Schuldigkeit, als die Ankunft Ihres Erbprinzen in Venedig gemeldet ward, demselben entgegen zu fahren und ihn ehrfurchtsvoll zu begrüßen. Auch der berühmte Sänger Nicolini, genannt Marianino, war dem Hohenzollern'schen Fürstensohne entgegengereist und hatte seine dem Erbprinzen eigens dedizierte Oper „Semiramis" überreicht, welche gleich am nächsten Tage, am 13. Februar 1753, zur Aufführung gebracht wurde, wobei der Balkon des Theaters für den Prinzen illuminiert war. Am 14. Februar wurde dem markgräflichen Erbprinzen von der Republik Venedig durch eine Deputation ein Geschenk überbracht, bestehend in einem Krystall-Aufsatz aus den damals beberühmten Glasschleifereien der Lagunenstadt, nebst verschiedenen Sorten Wein, Austern u. dergl. In der Mitte des Krystall-Aufsatzes befand sich eine mit zwei Tigern bespannte Kutsche, in welcher zwei Personen saßen; außen herum waren Gärten mit Wasser ausströmenden Fontainen und in den Gärten verschiedenartige Blumen, sowie viele Personen und Tiere. Alle Figuren waren von Krystall, während den Boden Spiegelglas bedeckte. Cronegk und seine Reisegefährten wurden des öftern von dem Erbprinzen zur Tafel geladen und halfen auch das von der Republik ihm an Wein und Austern gemachte Geschenk verzehren. Gemeinschaftlich wurden sodann verschiedene Institute, so u. a. die Marcus-Bibliothek und das große Arsenal besichtigt. Dort wurden in des Erbprinzen Gegenwart drei Mortiers (Mörser) gegossen, die dem fürstlichen Gast zu Ehren dessen Namen Alexander erhielten. Darnach wurde unter Trompeten- und Paukenschall der große Bucentauro ins Wasser gelassen, auf welchem der Erbprinz mit seiner Suite und noch viele hundert Masken eine Wasserfahrt unternahmen. Hofkammer-Rat Hirsch bemerkt in seiner Reisebeschreibung: „Die Ehre, welche unserem Prinzen aller Orten erzeiget worden, war außerordentlich groß".

Zwischen der Republik Venedig und dem Fürstentum Ansbach bestanden eigentümliche Beziehungen hinsichtlich der Vollstreckung von Freiheitsstrafen. Es existierte nämlich aus alter Zeit ein Vertrag zwischen den Dogen von Venedig und den Markgrafen von Ansbach, wonach die zu Galeeren Verurteilten zu Kriegsdiensten gegen die Türken auf Kriegsfahrzeugen, Galeeren, verwendet werden sollten, auf denen sie an die Ruderbänke mit Ketten geschlossen wurden, um die überaus schwere Ruderarbeit zu verrichten, zu der sich wenige Freiwillige fanden. Die zu den Galeeren Verurteilten wurden auf die Ansbach'sche Festung Wülzburg gebracht und dort von bambergischen Offizieren, die Jahr für Jahr dort hinkamen, in Empfang genommen und dann nach Venedig eskortiert. In einem Ansbacher Scharfrichterbuche vom Jahre 1583 findet sich folgender darauf bezügliche Eintrag: „Creglingen. Den Nachrichter förderlich abzufertigen, den dortselbst Diebstahls halber in Verhaft liegenden Lorenz Bruder mit Ruthen auszustreichen und daß es noch auf nächst künftigen Sambstag geschehen möcht." Darunter ist gesetzt: „NB. Dieser Lorenz Bruder ist nicht ausgehauen, sondern auf ein Gallilea geschickt worden." Damit wollte nichts anderes gesagt werden, als daß der Inkulpat als Galeerensträfling nach Venedig geschickt wurde.

Ein anderer Fall der Verurteilung zur Galeerenstrafe ist aus späterer Zeit und beweist, daß diese Strafe nicht lange Zeit vor der geschilderten Reise des markgräflichen Prinzen Alexander noch im Schwange war. Der Fall betraf den früher so einflußreichen markgräflichen Hofjuden und Oberbarnossen Elkan Fränkel in Ansbach. Dieser war beschuldigt, daß er im Besitz jüdischer Bücher sei, in welchen sich Lästerungen gegen das Christentum vorfänden, daß er sich an dem Respekt gegen den Markgrafen vergangen, sich unbefugt in die Regierungsgeschäfte gemischt und Übergriffe erlaubt, sowie daß er auch verdächtige Konversationen mit Frauenzimmern gepflogen habe und anderes mehr. Es wurde auch nach den Begriffen der damaligen Zeit gegen „le celebre juif de cour" ein form- und gesetzloses Verfahren eingeleitet. Das von einer Kommission erstattete Gutachten ging dahin, Elkan Fränkel solle „andern zum Abscheu und Exempel auf den öffentlichen Markt geführt, daselbst ihm vom Scharfrichter neun Ruthenstreiche in drei Absätzen an einem hiezu besonders aufgerichteten Pfahl gegeben, sein unflätiges und abergläubisches Buch durch ermeldten Scharfrichter zerschnitten und zerrissen, sonach er entweder den Venetianern zur Arbeit auf die Galeeren übergeben oder sonstwo im Lande an einem wohlverwahrten Ort in ewige Gefangenschaft gesetzt werden". Der Markraf (Wilhelm Friedrich) dekretierte die letztere Strafe und so wurde am 2. November 1712 der ehemalige Hofjude nach geschehener Ausstäupung auf dem Schinderkarren auf die Festung Wülzburg eskortiert. Als der Karren mit dem „henkermäßigen Maleficanten" durch die Straßen von Weissenburg fuhr, blies der Türmer — wahrscheinlich bestelltermaßen — die Melodie des bekannten Bußliedes: „Ach Gott und Herr, wie groß und schwer sind mein' begangne Sünden!" Fränkel starb auf der Wülzburg im Jahre 1720.

Am 20. Februar reiste der Erbprinz von Venedig nach

Ferrara ab und am nächsten Tage folgte v. Cronegk mit seiner Reisegesellschaft dahin nach. In Bologna trafen sie wieder zusammen. Dort trennten sie sich, bis sie am 6. März, am Fastnachtsdienstag, in Rom wieder zusammenkamen. Vom Fenster der erbprinzlichen Wohnung aus sah die ganze Ansbach'sche Suite dem Korso zu. Am nächsten Tage, Aschermittwoch, wohnten die Reisenden einer Funktion des Papstes bei, als er die heilige Asche austeilte. Einige Tage nach der Ankunft machte der Prinz eine Visite bei dem Kardinal Caraffa, dem Dekan des Kardinal-Kollegiums. Dieser gab dem Prinzen die Hand nicht, ging ihm aber bis an die Treppe entgegen, doch allezeit voraus durch die Zimmer und setzte sich dem Prinzen gegenüber oben an. Eines Tages bestieg des Erbprinz mit seiner ganzen Suite die Trajanssäule und gestattete, daß auf der obersten (185.) Stufe zum Andenken an diesen Besuch sein Name eingemeißelt werde. Unter Führung des gelehrten päpstlichen Antiquarius Venuti besuchte der Erbprinz mit seiner Suite die verschiedensten Merkwürdigkeiten der Stadt.

Indessen sollte derselbe nicht viel Genuß von seiner italienischen Reise haben. Er hatte sich bald nach der Ankunft in Rom eine selbstverschuldete Krankheit zugezogen. Als dies dem Vater nicht mehr verschwiegen werden konnte, schickte dieser zur Erkundigung eigens einen Kurier nach Rom in der Person eines Herrn von Teufel — nomen et omen. Dieser überbrachte den Befehl, daß der Prinz mit seiner Suite, sobald es seine Gesundheitsverhältnisse erlauben, nach Hause reisen solle. Nachdem sich v. Cronegk und Genossen von ihm verabschiedet hatten, trat der Erbprinz am 24. April die Rückreise nach Ansbach an. Als der markgräfliche Vater seinen einzigen Sohn sah, der bestimmt war, die fränkische Linie der Hohenzollern fortzupflanzen, und nun als siecher, abgelebter Jüngling zurückkam, erzürnte er gewaltig und ergoß sich sein Zorn namentlich über das Haupt des Hofrats Meyer, seines Mentors, der beschuldigt ward, den Erbprinzen nicht seiner Pflicht gemäß treu genug bewacht, gewarnt und zurückgehalten oder seine höheren Oberen, auch den Markgrafen selbst, über die Lage der Dinge nicht unterrichtet zu haben. Der despotische Markgraf ließ den unglücklichen Mentor ergreifen und ohne Prozeß nach der Ansbach'schen Grafschaft Sayn-Altenkirchen abführen, von wo er durch ein Kommando hannövrischer Dragoner, dem Ansuchen des Markgrafen entsprechend, abgeholt und nach Zelle ins Zuchthaus gebracht wurde. Hier ist er dann ohne fernere Spur verkommen. Eine von Lang mitgeteilte Version will sogar wissen, der Markgraf habe dem ehemaligen Informator einen Gardeoffizier in der Person des v. Leubelfing nach Altenkirchen nachgeschickt mit dem Befehl, ihn daselbst hinrichten zu lassen.

v. Cronegk mit seinen drei Reisebegleitern blieb noch bis nach Ostern in der heiligen Stadt, dann reiste er nach Neapel und besuchte das in der Nähe befindliche, von Lorbeer überwucherte Grab Virgils.

Ein Jahr darnach, 1754, pflückte die Tante des Erbprinzen, die geistreiche Markgräfin Wilhelmine von Bayreuth, gelegentlich der Reise, die sie mit ihrem Gemahl Friedrich durch Italien machte, von dem Lorbeer, der über dem Grab*) dieses

---

*) Lady Craven in ihren Memoiren beschreibt diese Grabstätte folgendermaßen: „Das Grab Virgils ist ein etwa 20 Fuß hoher Leuchtturm, der von Bogen gestützt wird, welche früher mit Säulen geziert waren. Dies Gebäude steht auf der Ostseite von Pausilippo, von wo man eine Aussicht auf die beiden Golfe von Neapel, auf den Hafen, das Kastell und die dem Vesuv gegenüber liegende Seite der Stadt hat. Ohne Zweifel war diese Pyramide ehedem höher ... Sie beherrscht den Eingang der berühmten Grotte von Pausilippo ... Auf der Höhe der Pyramide sieht man ein Wunder der Natur ... Es ist dies ein Lorbeerbaum, der sich wie eine Krone über dem Gebäude ausbreitet und immerfort grünt, obgleich jeder Wanderer einen Zweig abbricht; ja obgleich, wie man erzählt, der Baum oft abgehauen wurde, wuchs er doch schnell wieder aus der Wurzel empor. Solche Wunder lasse ich mir gerne gefallen; sie beschäftigen

römischen Dichters emporwächst, einen Zweig und überschickte denselben mit einem französischen Sinngedicht ihrem Bruder, dem großen Friedrich, zu dessen Geburtstag am 24. Januar 1756 mit Beziehung auf die fünf im ersten schlesischen Kriege von ihm erfochtenen Siege (bei Molwiz, Czaslau, Strieglau, Sohr und Kesselsdorf).

Das hübsche Sinngedicht lautet in deutscher Übersetzung:

Ein frischer Lorbeerbaum
Hat sich vor Wut der Zeit auf Maros Grab erhalten
  Stets grün und allzeit ganz. Sie wünscht und wagt es kaum
Nach ihrer Sehnsucht, sich ein Reis davon zu spalten:
  Er kam der Neigung vor, er bog sich, daß sie's sah.
Drauf hört sie diese Stimm': Tritt her, Augusta, freier,
  Denn Alexander ist dein Bruder ja, tritt nah'!
Dein Friedrich ist mit Recht ein Erbe meiner Leyer.
  Nimm hin ein neu Geschenk, das er noch fordern kann,
Um dessen Stirne Mars fünf Lorbeern schon gebeuget.
  Leg' heut mit Deiner Hand ihm diesen Lorbeer an,
Den selbst Apollo hier aus meiner Asch' erzeuget!

Die Markgräfin Wilhelmine von Bayreuth war bekanntlich die Lieblingsschwester Friedrichs des Großen. Sie starb in demselben Jahre wie Cronegk — 1758 — und hinterließ ein französisches Manuskript, das höchst interessante Memoiren aus der Zeit vom Jahr 1706 bis 1742 enthält, die 1845 in zwei Bänden erschienen sind und wegen der Offenheit und Freimütigkeit, mit welcher darin Personen und Verhältnisse an den verschiedenen Höfen geschildert werden, seinerzeit ungemeines Aufsehen erregt haben. —

---

die Phantasie und rühren das Herz. Und es ist doch auch wahr, daß Virgils Lorbeer immer grünt! Addisson und andere gelehrte Männer bezweifeln jedoch, daß diese Pyramide (mit 11 Nischen für Aschenkrüge) das Grabmal des Virgil sei ... Wie dem auch sei, Herzen, die dem Kultus der Künste ergeben sind, haben auch ihren frommen Glauben, den sie sich nicht gerne rauben lassen und gegen den man am ersten tolerant sein könnte."

Nachdem der Erbprinz von der italienischen Reise zurück=
gekehrt, seine Gesundheit leidlich wieder hergestellt und derselbe
18 Jahre alt war, wurde ihm vom Vater die Prinzessin Friede=
rike Caroline von Sachsen=Coburg zur Gemahlin bestimmt. Der
Erbprinz weigerte sich anfangs, diese ihm vom Vater aus
Gründen der Politik angesonnene Heirat einzugehen. Allein es
half nichts, der Sohn mußte gehorchen. Am 22. November
1754 war der festliche Einzug der Neuvermählten in der Re=
sidenzstadt zu Ansbach. Die Ehe war, zumal sie kinderlos
blieb, nicht glücklich. Die um zwei Jahre ältere Erbprinzessin
Friederike Caroline war eine gute, aber phlegmatische Dame,
ohne Blutstropfen im Gesicht. Sie beschäftigte sich den ganzen
Tag mit Filetstricken und vermochte ihren geistvollen Gemahl
in keiner Weise zu fesseln.

In der Politik war der Sohn mit der Abwendung seines
Vaters von Preußen und der Hinneigung zu Österreich nicht
einverstanden. Im Jahre 1757 starb Markgraf Carl und sein
nunmehr 21 Jahre alter Sohn Alexander kam zur Regierung.

Was die persönlichen Eigenschaften dieses Markgrafen an=
langt, so war er ein schöner Mann von edlem fürstlichen An=
sehen. Sein durch Farbe belebtes Gesicht war voll Ausdruck,
sein Haar lichtbraun, seine Augen hellblau.*) Er focht, ritt
und tanzte mit gleicher Anmut, war ein guter Schütze, spielte
trefflich Billard und alle anderen Spiele; er hatte ein feines
Gehör für Musik und spielte das Violoncello mit nicht gewöhn=
licher Fertigkeit. Alle Künste fanden sorgsame Pflege an
seinem Hofe. Dabei wurden Wissenschaften und Litteratur nicht
vernachlässigt. Sein Lieblingsstudium war Taktik und Strategie,
welche Neigung, wie Lady Craven meint, vorzugsweise sein
Oheim, der große Friedrich, in ihm ausgebildet hatte. Diesen
hatte Markgraf Alexander viermal besucht, zuerst im Jahre

---

*) Eine Abbildung des Markgrafen Alexander ist beigegeben.

Alexander,
der letzte Markgraf.

1753, als er noch Erbprinz war. Damals besichtigte er das preußische Lager in Spandau. Im Jahr 1766 wiederholte der Markgraf diesen Besuch, bei welcher Gelegenheit er auch an dem Hof des Herzogs von Braunschweig erschien. Im Jahre 1769 begab sich Markgraf Alexander abermals zu seinem Oheim, Friedrich dem Großen, nach Potsdam, begleitete diesen nach Schlesien und erhielt von ihm ein Dragonerregiment mit der Würde eines Generallieutenants. Der letzte Besuch Alexanders bei seinem Oheim fällt ins Jahr 1772.

Markgraf Alexander brachte viele Zeit auf Reisen zu; hier sammelte er Erfahrungen, die seinem Lande zu gute kamen. Die holländische Reise (1748—1750), dann die italienische (1752 bis 1753) wurden schon erwähnt. Im Jahre 1754 begab er sich an den Hof des Herzogs von Württemberg; in demselben Jahre reiste er nach Dresden und Prag und war im kaiserlichen Lager von Collin. Im Jahre 1763 unternahm er eine Reise nach England und 1770 eine solche nach Paris, die er im Jahre 1772 wiederholte. München besuchte er 1774. Während seines Aufenthaltes dortselbst wurde er zum Ehrenmitgliede der kurfürstlichen Akademie der Wissenschaften ernannt.

Im Jahre 1779 ging er zum zweitenmale nach England und brachte den Winter von 1780 auf 1781 in der Schweiz zu, worauf er im Herbst 1783 abermals nach Paris ging. In den Jahren 1785, 1786 und 1787, dann 1789 hielt sich Markgraf Alexander wieder teils in Frankreich, teils in Italien auf.

Unvergeßlich hat sich der Markgraf seinen Unterthanen durch die Beförderung der Landeskultur, insbesondere der Viehzucht gemacht, auf welche er große Summen verwendete. Durch die treffliche Schweizermeierei zu Triesdorf, in der nach dem Rezepte der Lady Craven Stilton= oder Berkeley=Zentnerkäse bereitet wurde, und durch die in derselben gezogenen Herdochsen wurde ein Schlag von starkem, dauerhaftem, dem Bedarf des Landmanns angemessenem Rindvieh gezogen. Jährlich wurden im Fürstentum gegen 12000 Stück Mastvieh vornehmlich nach Schwaben und Frankreich ausgetrieben, wodurch beträchtliche Summen baren Geldes ins Land kamen. Erst noch im Jahre 1789 ließ der Markgraf mit beträchtlichem Kostenaufwande eine Anzahl echtspanischer Merinowidder und Mutterschafe unmittelbar aus Spanien kommen, wozu unterwegs noch eine Anzahl Roussillonscher Mutterschafe kamen. Infolge davon war schon in wenigen Jahren in vielen Gegenden des Fürstentums veredeltes Schafvieh anzutreffen, dessen Wolle der echtspanischen nicht viel nachstand. Die inländische Pferderace wurde durch englische und holstein'sche Hengste veredelt und wurden in dieser Absicht mehrere Fohlenhöfe, (so in Triesdorf, Colmberg, Röshof) angelegt. Um aber diese veredelte Race einheimischer zu machen, wurde der Verkauf der schönsten Pferde außer Landes eine Zeit lang beschränkt. Die Ansbach'schen Roßmärkte wurden immer frequenter und gewährten dem Landmanne einen nützlichen Ertrag, dem Bürger aber durch die Menge von Fremden, welche diese Märkte herbeizogen, reichen Gewinn. Man zählte schon zu Anfang der 90er Jahre im Fürstentum Ansbach 12 bis 13000 Pferde. Der Markgraf hatte selbst 75 Zuchtstuten und jedes Landgestüte zählte deren mehrere hundert. Bald kamen aus allen Teilen von Deutschland Käufer in die Gegend, um so schöne Zuchtpferde einzuhandeln, wie sie sonst an keinem anderen Orte zu haben waren.

Mit bedeutendem Kostenaufwande ließ der Markgraf nach allen Seiten breite, meist mit Pappelbäumen besetzte Chausseen bauen, wodurch der Verkehr wesentlich gefördert wurde. Als einer der ersten deutschen Fürsten führte er in seinen Landen den Blitzableiter und eine Immobiliarbrandversicherungskasse ein. Sichtlich war der Markgraf bestrebt, die Erfahrungen, die er auf seinen Reisen gesammelt, dem Lande zu gute kommen zu lassen. Auch für Bildung und Kunst geschah viel unter seiner Regierung. So reorganisierte er das Ansbacher Gymnasium, das von da an den Namen „Carolo-Alexandrinum" trägt, und wendete alle Sorgfalt an zur Hebung der mit Bayreuth an Ansbach gekommenen (1743 von Markgraf Friedrich von Bayreuth gestifteten) Universität Erlangen, die unter seiner Regierung zu großem Ansehen und Ruf gelangte, weshalb sie neben dem Namen des Stifters den ihres Gönners: „Friedrich-Alexanders Universität" führt. Der Markgraf kam von keiner seiner Reisen zurück, ohne die in seinem Lande bestehenden Kunstsammlungen durch wertvolle Geschenke zu bereichern.

Außer der Malerei wurde namentlich die Musik am markgräflichen Hofe in hohem Grade gepflegt, namentlich seitdem die Bayreuther Kapelle mit der Ansbacher vereinigt ward. Bayreuth, die Richard Wagner-Stadt, war schon einmal um die Mitte des vorigen Jahrhunderts eine Metropole der Musik. Der kunstliebende Markgraf Friedrich (geb. 1711, † 1763), welcher mit der ältesten Schwester Friedrichs des Großen, Friederike Sophie Wilhelmine, vermählt war, hielt an seinem Hof eine Kapelle, die mit den besten italienischen Sängern und Sängerinen und den ausgesuchtesten deutschen Tonkünstlern besetzt war. Für die Musikliebhaber bei Hofe und in der Stadt ward eine Musikakademie errichtet, die für jedermann unentgeltlich offen stand. Als Oberdirektor der Musik war ein Graf von Mirabeau bestellt. Von den ausübenden Künstlern waren es insbesondere mehrere Angehörige der Familie Kleinknecht aus Ulm, welche der Bayreuther Kapelle zur besonderen Zierde gereichten. Der älteste, Jakob Friedrich Kleinknecht, kam 1743 als Kammermusikus zu Markgraf Friedrich nach Bayreuth, wurde 1748 zweiter Konzertmeister, hierauf Hofkomponist, dann Direktor der dortigen Kapelle. In Bayreuth komponierte er mehrere Trio für zwei Flöten, die ihn in der musikalischen Welt wegen des reinen dreistimmigen Satzes und der schönen Melodie rühmlichst bekannt machten. Auch sein Bruder, Johann Stephan Kleinknecht, war ein berühmter Flötist der Bayreuther Kapelle. Als dritter Flötist war Georg Gotthelf Liebeskind angestellt, der dem prahlerischen französischen Flötenspieler le Clair den Preis abgewann. Als im Jahre 1769 mit Markgraf Christian die Bayreuther Linie ausstarb und das Land an Ansbach kam, wurde von Markgraf Alexander die ganze Bayreuther Kapelle mit der Ansbachischen vereint. Diese Kapelle, eine der besten der damaligen Zeit, bestand aus fünfunddreißig Personen. Die Stelle eines Musikdirektors versah Johannes Jäger, der zuerst im Dienste des Statthalters von Holland stand und vom Markgrafen nach Ansbach berufen war. Markgraf Alexander hatte ein feines Gehör für Musik und spielte das Cello mit Fertigkeit. Sein Lehrer Jäger machte von hier aus verschiedene Kunstreisen und überall, wohin er kam, erntete er reichen Beifall. Ein von dem Kapellmeister Jakob Friedrich Kleinknecht komponiertes Konzert für zwei Flöten, wobei zwei Oboen, zwei Fagotte und ein Violoncell obligate Stellen hatten, gefiel dem Markgrafen so sehr, daß er es sogleich in Paris stechen ließ. Ein Sohn des Kapellmeisters Jakob Friedrich Kleinknecht, Namens Christian Ludwig, ward bei der Kapelle als Violonist aufgestellt und genoß die besondere Gunst des Markgrafen Alexander. In einer Biographie über ihn aus dem Jahre 1794 heißt es: „Die Zaubertöne, die seine Künstlerhand den Saiten entlockte, entzückten die Zuhörer, deren Herzen oft bei seinem schmelzenden Adagio die süßesten Gefühle durchwallten." Ein anderes Mitglied der Ansbacher Kapelle war Johann Georg Wunderlich, der mit seinem Vater 1769 von Bayreuth nach Ansbach kam und zuerst die Schreiberei erlernte. Aber bald machte er das Blasen der Flöte zu seinem Hauptgeschäfte und das mit so glücklichen Erfolge, daß er 1776 durch Empfehlung nach Paris kam, wo er sich weiter ausbildete und dort sogar in die Königliche Kapelle aufgenommen wurde.

Ein anderes sehr geschätztes Mitglied der markgräflichen Kapelle war der Hofmusikus Schwarz. Unter seinen Nachlaßpapieren hat sich ein Brief des bekannten unglücklichen Dichters Christ. Fr. Dan. Schubart vorgefunden, der es verdient, der Öffentlichkeit übergeben zu werden. Der Brief, aus welchem zugleich hervorgeht, in welch hohem Rufe die Ansbacher Kapelle überall stand, lautet:

„Asperg, 27. Nov. 1783.

Dein Briefchen, lieber Schwarz, mit dem Karolin habe ich durch meinen Gönner, Herrn Hauptmann von Ehrenfeld, mit einem Danke erhalten, der in Thränen hinschmolz:

Von meines Berges Donnerhöhe,
Wo ich, die Fessel an der Hand,
Vergebens, ach! um Freiheit flehe,
Den Thränenblick zu Gott gewandt,
Schick ich den Dank in jene Zone,
Wo Schwarz! mein Auserwählter lebt;
Der, wenn er Töne bläst, mit jedem Zaubertone
Die Hörer in Olympos hebt;
Wo manche edle Menschenseele
An den gefangnen Schubart denkt,
Der sich in seiner Schauerhöhle
Schon sieben Jahre müd gekränkt.
Dort schau ich hin mit trübem Blicke
Und ach! von heißem Dank beseelt,
Erfleht mein Herz Euch jedes Glücke
Und jede Ruhe, die mir fehlt.

Ach, Bruder Schwarz! hast Du dieß, so hast Du viel. Denn, was ich seit sieben Jahren ausgestanden habe, davon hast Du keinen Begriff. Du sollst einmal in meinem Lebenslauf, den ich ganz aufgesetzt habe, mit Schauer und mit Thränen lesen.

Meine Heiterkeit, Bruder! ist hin. Meine Fantasie, der Riese, zuckt im Staube meines Kerkerbodens und mein Witz, der Schmetterling, hängt halbtot an der Nessel meiner Felsenwand. Was macht Jäger, Grüß ihn tausendmal. Wo ist Ulrich? Eure Musik ist fern, wie ich von Jedermann höre. Allen meinen Gönnern und Freunden, vermelde meinen respect=

vollen Dank. Ich mag leben oder sterben, so vergiß nie —
bis uns die Ewigkeit zusammenbringt

Deinen armen unglücklichen Freund
Schubart."

Das Orchester am markgräflichen Hofe fand sogar Gnade
und Anerkennung vor den Augen der vielgereisten und kunst=
sinnigen Lady Craven, die zugab, daß die Kapelle trefflich sei,
weshalb sie dieselbe zu ihren theatralischen Aufführungen gerne
verwendete.

Die Regierungsweise des Markgrafen war im Ganzen mild,
gerecht, wohlwollend und fürsorglich, so daß seine Unterthanen
ihn wie einen Vater liebten. Er selbst nahm an der Regierung
nur entfernten Anteil, die er vielmehr seinen Ministern, nament=
lich den bewährten Fr. Carl v. Seckendorf und C. Fr. Reinhold
v. Gemmingen überließ. Zwischen den Ministern und dem
Markgrafen hatte der Kabinetssekretär Schmidt die Vermittlung
zu unterhalten.

Die Regierung des letzten Markgrafen hatte mit einem
sehr wichtigen Gesetzgebungsakte abgeschlossen, indem am
19. April 1790 ein Tutelaredikt erlassen worden war, wodurch
nicht blos das Vormundschaftswesen seine gesetzliche Regelung
fand, sondern auch die Erbabteilung zwischen Eltern und
Kindern, die sog. Regulierung des Vorauses, normiert wurde.
Dieses von dem Rat von Schilling=Canstatt mit großer Sach=
kenntnis redigierte Edikt gilt, soweit es materielle Vorschriften
enthält, heute noch und wird fortwährend von den Gerichten
des ehemaligen Ansbacher Landes angewendet.

Indessen bei so viel Licht fehlte doch auch Schatten nicht.
So wohnte dem Markgrafen eine Vorliebe für fremde Litteratur

---

*) Weitere 100 Jahre vorher, am 4. August 1690, war von der
markgräflichen Regierung ein ebenfalls heute noch giltiges Edikt erlassen
worden, welches hauptsächlich die Eheverträge und die Erbfälle unter Ehe=
gatten reguliert.

inne, während er kein Auge für den litterarischen Aufschwung Deutschlands hatte, obwohl auch in seiner Residenzstadt damals bedeutende Männer lebten, die aber in die Hofkreise nicht zugezogen wurden. So mußte er erst gelegentlich einer Reise nach Rom von Papst Clemens XIV. auf den heimischen Dichter Peter Uz, — „den deutschen Horaz", wie man ihn nannte, — aufmerksam gemacht werden. Trotz seiner Fürsorge für die Landwirtschaft milderte er doch nicht die durch das überhandnehmende Wild verursachten Plagen der Landleute. Die Bauern mußten entweder selbst oder durch Wildhüter Nächte mit Schreien und Feuermachen hinbringen, um das Hirschwild von ihren Feldern abzuhalten. Die damalige Auffassung von fürstlicher Machtvollkommenheit ging so weit, daß der Markgraf (neben anderen deutschen Fürsten, so den von Hessen, Waldeck, Braunschweig und Anhalt) es wagen konnte, einen Teil seiner Truppen (1285 Mann) gegen hohe Subsidiengelder — es wurden fast 7 Millionen Mark bezahlt — an England zur Verwendung im Kampfe gegen die nordamerikanischen Freistaaten zu überlassen. Während indes andere Fürsten, wie der von Hessen, die von England gezahlten Gelder für ihre Privatzwecke verbrauchten, verwendete sie Markgraf Alexander doch wenigstens gewissenhaft zur Abtragung der Landesschulden, die nach der im Jahre 1769 eingetretenen Vereinigung mit Bayreuth 7,200,000 Mark betrugen.

Außer dem ersten Haupttrup von 1285 Mann mußte noch mehrmals ein Nachschub von Truppen auf den amerikanischen Kriegsschauplatz geliefert werden. Unter dem letzten, dem vom April 1782, befand sich auch der nachmals so berühmt gewordene Feldmarschall Graf Neithardt von Gneisenau, der im Jahre 1780 nach Ansbach gekommen war, um als Avantageur in das nach preußischem Muster eingerichtete markgräfliche Truppenkorps einzutreten. Er ward zwanzigjährig vorerst als Kadett aufgenommen. Ein Jahr darauf rückte er zum Unteroffizier vor und erhielt am 3. März 1782 das Patent als Unterlieutenant bei dem Feldjägerregiment, welches zum Abmarsch nach Amerika bereit war.

Während seines zweijährigen Aufenthaltes in Ansbach war der junge Mann lebhaft mit der Erlernung des Dienstes beschäftigt, im heiteren Kreise aufstrebender Genossen in Mußestunden den Wissenschaften lebend. Hier war es auch, wo er im Jahre 1781 das schöne Gedicht auf Lessings Tod verfaßte:

> Der Tod, ein schöner Genius,
> Wie Mengs ihn malt in seinem schönsten Bilde,
> Gab unserm Lessing einen Kuß
> Und sagte: Komm! ins selige Gefilde,
> Weit weg von Götz und Cerberus.
>
> „Heraus aus dieses Erdballs rundumwölktem Kreise
> Zu höherm Zweck, zum hellern Licht empor
> Schwang sich mein Geist, längst voller Mut zur Reise,
> Die für der Erde Sohn auf unbekanntem Gleise
> Des Schöpfers Will' erkor."
>
> Sei wo Du willst. Ein Geist wie Deiner
> War auserseh'n zu höh'rer Würde Glück.

Auch seiner Neigung zur Musik huldigte Gneisenau damals in Ansbach, indem er Unterricht auf der Flöte nahm. Nicht unerwähnt soll bleiben, daß der schöne Jüngling in jener Zeit ein vorübergehendes Liebesverhältnis in der Ansbacher Garnison unterhielt, dessen er, wie sein Biograph Pertz berichtet, noch nach Verlauf vieler Jahre mit der Großmut, die einen Grundzug seines Herzens bildete, thätig eingedenk gewesen.

Als Gneisenau in Amerika ankam, neigte der Krieg seinem Ende zu und konnte daher der strebsame junge Offizier die freie Muße, welche ihm so in Amerika gewährt war, zur Ergänzung seines Wissens benützen, wobei er die Vorzüge eines Volksheeres gegen geworbene Soldaten und eine von Terrain und den Umständen gebotene veränderte Kriegführung und

Taktik kennen lernte. Im Sommer 1783 verließ der 24jährige Lieutenant bereichert mit einer Menge neuer Ideen, den fremden Weltteil.

Nach seiner Rückkehr aus Amerika (November 1783) trat Gneisenau vom Jägerregiment in Ansbach in das in Bayreuth garnisonierende markgräfliche Infanterieregiment von Seybothen über, wo er die nächsten zwei Jahre verlebte. Hier wurde er insbesondere mit einem Kameraden, Lieutenant v. Waldenfels, dem Sohn eines markgräflichen Oberforstmeisters, befreundet, der dann später, gleich ihm, in preußische Kriegsdienste trat und unter ihm als zweiter Kommandant der wichtigen Festung Kolberg, durch ausgezeichnete Tapferkeit hervorragend, bei dem Sturme der Franzosen auf die Wolfsbergschanze am 16. Juni 1807 den Heldentod fand.

In Bayreuth waren dem geistvollen lebensfrohen jungen Gneisenau die besten geselligen Kreise, insbesondere bei den Familien von Trütschler, von Lindenfels und von Imhoff ge=
öffnet. Die Bande, welche ihn an das Trütschler v. Falken=
stein'sche Haus knüpften, hielten durch das Leben, und noch in den spätesten Tagen blickte er auf diese glückliche Zeit seiner Jugend mit dem Gefühl dankbarster Freude zurück.

Nach zweijährigem Aufenthalt in Bayreuth kam Gneisenau zu der Einsicht, daß ein langjähriger, inhaltsleerer Friedens=
dienst in der Bayreuther Garnison nicht geeignet sei, seiner Kraft ein angemessenes Feld des Wirkens und eine befriedigende Stellung in der Welt zu gewähren. Er sah sich daher nach dem Kriegsdienst bei einer größeren Armee um. Da der Mark=
graf wieder Truppen in holländischen Sold abgab, stand Ans=
bach'schen Offizieren der holländische Dienst offen. Aber Gnei=
senau zeigte keine Lust, sein Leben nach dem mörderischen Klima von Java zu verkaufen, ihn zog es vielmehr zu der preußischen Armee, an deren Spitze der große Friedrich stand, dem er als dem Haupt des Brandenburgischen Hauses bereits durch den

Eid der Treue, den er als markgräflich ansbach-bayreuthischer Offizier geleistet, verpflichtet war. Am 3. November 1785 schrieb Gneisenau von Bayreuth aus unmittelbar an den König einen noch im Original im Berliner Staatsarchiv befindlichen Brief. Der König, welcher Generalstabsoffiziere brauchte, veranlaßte den Petenten, sich persönlich vorzustellen. Im Februar meldete sich der markgräflich ansbach-bayreuthische Lieutenant Gneisenau in Potsdam. Er wurde, da er auf alle an ihn gerichtete Fragen rasch und treffend Antwort gab, gnädig auf- und angenommen. Der König ernannte ihn zum Premierlieutenant und wies ihm die erbetene Stellung unter den Offizieren seiner Suite an. So kann das fränkische Stammland sich rühmen, dem Königreich Preußen einen seiner hervorragendsten Feldherrn gegeben zu haben.

Hier dürfte am Platze sein, des patriotischen Aufrufes zu gedenken, den Gneisenau im März 1813 nach der Kriegserklärung Preußens an Napoleon von der sächsischen Grenze aus an seinen früheren Bayreuther Kameraden, den pensionierten Hauptmann von Waldenfels, richtete, indem er diesem schrieb:

„Mein alter Jugendfreund! Die jetzige Zeit ist groß und erhaben. Alle edleren Gefühle beleben sie nun. Während ich im Geist die Länder durchschaue, die ihrem alten Herrn entrissen und neuen gegeben wurden, so trifft mein Blick auf die Berge, die Du bewohnst und die ein biederes und tapferes Volk anbaut .... Während ich mich nach Männern umsehe, die dieses Bergvolk seinem rechtmäßigen Herrn wieder zuführen könnten, so erscheinst Du mir, Freund meiner Jugend. Du bist immer ein wackerer hochherziger Deutscher gewesen, und ich lege einen Schwur darauf ab, daß Dich die letztere abscheuliche Zeit nicht verdorben hat. Gewiß bist Du nicht durch die Gemeinschaft mit den Unterdrückern unseres Vaterlandes besudelt. Ich fordere Dich daher auf, Dich, der Du aus einem alten Geschlecht entsprossen bist, Deinen Einfluß für die heilige Sache der Unabhängigkeit geltend zu machen, Dich mit anderen braven Männern von gleichen Gesinnungen zusammen zu thun und das Volk in dortiger Gegend zum Widerstand gegen die fremde Unterdrückung anzuregen. Es läßt sich nicht berechnen, was aus einem solchen Entschluß hervorgehen mag. Verherrliche Deinen Namen und glänze unter den Befreiern Deines Vaterlandes! Früh hast Du die Laufbahn der Waffen verlassen und ich mag Dir dies nicht verdenken, aber jetzt, wo es einer heiligen Sache gilt, ist es Pflicht, solche wieder zu ergreifen und für einen erhabenen Zweck zu führen. Der alte, ritterliche Sinn Deiner Jugend hat Dich sicherlich nicht verlassen, und ich werde die Freude haben, die bewaffnete Hand meines alten Freundes drücken zu können.

Noch lebt ein anderer Mann in dortiger Gegend, der Hauptmann v. Reitzenstein zu Gattendorff bei Hof. Er ist mir rühmlich bekannt. Ferner der Oberförster Seiz zu Seißen bei Arzberg, sowie der Oberförster Schilling zu Selb bei Weißenstadt. Begrüße diese Männer von meiner Seite; sage ihnen, daß ich ihre deutschen Gesinnungen kenne und auf sie rechne. Wir entwickeln hier große Kräfte und ziehen bereits wohlgemut unsere Straße. Säumt nicht, wartet nicht erst, bis wir kommen, sondern geht ungesäumt ans Werk!

Euer dermaliger Herr (König Max Joseph) unterhandelt schon insgeheim. Er wird die erworbenen Länder zurückgeben und sich seine Pfalz am Rhein wieder erobern. Nicht gegen ihn, sondern gegen die Fremdlinge sollen Eure Waffen sich kehren. Aber eilt, und wartet nicht erst ab! Kühnheit ist der Charakter solcher Unternehmungen. Schneidet die Verbindungsstraße des Feindes ab und macht, immer dem Zuge der Gebirge folgend, die Straßen unsicher bis in die Thüringer Gebirge und den Spessart! Kühnheit und abermals Kühnheit! Gott nehme Dich in seinen Schutz! Auf glückliches Wiedersehen!

Neithardt."

Dieser patriotische Aufruf, der auch für unsere Zeit an Interesse nicht verloren hat, sollte indes ohne Erfolg bleiben, da König Max Joseph von Bayern, ungeachtet der anfänglichen Unterhandlung und der entschieden deutschen Gesinnung des Kronprinzen Ludwig, seine Truppen wieder zu den Franzosen stoßen ließ. —

Es wird Zeit sein, nach dieser Abschweifung wieder auf den Gegenstand des Themas zurückzukommen. Trotzdem, wie erwähnt, Markgraf Alexander in seiner Ehe mit der Coburger Prinzessin Friederike Caroline kein Glück fand, zog ihn doch stets „das ewig Weibliche" lebhaft an. Insbesondere war es zuerst eine Französin — Hippolyte Clairon —, dann eine Engländerin — Lady Craven —, zwei der gebildetsten geistvollsten Frauen ihrer Zeit, welche einen nicht unbedeutenden Einfluß auf den Markgrafen ausübten. Über den Grund, warum der Markgraf sich zu Frauen, insbesondere zu nicht deutschen hingezogen fühlte, gibt Lady Craven in ihren Denkwürdigkeiten an, er glaubte, in den Frauen jenen zarten edlen Geist zu finden, der ihn besser verstand, als seine pedantische langweilige Umgebung; durch geistreiche Frauen habe er sich höher gehoben gefühlt und dem Zuvorkommen seiner Landsmänninnen, der deutschen Frauen, sei er deshalb ausgewichen, weil er befürchtete, Unordnungen in den Familien anzurichten oder Gelegenheit zu Hofintriguen und zu zweideutigem Einfluß der Verwandten in die Landesangelegenheiten zu geben.

Auf einer Reise nach Paris hatte Markgraf Alexander die berühmte tragische Schauspielerin Demoiselle Clairon kennen gelernt. Clairon ist geboren im Jahre 1723 unweit Condé in Flandern; ihr eigentlicher Name Claire Josephe Hippolyte Legris de la Tude. Nachdem sie anfangs sich in der Provinz als Schauspielerin und Tänzerin versucht hatte, gelang es ihr, mit zwanzig Jahren Aufnahme beim Théâtre-Français in Paris zu finden. Als sie dort zum erstenmale als Phädra in Racines gleichnamiger Tragödie auftrat, feierte sie einen vollständigen Triumph. Nach der großen Phatosscene im zweiten Akt, wo sie ganz Liebestrunkenheit und Liebeswahnsinn schien, brach ein ungeheurer Beifallssturm los, der König selbst nickte ihr aus seiner Loge Beifall zu, und von Stund an galt sie für Frankreichs größte Tragödin.

Unter dem lustigen Spitznamen Fretillon beherrschte die Clairon von nun an zweiundzwanzig Jahre lang die Pariser, deren verwöhntester Liebling sie wurde. Ihr Ruhm ging durch ganz Europa. Außer der Phädra waren ihre Hauptrollen Medea in Corneilles gleichnamigem Drama, dann in desselben Lieblingsstück „Rodogune", ferner in Voltaires „Semiramis" und „Zaïre und Alzire".

Voltaire nannte ihr Spiel „erhaben" und stellte es über jedes ihrer Vorgängerinnen, selbst über das der gefeierten Dusmenil. Und David Garrik, der berühmte englische Schauspieler, bewunderte sie als „Frankreichs größte Aktrice". In Diderots 1760 verfaßtem, von Göthe 1805 übersetztem Roman „Rameaus Neffe" kommt unter anderem die auf Clairon bezügliche Stelle vor: „Der Herr von Boussy ist als Schachspieler, was Demoiselle Clairon als Schauspielerin; beide wissen von ihren Spielen alles, was man davon lernen kann."

Sie wohnte in einem kleinen Hause in der Rue des Marais, worin Racine seine unsterblichen Werke geschaffen und worin ihre Vorgängerin, die große Adrienne Lecouvreur gelebt und gelitten. Auf diesem klassischen Boden schwelgte sie mit den geistvollsten Männern ihrer Zeit in attischen Symposien. Dort verkehrte neben den vornehmsten Herren des Hofes die gesamte Encyklopädie, vor allen der geistreiche, vielseitig gebildete Diderot und der scharfsinnige Mathematiker und Philosoph d'Alembert. Auch ein Schwarm von Anbetern befand sich in ihrem Gefolge. An einen dieser Verehrer knüpft sich eine mystische Geschichte, welche zu jener Zeit großes Aufsehen in

Paris erregte und damals so ernsthaft genommen wurde, daß
sich sogar die Pariser Polizei mit den seltsamen Geister-Erscheinungen befaßte. Sie findet sich auch in Goethes „Unterhaltungen deutscher Ausgewanderten" wiedergegeben, die im
Jahre 1794 in den von Schiller redigierten „Horen" erschienen
sind. Goethe läßt indes — wohl mit Rücksicht auf die damals
noch Lebenden — die Geschichte im Kreise einer vornehmen
Emigrantenfamilie von einem alten Geistlichen erzählen, der die
Handlung nach Neapel verlegt und als Heldin nicht die Clairon,
sondern eine Sängerin Antonelli benennt.

Zweiundzwanzig Jahr lang war die Clairon der Liebling
der Pariser gewesen, als sie sich im Jahre 1765 grollend von
der Bühne zurückzog, nachdem sie sich beharrlich geweigert hatte,
neben einem anrüchigen Schauspieler in demselben Stücke aufzutreten. Ein verschmähter Liebhaber benützte die Gelegenheit,
um sich an der Schauspielerin zu rächen, indem er anonym
„Les premières amours de Mademoiselle Clairon" erscheinen
ließ, welches Pamphlet zwar eifrig gelesen wurde, auf die Dauer
ihr aber nicht zu schaden vermochte. Denn auch nach ihrem
Weggange vom Theater blieb Clairons Salon ein Anziehungspunkt für die auserlesensten Kreise.

Als der kunstsinnige Markgraf Alexander von Ansbach-Bayreuth auf einer seiner mehrfach ins Ausland unternommenen
Reisen im Jahre 1770 nach Paris kam, wollte es der Zufall,
daß er mit Demoiselle Clairon bekannt wurde. Er ließ sich in
deren Salon einführen, und da er an ihrer Gesellschaft Vergnügen fand, brachte er viele Stunden seines Pariser Aufenthaltes in ihrem geistreichen Kreise zu, wo besonders die schönen
Künste ihre heitere Pflege fanden, wo Musik und Deklamation
mit interessanter Lektüre von Racines klassischen Tragödien und
Voltaires pikanten Lustspielen abwechselten.

Clairon war damals schon siebenundvierzig Jahre alt,
und doch war der Verkehr mit ihr anziehend genug für den

(35 Jahre alten) Markgrafen, da die hochbegabte Künstlerin ihrem früheren Berufe zufolge sich mit den höchsten Verhältnissen, mit den edelsten Gesinnungen und mit dem feinsten Ausdruck der Gefühle und Gedanken vertraut gemacht hatte.

Nach Hause zurückgekehrt, richtete der Markgraf an die Clairon die Einladung, für immer zu ihm an seinen Hof nach Ansbach zu kommen. Während sie ein weit glänzenderes Anerbieten ausgeschlagen hatte, das ihr durch die Fürstin Galitzin von der Kaiserin Elisabeth von Rußland zugekommen war, in St. Petersburg Aufenthalt zu nehmen, acceptierte Clairon die Einladung des Markgrafen und siedelte mit vier Dienstleuten nach Ansbach über. Dort wurde ihr als Wohnung das Gesandtenhaus angewiesen, in welchem 40 Jahre vorher König Friedrich Wilhelm I. von Preußen gewohnt hatte, als er bei seiner Tochter, der Markgräfin Friederike Luise, mit seinem Sohne Kronprinz Friedrich zu Besuch war.

In ihren Memoiren schreibt die Clairon über den Grund ihres Wegzugs von Paris: „Was ich von der Offenherzigkeit in diesem Fürsten erkannt hatte, seine edle und rührende Einfachheit, die herzliche und vertrauliche Teilnahme, welche er von dem ersten Augenblicke an für mich bezeugt hatte, und dessen Briefe mich deren Dauer versicherten, ließ mich darein willigen, mein Vaterland zu verlassen. Paris hatte für mich nur noch schmerzliche Erinnerungen; ich vermochte dort nichts mehr für irgend Jemand. Die Freundschaft eines Fürsten ließ mir die Hoffnung, noch nützlich sein zu können ... Ich reiste ab."

In einem Briefe, den Clairon von Ansbach aus unterm 20. Februar 1774 nach Frankreich schrieb, drückte sie sich über ihr Wirken am markgräflichen Hofe also aus: ... „Ich halte es nicht für möglich, daß ich (von meinen Leiden) jemals wieder hergestellt werde; und wenn — gegen meine Erwartung — meine Tage sich hinauszögen, werden sie dem Markgrafen geweiht sein. Jeden Tag gibt mir sein Vertrauen neuen Grund zur Dankbarkeit und da mein Glück es gewollt hat, daß das seinige von mir abhängt, wird er die Huldigungen aller Augenblicke empfangen, die mir übrig bleiben. Meine Gesundheit ausgenommen war niemals mein Leben so süß. Ich habe Freunde; man gestattet mir alles mögliche Gute zu thun; ich würde nirgends wiederfinden, was ich hier verlieren würde..."

Volle 17 Jahre verweilte die Clairon am markgräflichen Hofe, wo sie die stete Begleiterin des Markgrafen war. Durch die Überlegenheit ihrer Talente und durch fortgesetzte Aufmerksamkeiten wußte sie den Markgrafen so für sich einzunehmen, daß er, der um zwölf Jahre jünger als Clairon war, sie nur seine „Mama" nannte.

Die Markgräfin Friederike Caroline, der diese Intimität anfangs nicht recht gefallen wollte, wußte sie durch die Bemerkung einzuschüchtern, ob sie denn vergessen könne, daß der Markgraf, wenn er keine Zerstreuung hätte, in das Leiden seiner Mutter verfallen würde, die bekanntlich schwermütig wurde. Auch schrieb sich die Clairon das Verdienst zu, daß sie es gewesen, welche die Absicht derer vereitelt habe, die es darauf abgesehen hatten, den Markgrafen zu einer Scheidung zu bewegen.

In dem Kapitel ihrer Memoiren mit der Überschrift: „La robe ou la visite de M. le Maréchal de R...." erzählt Clairon, sie habe von der Fürstin Galatzin, mit der sie befreundet worden, zur Erinnerung an eine ihrer Hauptrollen in Corneille's „Medée" ein von dem berühmten Maler Vanloo gemaltes Historienbild, die Medea vorstellend, zum Geschenk erhalten.*) Clairon machte dieses Bild, wofür ihr in Paris 24000 Francs geboten waren, dem Markgrafen zum Geschenk, der es an einem bevorzugten Platze in seinem Schlafzimmer anbringen ließ.

---

*) Eine Nachbildung der von der Clairon dargestellten Medea nach dem Vanloo'schen Bilde ist beigegeben.

Hippolyte Clairon.

Vernehmen wir, wie Clairon in ihren Memoiren selbst über ihren späteren Aufenthalt am markgräflichen Hofe schreibt: „Deutschland bot mir nur ein zu rauhes Klima für mein Alter und mein Gebrechen; man kannte dort kaum die Annehmlichkeiten des Gesellschaftslebens; die Gelehrten sprachen nur ihre Sprache, und die Feinheiten der meinigen wurden von niemand gewürdigt ... Der Dünkel der Geburt, vereinigt mit der tiefsten Unwissenheit und Talentlosigkeit, trug nicht dazu bei, mir ein Ansehen in den Augen der Bewohner zu verschaffen. Ich verdankte nur dem Verlangen, dem Herrscher zu gefallen, die Huldigungen, die man mir in den ersten Monaten darbot ... Es ist kein so kleiner Hof, der nicht seine Narcisse hätte ... Ich werde mir nicht erlauben, den Markgrafen zu kritisieren. Ohne für seine Fehler blind zu sein, habe ich ihn für einen der tugendhaftesten Wesen der Natur gehalten und meine Achtung für seine Würde, meine Anerkennung für sein Vertrauen, mit dem er mich so lange beehrt hat, verbietet mir, heute über ihn zu richten; ich begnüge mich, zu konstatieren und alle ehrenhaften Personen, welche unter seinen Gesetzen leben, als Zeugen meiner Aufführung und meiner Uneigennützigkeit aufzurufen. Ich habe alles Gute gethan, was man mir erlaubt hat zu thun; ich habe meine größten Feinde beschützt und auf dem Platze erhalten. Keine Intrigue, keine Klage, keine Rache, keine geheime Freundschaft kann mir vorgeworfen werden; ich habe beständig während der Dauer von 17 Jahren meinen Willen, meine Ruhe, meine Interessen, die Annehmlichkeiten meines Vaterlandes und meine Gesundheit geopfert. Das Glück und der Ruhm des Markgrafen waren das einzige Ziel meiner Bestrebungen und meines Ehrgeizes."

Das einzige, was man der Clairon vorwerfen konnte, war eine pathetische Manierirtheit, die ihr von dem Schauspielerberuf her geblieben sein mochte, sowie eine gewisse Launenhaftigkeit. Deshalb konnte sie sich auch nicht mit der Lady

Craven vertragen, die von 1785 an gleichfalls als Gast am markgräflichen Hofe weilte. Die Französin fühlte sich durch den Spott der Brittin verletzt, die das pathetische Wesen der Clairon, wo sie nur konnte, karrikierte. So ließ die Craven einmal die sarkastische Bemerkung fallen, selbst die Nachthaube der Clairon müsse die Würde einer Krone von Goldpapier haben. Als die Clairon in Folge der vermeintlichen von der Craven gespielten Intrigue drohte, sich das Leben zu nehmen, sagte die Craven zu dem Markgrafen: „Vergessen Sie, daß die Dolche der Schauspielerinnen nur ihre Ärmel treffen?

Nach einem Kriege, der mehrere Jahre zwischen den beiden geistreichen Damen gewährt hatte, behielt die schlauere Brittin die Oberhand — die Französin räumte das Feld.

Von Paris aus schrieb 1787 die damals 64jährige Clairon an den Markgrafen einen Absagebrief, dessen Schluß also lautet: „... Ich erkenne, daß unsere Bande für immer gelöst sind ... Ich wünsche, daß Sie in dem Grade glücklich sein mögen, wie ich mich in Kummer und Sehnen verzehre ... Ihr Glück war meine einzige Sorge ... Ich bin nichts, gnädigster Herr ... Meine Seele aber ist immer etwas und mit meinem letzten Seufzer will ich Sie wenigstens zwingen, mich zu achten. Leben Sie wohl! Auf immer leben Sie wohl!"

Mit diesem Brief war das Band zwischen Clairon und dem Markgrafen zerrissen; letzterem mochte das sentimentale Verhältnis mit der Zeit doch auch lästig geworden sein, so daß er es als drückendes Joch empfand, von dem er nunmehr sich befreit sah.

Als Clairon nach Paris zurückkehrte, ward ihr folgender ehrende Nachruf aus der unparteiischen Feder des Justizrats Dr. Büttner zu teil: „Sie war geehrt und geachtet — selbst von der Markgräfin und dem Lande, — anspruchslos, keinem im Wege stehend, manches Verdienst um die Unterthanen sich erwerbend, zurückgesehnt von vielen, nicht aus Privateigennutz,

Lady Craven mit ihrem Sohne Keppel.

sondern aus biedern, treuen Rücksichten für den Fürsten und das Land!

Nicht das gleiche Lob ward der Lady Craven gezollt. Denn sie war es vor Allem, die den Markgrafen bewogen hat, dem Throne zu entsagen und mit ihr nach England zu ziehen.

Lady Elisabeth Craven war als die jüngste Tochter des englischen Grafen Berkeley im Dezember 1750 geboren. In ihren auf Veranlassung des Königs Ludwig XVIII. herausgegebenen Denkwürdigkeiten rühmt sie von ihrer Abstammung, daß das Blut der Plantagenet's in ihren Adern rolle. Sie erhielt eine sehr sorgfältige Erziehung, war hochbegabt und eignete sich einen für die damalige Zeit hohen Grad von Bildung an. Sie sprach mehrere Sprachen und schriftstellerte in Prosa und Poesie. Von Jugend auf hatte sie eine Vorliebe für das Theater; sie kannte Voltaire, Racine und Corneille auswendig und spielte selbst mit vielem Geschmack und Talent. Nebenbei malte sie und komponierte Arien. Auch in allen körperlichen Uebungen war sie Meisterin, namentlich im Tanzen und Reiten. Die Baronin Oberkirch, Gräfin von Montbrison, bemerkt in ihren von ihrem Enkel im Jahre 1853 zu London herausgegebenen Memoiren auf Grund persönlicher Bekanntschaft über die Lady: „Ihre Unterhaltung war angenehm, ihre Manieren bezaubernd, ihr Wesen froh, sorglos, ohne Affektiertheit; Voltaire selbst konnte sie in geistreicher Unterhaltungsgabe nicht übertreffen." Sie war von schlankem Wuchs, aber nicht gerade schön, hatte herrliche Augen und kastanienbraunes bis an die Kniee herabreichendes Haar und einen außerordentlich schönen Teint. Sie wurde verschiedenemale portraitiert, so als Kniestück von Madame Lebrun, dann von Romny, von Josua Reynolds und von der berühmten Angelika Kauffmann.*) Eine

---

*) Eine Nachbildung nach der Lithographie, wie sie sich in den 1826 herausgegebenen „Denkwürdigkeiten der Markgräfin von Anspach" findet, ist beigegeben.

gelehrte Dame, Mistreß Montague, die einen Versuch über den Genius und die Schriften Shakespeares geschrieben hat, fällte über Lady Elisabeth folgendes bezeichnende Urteil: „Ich habe schönere Frauen gesehen, ihre Physiognomie aber — großer Gott, ich habe viele Romane gelesen, ich habe selbst mehrere geschrieben, aber diese Frau trägt sie alle in ihrer Physiognomie."

Im Alter von etwas über 16 Jahren vermählte sie sich mit Lord Craven. Bald nach ihrer Verheiratung ließ sie sich zum Scherz von einer damals berühmten Seherin das Horoskop stellen und lautete die Prophezeihung also: Die Lady würde sieben Kinder haben, sodann von ihrem Manne getrennt werden, der vor ihr sterben werde; sie würde dann eine Königliche Person heiraten. Dreizehn Jahre lebte sie in glücklicher Ehe mit Lord Craven und schenkte ihrem Gemahl in der That sieben Kinder, drei Söhne und vier Töchter. Dann verblendete den Lord eine unselige Leidenschaft zu der ausschweifenden Frau eines englischen Obristen. Dies veranlaßte die gekränkte Frau, das Haus des treulosen Gatten zu verlassen, wobei sie ihren jüngsten Sohn Keppel mitnahm. Auf den Rat bewährter Freunde begab sie sich nach Paris. Dort machte ihr im Jahre 1783 Markgraf Alexander öfters Besuche. Da er früher mehrmals an dem ihm verwandten Königlich englischen Hofe weilte — die Königin Caroline, von dem englischen Volke „die Gute" genannt, war eine Ansbachsche Prinzessin —, so kannte er die Lady von Kindheit an und hatte er ihr fortwährend seine Zuneigung bewahrt. Hier in Paris lud er sie ein, zu ihm an seinen Hof nach Ansbach zu kommen. Die Lady zog es indes vor, einstweilen noch auf Reisen zu gehen. Sie ging nach Italien, dann nach Wien und von da über Krakau nach Petersburg. Ueberall, wo sie hinkam, wurde die geistreiche Frau, selbst von den Höfen, mit ausgesuchter Aufmerksamkeit behandelt. Nach längerem Aufenthalte in Petersburg reiste sie über Mos=

kau durch die Krim nach Konstantinopel. Die Reise dahin schilderte Lady Craven in einer Reihe von Briefen, welche gesammelt 1789 in London erschienen; dieselben waren dem Markgrafen gewidmet. Von Konstantinopel ging sie nach Athen, dann nach Wien und kehrte nach zweijähriger Abwesenheit nach England zurück, um dem Bedürfnisse zu genügen, ihre Kinder wiederzusehen. Von da ging sie nach Paris, um die nötigen Anstalten zu dem Besuche am Hofe des Markgrafen von Ansbach zu treffen, wozu sie von diesem wiederholt eingeladen war. Im Frühling 1785 führte sie, begleitet von ihrem Sohne Keppel, die Reise dahin aus.

Es kann nicht geläugnet werden, daß sie bestrebt war, nach ihrer Art dem Markgrafen das Leben so angenehm als möglich zu machen. Bei ihrer großen Unterhaltungsgabe und ihrem weltgewandten Wesen gelang ihr das bestens. Sie richtete ein Theater ein, bei dem sie die Funktion des Intendanten übernahm und für das sie selbst einige Stücke schrieb, mit deren Aufführung sie den Markgrafen zu überraschen wußte. Auch eine Gesellschaft zur Aufmunterung der Künste und Wissenschaften, eine Art „französische Akademie" errichtete die Lady. Als Sekretär dieser Gesellschaft für gelehrte Unterhaltungen wurde Mercier aus Paris, der Bruder des geistvollen Verfassers des eben damals erschienenen zwölfbändigen Werkes „Tableau de Paris", verschrieben. Alle Donnerstage hielt die Gesellschaft Sitzung. Diese diente dem Markgrafen zur besonderen Unterhaltung und erheiterte seinen Geist. In dieser litterarischen Gesellschaft lasen Astronomen, Philosophen und Künstler interessante Schriften vor und auch Lady Craven mußte auf Wunsch des Markgrafen hie und da eigene Arbeiten zum Besten geben. Das benachbarte Triesdorf war der gewöhnliche Aufenthalt des markgräflichen Hofes in den Sommermonaten. Nach dem Vorschlage der Lady wurde daselbst ein englischer Garten angelegt, den sie mit einem See im Park in Verbindung setzen ließ.

Alles dies kostete indes Geld und zwar mehr, als die Landes=
kassen abwarfen. Da zudem die Lady eine Miene von Ueber=
legenheit annahm, die sich die Einheimischen nie gerne gefallen
lassen, so entstand in der Bevölkerung eine Abneigung gegen die
Fremde, welche man, obwohl sie nicht katholisch war, „Ultra=
montanerin" nannte. Charakteristisch ist, was die geistreiche
Tochter des Geheimrats v. Knebel, Henriette, an ihren am
Weimarer Hof weilenden Bruder Karl Ludwig schrieb: „Es
gibt Leute, welche die Lady gar nicht ansehen können. Rastloser
Neid auf jedes stille Verdienst ist Grundzug ihres Charakters.
Der Markgraf lebt in einer giftigen Atmosphäre; er kann durch
nichts gestimmt werden, als durch sie, die nichts Gutes will.
Einen reellen Vorteil darf sich niemand von seiner Gnade er=
warten. Dies zu verhindern ist der Lady eifrigstes Bestreben.
Es ist zu vermuten, daß der Markgraf auf diese Weise seiner
Regierung überdrüssig werden wird und dahin ist es, wohin
die Lady ihn haben will." Aehnliches berichtet der Dichter
Karl Ludwig v. Knebel, der die folgenreiche Bekanntschaft Karl
Augusts mit Goethe vermittelt hat. v. Knebel, der anfangs
Mai 1790 bei seinen Verwandten zu Besuch war, schreibt: „Ich
ging nach Triesdorf, fand den Markgrafen, wie immer, zuvor=
kommend und gnädig und wurde auch vor der Tafel der Lady
präsentirt. Diese war ein schlankes, wohlgewachsenes Weib,
schon in Jahren etwas vorgerückt, nicht ohne Anstand. Der
Hof war ziemlich ungeniert. Obrist Schlammersdorf spielte bis
zur Tafel in demselben Zimmer auf dem Klavier. In dem
kleinen Wohnzimmer, wo ich mich zuerst befand, sah ich auf dem
Tisch einen Folioband mit etwas lubriquen Zeichnungen liegen.
Noch bemerkte ich, daß die Lady bei jeder Gelegenheit dem
Markgrafen den Aufenthalt in seinem Lande unangenehm zu
machen suchte. So beklagte sie sich über Tisch, daß man in
diesem Lande nicht einmal gutes Trinkwasser bekommen könnte;
das wäre doch in England ganz anders u. s. w." An einer

anderen Stelle bemerkt v. Knebel: „Die Lady hatte sich den Neid der Hofleute schon längst zugezogen und war allgemein verhaßt." Dr. Schöpf, der markgräfliche Leibarzt, nennt sie in seinem Tagebuche „ein listiges eigennütziges Weib" und Dr. Vehse in seiner bekannten Geschichte der deutschen Höfe eine „zwar gelehrte und kluge, aber auch nicht wenig intrigante und von ihrem ganzen hohen Wesen auch ganz durchdrungene Frau." Auch den höchsten Beamten, wie den markgräflichen Ministern Freiherrn Carl v. Seckendorf und C. Freiherrn Reinhold v. Gemmingen, dann dem Regierungspräsidenten v. Wöllwarth und dem Kabinettssekretär Regierungsrat Schmidt war die Lady mit ihren Ansprüchen zuwider. Alle stimmten darin überein, daß man den Einfluß der Lady nicht maßgebend werden lassen dürfe. Insbesondere der erwähnte Kabinettssekretär Schmidt war der heftigste und bedeutendste Gegner der Craven und darum von ihr auch bitter gehaßt, so daß sie sogar, wie sie selbst zugesteht, eine Scene, die der Markgraf mit ihm hatte, auf die Ansbacher Bühne brachte.

Im Jahre 1789 unternahm Markgraf Alexander mit der Lady Craven und deren elfjährigem Sohn Keppel eine Reise nach Italien. Als Reisebegleiter waren dabei der genannte Leibarzt Dr. Schöpf und der Kammerherr und Rittmeister Max von Knebel, der Bruder des erwähnten Dichters. Es war beabsichtigt, bis zum April oder Mai 1790 in Neapel zu bleiben. Da trat im Februar ein unerwartetes Ereignis ein. Eines Tages, als Lady Craven in Neapel gerade für das Diner Toilette machte, ließ der Markgraf ihr sagen, daß er sie zu sprechen wünsche. Sie begab sich alsbald zu ihm und fand ihn in ziemlicher Aufregung mit einem Brief in der Hand. Er ergriff ihre Hand, küßte sie und sagte: „Sie haben sich stets wie eine Schwester gegen mich betragen, ich wage daher eine Bitte an Sie." Dabei zeigte er ihr, vor Unwillen zitternd einen von Ansbach erhaltenen Brief. „Ich muß", fuhr er fort,

„incognito nach Berlin gehen, wollen Sie mich begleiten? es ist das einzige Opfer, das ich jemals von Ihnen fordern werde." Dann sagte er ihr, es sei in Ansbach ein schändliches Komplott gemacht worden, um Unzufriedenheit zu verbreiten. Da er seit dem Regierungs-Antritt des Chefs seines, des brandenburgischen Hauses, des Königs Friedrich Wilhelm II. von Preußen nie in Berlin gewesen, so wolle er diesem jetzt durch einen Besuch seine Huldigung darbringen und zwar ohne Wissen der Ansbach'schen Minister.

Hätte der Markgraf dem K. Verwandten in Berlin nur einen Etiquette-Besuch machen wollen, so wäre seit der Thronbesteigung des Königs genug Zeit gewesen. Die Huldigungsabsicht war daher nur Vorwand, die eigentliche, namentlich auch von der Lady geteilte, ja von dieser sogar inspirierte Intention war vielmehr die, mit Hilfe des Königs, als seines nächsten Agnaten und präsumtiven Nachfolgers, eine durchgreifende Veränderung hinsichtlich der Regierung des Landes, insbesondere einen Wechsel in den obersten Spitzen herbeizuführen. Im März 1790 kam der Markgraf mit der Lady von Neapel in Berlin an, nachdem das übrige Gefolge mit dem Sohne der Craven auf einer anderen Route nach Hause geschickt war.

Ich schalte hier ein, was die Obersthofmeisterin Gräfin Voß in ihrem interessanten Tage-Buch „Neunundsechzig Jahre am preußischen Hofe" über den Besuch des Markgrafen in Berlin berichtet. Sie schreibt: „13. März 1790. Ich war beim König, wo auch die beiden Prinzessinnen Friederike und Wilhelmine waren und der Markgraf von Ansbach mit seiner Geliebten Lady Craven, die er dem König vorstellte. Sie ist verblüht, soll Verstand haben, aber ist äußerst dünkelhaft, kümmert sich um niemand, läßt sich keinem Menschen vorstellen und spricht nur mit ihrem Markgrafen, der ganz entzückt von ihr zu sein scheint. Es ist wahrhaft unglaublich, daß man eine solche Person am Hofe sieht und mit ihr spricht. — 14. März. Der

König gab ein großes Konzert, bei dem auch der Markgraf mit seiner Craven war."

Es fanden nun in dieser Zeit Besprechungen des Markgrafen und der Lady namentlich mit dem preußischen Minister Hertzberg statt, wobei die Craven es war, welche die leitende Rolle spielte. Sie malte, wie Leopold Ranke in seinen Denkwürdigkeiten des Staatskanzlers Fürsten von Hardenberg berichtet, mit der ihr eigenen Bitterkeit den Zustand der Nullität aus, in welchen der Markgraf in seinem Lande verfallen sei. Schritt für Schritt thue dort jeder an seinem Posten, was ihm beliebe. Der einzige, der nichts vermöge, sei der Markgraf selbst; er habe ihr oft gesagt, er habe niemand für sich. Sie versicherte, die obersten Beamten seien unter einander einverstanden. An Revenüen beziehe der Markgraf nur eben so viel, als diese Clique ihm zugestehe. Die Lady sprach den Wunsch aus, daß dem Markgrafen zwei oder drei preußische Beamte beigegeben würden, die in die dortigen Verhältnisse nicht verflochten seien. Für den Markgrafen sei ein Mann nötig, der zugleich sein Freund sei. Wie Leopold Ranke berichtet, soll die Lady schon bei diesem Berliner Besuch die Abtretung der Fürstentümer an die preußische Krone in Vorschlag gebracht, jedoch der König von Preußen diese Erwerbung fürs erste abgelehnt haben, da er fürchtete, damit in unangenehme politische Verwickelungen, namentlich mit Österreich, zu geraten und viel Geld aufwenden zu müssen.

Im Geheimen preußischen Staatsarchiv ist ein von „Eliza Craven née Berkeley" unterzeichnetes, auf diese Besprechungen bezügliches Schreiben aufbewahrt, das zwar kein Datum trägt, aber den Umständen nach in den März 1790 fällt.

Der Markgraf machte die Vorstellungen der Lady zu den seinigen, wobei er erklärte, daß er sich zu schwach fühle, um die beabsichtigten Veränderungen in der Regierung ohne die Unterstützung des Königs durchzuführen. Er schien sogar im Hin=

blick auf die gerade damals im Gang befindliche französische
Revolution Unruhen im Lande zu befürchten. Die Vorstell=
ungen des Markgrafen machten in Berlin wenigstens so viel
Eindruck, daß man ihm die Versicherung gab, er dürfe
sich bei seinen beabsichtigten Veränderungen auf den Rückhalt
der preußischen Regierung stützen. Damit zufrieden und von
dem preußischen General Treskow begleitet, begab sich der
Markgraf mit der Lady anfangs April nach Triesdorf. Am
andern Tage ritt er nach Ansbach und begab sich sofort zu dem
Kabinettssekretär Schmidt. Da er den vermeintlich gegen ihn
angezettelten Intriguen auf den Grund kommen wollte, ließ er
sich von dem im Bett krank liegenden Kabinettssekretär den
Schlüssel zu dessen Bureau=Schreibtisch geben, um nach kompro=
mittierenden Schriftstücken zu suchen. Unter den vorhandenen
Papieren fand er einen Brief des dirigierenden Ministers v.
Seckendorf, in welchem von dem Markgrafen zwar mit einer
gewissen Ergebenheit, jedoch davon die Rede war, daß man sich
verbünden wolle, um die bestehende Ordnung gegen jeden wei=
teren Eingriff zu verteidigen. In Bezug auf die Lady kommen
darin allerdings einige anzügliche Stellen vor. So heißt es
darin (der Brief ist französisch geschrieben) . . . „Vorausgesetzt,
daß die wieder zu Einfluß gelangte (recrüe) Engländerin uns
keinen Schaden bringt. Es scheint mir, daß man von Anfang
an bestrebt sein muß, sich in eine Lage zu setzen, die geeignet
ist, alle Schläge, welche unserem System schaden könnten, abzu=
wehren. Zu diesem Zwecke ist es nötig, einen Finanzplan zu
entwerfen, der unabänderlich sein muß; sonst setzen wir uns
Abenteuern aus und sehen wir unsere schönen Schöpfungen in
ihr früheres Nichts wieder zurücksinken. Ich habe meine An=
sichten schon Sr. Excellenz dem Baron Gemmingen und meinem
Bruder mitgeteilt . . ."

Der Markgraf war aufs höchste über den Inhalt des
Briefes entrüstet. Sofort kündigte er dem Kabinettssekretär seine

Entlassung wenn auch mit Beibehaltung der Besoldung an. Gegen den Verfasser des Briefes, Minister v. Seckendorf, gedachte er kriminell vorgehen zu lassen, da er den Brief als hochverräterisch und sogar gegen die Interessen des Hauses Brandenburg verstoßend ansah. Allein König Friedrich Wilhelm II., dem der Brief mitgeteilt wurde, konnte sich davon nicht überzeugen. Er fand die Ausdrücke zu dunkel und allgemein, um ein Verfahren gegen Seckendorf darauf gründen zu können, zumal derselbe unleugbare Verdienste um das Land hatte. Allein der Markgraf blieb bei seiner Ansicht und verfuhr darnach. Seiner Lady sagte er: „Die Elenden, über Sie klagen sie, die sich als Mutter und Schwester beträgt, die nur damit beschäftigt ist, hier Freuden zu schaffen, wo Dummheit und Monotonie ihren Sitz aufgeschlagen." Darauf wurde der Minister v. Gemmingen und der Regierungspräsident v. Wöllwart entlassen. Zugleich veranlaßte der Markgraf den in Nürnberg am Sitze des fränkischen Kreises weilenden preußischen Gesandten Böhmer, nach Berlin zu reisen, um mit dem dortigen Hofe Rücksprache zu nehmen und zum Ersatz für die entlassenen und den noch zu entlassenden Minister v. Seckendorf um preußische Staatsmänner zu bitten. Inzwischen — am 11. April 1790 — erschien der preußische Domainenrat v. Bärensprung in Ansbach, um unter der Autorität des Markgrafen, dem die Hilfeleistung desselben auf einige Zeit bewilligt worden war, die Rechnungen und das Kassawesen zu revidieren. Auf die Vorstellungen Böhmers war man in Berlin geneigt und bei der Lage der Dinge gewissermaßen genötigt, dem Andringen des Markgrafen zu willfahren. Da befand sich zufällig in jenen Tagen — zweite Hälfte des April — der damals noch braunschweigsche Minister Carl August v. Hardenberg in Berlin. Dessen Freund, Minister Heinitz, bezeichnete ihn dem Minister Hertzberg als den für die fränkisch-brandenburgischen Verhältnisse geeigneten Minister. Während die Verhandlungen mit

Hardenberg gepflogen wurden, entließ der Markgraf seinen Minister v. Seckendorf unter Bewilligung einer ansehnlichen Schadloshaltung. Daß die Unterthanen diese Veränderung nicht gutheißen, gab sich kund, als Seckendorf aus dem Amte schied; es wurden ihm von dem einsichtigeren Teile des Volkes Zeichen einer unverkennbaren Teilnahme gegeben. Ueberhaupt rief das eingeschlagene Verfahren eine begreifliche Aufregung in dem Ansbacher Lande hervor.

Hardenberg erklärte sich bereit, die in Aussicht gestellte, ebenso angesehene als ehrenvolle Stellung anzunehmen. Doch wünschte er für alle Fälle der Protektion des Königs von Preußen sicher zu sein und stellte als Bedingung, daß er zugleich den Titel eines preußischen Ministers erhalte. Allein darauf ging man in Berlin doch nicht, wenigstens zur Zeit noch nicht ein. In jenen Tagen ging bei den maßgebenden Kreisen in Berlin die Absicht noch nicht dahin, die fränkischen Fürstentümer schon bei Lebzeiten des Markgrafen in Besitz zu nehmen und wollte man der Entstehung einer solchen Meinung auch nicht durch die Vereinigung der Titel eines K. preußischen und markgräflich ansbach-bayreuthischen Ministers Vorschub leisten. Doch bestand Hardenberg mindestens auf der Zusicherung einer Anstellung im preußischen Dienst für den Fall seines Wiederausscheidens aus dem markgräflichen, was ihm gerne gewährt wurde.

In dem geheimen preußischen Staatsarchiv zu Berlin unter den auf „Anspach" bezüglichen als sekret bezeichneten Akten befindet sich die Abschrift eines Reskriptes Friedrich Wilhelm II. d. d. Schönwalde, 20. Juli 1790, wonach der bisher in braunschweigschen Diensten gestandene wirkliche Geheimrat von Hardenberg in die Dienste des Markgrafen von Brandenburg-Onolzbach-Bayreuth als wirklicher Geheimrat und Minister unter der Vermittlung des Königs von Preußen trat und versichert wird, daß wenn eine Veränderung in der Landesregierung vorgehen sollte, der König ihn gerne in seinen Dienste nähme. Am 24. August 1790 traf Hardenberg in Ansbach ein; er wurde vom Markgrafen, den er bisher persönlich nicht gekannt hatte, in Triesdorf aufs beste empfangen. In ihm erkannte der Markgraf den Mann, dessen er eben bedurfte. Hardenberg reiste noch einmal zurück, um seine häuslichen Geschäfte in Ordnung zu bringen. Am 23. Oktober erschien er wieder, wobei er im hochfürstlichen Residenzschloß abstieg und seine ministeriellen Verrichtungen begann, die in der Folge für das Land unvergeßlich geworden sind.

Inzwischen entfaltete auch der vom preußischen König dem Markgrafen überlassene Oberfinanz-, Kriegs- und Domainen-Rat Bärensprung mit Eifer seine Thätigkeit, infolge deren er zur Ueberzeugung kam, daß sich bei besserer Einrichtung noch viele Ersparnisse machen und Ueberschüsse würden erzielen lassen.*) Indessen entstanden durch die Ausführung der Reformen so viele Unannehmlichkeiten, daß der Markgraf sich in seinem Lebensgenuß gestört sah, und so trat er aufs neue dem Gedanken einer vollständigen Cession seiner Lande näher und beschloß, zur Ausführung sich der Vermittlung des Finanzrats Bärensprung zu bedienen. Sehr willkommen kam gerade damals die Einladung des preußischen Hofes an den Markgrafen, daß er mit seiner Lady den Karneval in Berlin zubringen möge. Mit Freude wurde die Einladung angenommen und begab sich der Markgraf mit seiner Freundin zu wiederholtem Besuche an den preußischen Hof.

Wie Leopold Ranke in seinen Denkwürdigkeiten des

---

*) Die jährlichen Einkünfte der Fürstentümer Ansbach—Bayreuth berechnete man unter der markgräflichen Regierung auf etwas mehr als eine Million Gulden und den jährlichen Ertrag nach Abzug aller Staatsausgaben auf 400 000 Gulden. Unter der preußischen Regierung rechnete man etwas über 1¼ Million Gulden Einnahmen bei verminderten Staatsausgaben. Deshalb konnte man wohl an den abdicierenden Markgrafen jährlich 300 000 Gulden abgeben.

Staatskanzlers Fürsten von Hardenberg berichtet, liegt aus diesen Tagen eine Schrift vor, in welcher der Markgraf den Finanzrat Bärensprung in tiefstem Geheimnis beauftragte, die Sache bei dem König zur Sprache zu bringen. Ermüdet durch die Verdrießlichkeiten, die er in seiner langen Regierung erfahren habe, von dem Wunsche beseelt, seine Unterthanen, denen noch immer vor einem Austausche bange sei, unter dem preußischen Scepter glücklich zu sehen, habe er den Gedanken gefaßt, seine Lande bei seinen Lebzeiten dem König abzutreten, dem sie kraft des Rechts der Primogenitur bei seinem Tode ohnehin zufallen würden. Er wünsche, seine Tage in Ruhe zu beschließen und bedinge sich nur eine Leibrente aus, die ihm in seiner Abwesenheit vom Lande — denn bereits im künftigen Juni denke er es zu verlassen — regelmäßig gezahlt werden möge.

Bärensprung entledigte sich seiner Aufgabe mit großem Geschick. Nicht ein einziger von den preußischen Kabinettsministern erhielt davon Kenntnis; nur General Bischoffwerder wurde ins Geheimnis gezogen. Schon am 16. Januar 1791 kam die Konvention zustande. Sie ist von Bärensprungs Hand geschrieben und von dem König und dem Markgrafen unterschrieben. Auch hielt man es für angezeigt, den Vertrag, weil er sich in die Zukunft erstreckte, außerdem noch von dem damals 20 Jahre alten Kronprinzen unterschreiben zu lassen. Die im Geheimen preußischen Staatsarchiv befindliche Konvention umfaßt 19 Paragraphen und entspricht teilweise wörtlich dem erwähnten Schreiben des Markgrafen an Bärensprung. Die wirkliche Besitzergreifung der Fürstentümer seitens der preußischen Krone sollte erst im Juni 1791 vorgenommen werden, wo der Markgraf eine Reise zur Erwählung seines künftigen Wohnortes angetreten haben würde. Markgraf Alexander behielt sich sein Chatoullevermögen und eine jährliche, alle Vierteljahre mit 75000 fl. zahlbare Leibrente von 300000 fl. vor. Der Schlußparagraph (19) lautet: „Wobei wir (Markgraf Alexander) unseren bisherigen lieben und getreuen Vasallen, Lehensleuten, Städten ꝛc. um so mehr zur neuen Regierung König Friedrich Wilhelms II. von Herzen alles Glück und Segen wünschen können, als bei dem in höchst desselben Staate rühmlichst eingeführten, wohlthätig glücklichen Regierungssystem auch unsere bisherigen gesammten glücklichen Lande und getreue Unterthanen in dem bisherigen Flor gewiß werden erhalten werden, zugleich aber auch durch die nunmehrige Wiedervereinigung mit der kurbrandenburgischen Primogenitur die erwünschte Beruhigung und Zusicherung erhalten, daß dieselben die ihnen so sehr besorglich gewesene Austauschung nicht weiter zu befürchten haben."

Die Konvention sollte strenges Geheimnis bleiben; nicht einmal Hardenberg, der in Ansbach zurückgeblieben war, erfuhr davon. Indes konnte die Geheimhaltung doch nicht strikte durchgeführt werden; denn man glaubte, um die Sache verwirklichen zu können, der Einwilligung des Kaisers von Österreich zu bedürfen. In dem Frieden von Teschen war nämlich zwar der Anfall der fränkischen Fürstentümer nach dem Aussterben der Ansbacher Linie, nicht aber die förmliche Abtretung des Landes bei Lebzeiten des Markgrafen vorgesehen. Es war daher für die Politik Österreichs von Bedeutung, wenn die realisierende preußische Macht im südlichen Deutschland schon jetzt eine Stellung erlangen sollte. In diesem Sinne wurden auch von Seiten Österreichs Erinnerungen erhoben, wenn sie auch nicht unschwer zu widerlegen gewesen wären. Friedrich der Große hätte sich einfach nichts darum gekümmert. Nachdem indes gerade in der damaligen Zeit der Tripelallianz von den Mächten das Prinzip des striften status quo ante betont wurde und auch die beiden preußischen Kabinettsminister Graf Finkenstein und von Alvensleben die sofortige Ausführung der Konvention für bedenklich hielten, kam man zu dem Entschlusse, die Ausführung derselben zu verschieben.

In dieser Zeit hatte Hippolyte Clairon in Paris erfahren,

daß Markgraf Alexander damit umgehe, seine Staaten abzutreten. Da raffte sich die 68jährige auf und ließ in folgenden merkwürdigen Zeilen ihre Cassandra-Stimme vernehmen: „Paris, 14. März 1791. Die tiefe Zurückgezogenheit, die ich mir auferlegt habe, und der Anblick des Grabes, in das ich bald hinabsteigen werde, sollten eigentlich mein Herz gegen alle menschlichen Interessen verschließen; aber da ich niemals aufgehört habe, Sie zu lieben, Ihr Glück und Ihren Ruhm zu wünschen, würde ich glauben, in diesem Augenblicke mich gegen Sie zu verfehlen, wenn ich zögerte, Ihnen zu schreiben. Mein Schritt wird Ihnen wenigstens beweisen, daß kein Groll in mir zurückgeblieben und daß es mir angenehm ist, Sie für gerecht und gut wie ehemals zu halten. Ich vernehme, daß Ihnen lebhafter als jemals zugeredet worden ist, um Sie zur Abtretung Ihrer Staaten zu veranlassen, und man versichert mir, es sei möglich, daß Sie darein willigen. Ich kann es nicht glauben, nein! Sie sind sicher unfähig, sich selbst so sehr zu beschimpfen. Sie können nicht alles vergessen haben, was Sie mir in dieser Hinsicht gesagt, was Sie hundertmal in meiner Gegenwart vor Ihrem Minister (v. Gemmingen) wiederholt haben. Ich erinnere mich Ihrer Worte: „„Ich liebe zu sehr meine Unterthanen, um darauf zu verzichten, sie glücklich zu machen. Einen Thron verlassen, heißt beweisen, daß man unwürdig ist, denselben auszufüllen. Ich würde mich nicht damit begnügen können, nur ein Privatmann zu sein, ich würde darüber erröten, es freiwillig zu werden. Ich werde weder die Thorheit begehen, mein Glück anderen anzuvertrauen, noch die, mir einen Gnadengehalt aussetzen zu lassen."" Ich könnte einen Band füllen von dem, was ich Sie Edles, Gerechtes, Folgerichtiges in dieser Hinsicht habe sagen hören. Es bleibt Ihnen keine lange Wahl mehr über den Entschluß, den Sie zu fassen haben; alle Kabinette Europas haben in diesem Augenblick die Augen auf Sie gerichtet. Ach! Erwägen Sie wohl, was Sie sich selbst schulden; denken Sie an die Bitterkeit, welche ihre Lage erfüllen würde, wenn Sie sich einen Vorwurf zu machen hätten; denken Sie an die Veränderlichkeit, welche die Meinung der Menschen über ihre physische und moralische Existenz haben wird; denken Sie, daß es Ihre unverbrüchlichste Freundin ist, die Sie ansieht um Ihrer selbst willen, daß ich Sie niemals getäuscht habe, daß die Sprache, die ich in diesem Augenblick zu Ihnen rede, die ist, welche ich stets zu Ihnen geredet habe. Sie kennen mein Herz, Sie wissen — vielleicht besser als irgend jemand — daß nie ein Gedanke weder von Haß noch von Rache gegen Sie meine Seele erfüllt hat. Ich will nichts von Ihnen; ich soll Sie niemals wiedersehen; ich habe nur noch wenige Zeit zu leben. Mein einziger Wunsch ist, Ihnen zu beweisen, daß ich nicht aufgehört habe, Sie zu lieben und mich für Ihren Ruhm zu interessieren."

Nötigt uns der Inhalt dieses Briefes nicht unsere vollste Achtung ab für eine Frau, die neben großen Talenten in der That eine seltene Seelengröße bekundete?

Clairons warnende Stimme kam zu spät, hätte wohl auch nichts geholfen. Der Vertrag war schon am 16. Januar 1791 abgeschlossen und nur die Realisierung verschoben. Welche Empfindungen mögen diese Zeilen aber doch in der Seele des Markgrafen hervorgerufen haben? Übrigens erfahren wir aus dem Brief, daß schon zu der Zeit, als Clairon noch in Ansbach war, also vor 1787, von der Thronentsagung öfters die Rede gewesen sein muß.

Am 1. Juni 1791 sollte die am 16. Januar geschlossene Konvention ins Leben treten. Inzwischen reichte Hardenberg unterm 13. Mai eine Denkschrift an den König ein, worin er die Unzuträglichkeiten der Regierungsweise schilderte und zum Vollzuge der Cession drängte, indem er geltend machte, es gehöre zur Autonomie deutscher Fürstenhäuser, in Fällen dieser Art für sich selbst gültige Bestimmungen zu treffen. Man ent=

schloß sich daraufhin zu der Auskunft, am Tage vor dem 1. Juni dem Markgrafen einen neuen Vertrag, den man pacte additionel nannte, vorzuschlagen. Darin wurde der frühere Vertrag zwar suspendirt, aber seinem Inhalt nach zugleich bestätigt. Der preußische König erscheint darauf von nun an schon als Eigentümer des Landes, die Regierung aber soll unter dem Namen des Markgrafen durch Hardenberg geführt werden. Dieser sollte sämtliche Geschäfte ohne Ausnahme mit voller Macht übernehmen; die ganze Autorität, die ihm bisher im Namen des Markgrafen mit dessen persönlicher Teilnahme zugestanden, sollte er fortan ohne dieselbe ausüben. Ein für allemal erklärte sich nach dem pactum additionale der Markgraf damit einverstanden, daß Hardenberg von dem Könige von Preußen Verhaltungsmaßregeln erhalte und zugleich wurde nunmehr Hardenberg zum wirklichen preußischen Staatsminister ernannt. In seiner Person sollte sich die Autorität des Königs und des Markgrafen concentrieren.

Um dieselbe Zeit war der letztere, von der Besorgnis geängstigt, die Revolution von Frankreich könnte auch sein Land ergreifen, von seiner Freundin Lady Craven beredet, nach England abzureisen. Ganz insgeheim reiste er Anfangs Juni von Triesdorf ab. Seine Gemahlin, Friederika Carolina, war am 18. Februar 1791 gestorben und er deshalb der Fessel der Ehe entledigt. Von Ostende aus ertheilte er unterm 9. Juni dem dirigierenden fürstlich brandenburgischen Minister Freiherrn v. Hardenberg ff. Bevollmächtigung:

... „Nachdem wir durch verschiedene wichtige Bewegungsgründe, besonders auch durch Unsere Gesundheits-Umstände, zu einer längeren Abwesenheit und einer vielleicht weiten Entfernung aus Unsern Ländern veranlaßt werden, und Uns während derselben der sämmtlichen Regierungsgeschäfte, deren wir Uns bisher mit dem redlichsten Eifer für das Beste Unsrer Uns anvertrauten Unterthanen angenommen, gänzlich zu entschlagen beschlossen haben, so haben Wir aus besonderem Vertrauen zu der Rechtschaffenheit und dem treuen Diensteifer des K. preußischen wirklichen Geheimen Etats- und Kriegsministers und Unseres wirklichen dirigirenden Staats- und Finanzministers Freiherrn v. Hardenberg wohlbedächtlich beliebt: ihm sämmtliche, sowohl Unsre Länder und deren Regierung, als Unsre Person betreffende Besorgungen und Geschäfte ohne Ausnahme, mittelst gegenwärtigen Mandati cum libera facultate et potestate agendi anzuvertrauen, mithin ihn, wie hiemit geschiehet, dazu specialiter zu bevollmächtigen. . . .

. . . Damit übrigens Unser vorerwähnter Bevollmächtigter sich in wichtigen Fällen eines höheren Schutzes erfreuen, und im Stande sein möge, sich in solchen mit den nöthigen Befehlen zu decken, haben Wir nach erfolgter hochgeneigter Genehmigung Unsers hochgeehrtesten Herrn Vetters, des Königs von Preußen Majestät, Hochdenenselben im vollkommensten Vertrauen auf Hochdero Uns so vielfältig bewiesene freundschaftliche Gewogenheit und bei dem unter Uns vorwaltenden gemeinschaftlichen Interesse gleichfalls Vollmacht ertheilt: vorgedachten Unsern dirigirenden Minister, Freiherrn v. Hardenberg, an Unsrer statt mit Verhaltungsbefehlen zu versehen und in wichtigen Fällen Unsre Lande und Unterthanen betreffend, alles dasjenige ohne Ausnahme an ihn zu verfügen, was Seine Majestät nach Ihrer erleuchteten Einsicht für gut und zuträglich erachten werden, welches alles Unser bevollmächtigter dirigirender Minister allerunterthänigst zu befolgen hat. Urkundlich Unsrer eigenhändigen Unterschrift und beigedruckten fürstlichen Siegels. So geschehen und gegeben Ostende, den 9. Junius 1791. Alexander, M. z. B. (L. S.)."

Nunmehr nahm alles eine definitive Gestalt an. Hardenberg wurde der Repräsentant der gesamten Regierungsgewalt in den fränkischen Fürstentümern. Für den Sommer nahm er Wohnung in Bayreuth, wo ihm die Benützung der Eremitage gestattet und eine Schildwache vor das Schloß gegeben war, auf welche Ehrenbezeigung er großen Wert legte.

Da im Spätherbste 1791 in allen allgemeinen politischen Angelegenheiten zwischen Österreich und Preußen die engste, bald darauf sogar zur Waffengemeinschaft führende Verbindung gegen Frankreich bestand, ließ man von Berlin aus im November dem Kaiserlichen Hofe in Wien die Notifikation zugehen, daß man nunmehr die förmliche Besitznahme der fränkischen Fürstentümer nicht länger hinausschieben wolle. Man betonte, daß die Cession des Markgrafen durch seine den Bedürfnissen der Zeiten und des Landes nicht mehr genügende Verwaltung notwendig, von preußischer Seite nicht einmal gewünscht worden und daß die Besitznahme mit keinem Zuwachs von Einkünften verbunden sei, deren Überschuß dem Markgrafen vielmehr vorbehalten bleibe.

Minister v. Hardenberg gab dem Markgrafen unverzüglich Nachricht von der beabsichtigten Besitznahme des Landes. In Bordeaux traf ihn anfangs Dezember der Kurier mit dieser Botschaft. Schon einige Wochen vorher hatte sich der Markgraf in Lissabon mit der Lady Craven, deren Gemahl kurz zuvor in Lausanne gestorben und von dem sie nur faktisch getrennt, nicht förmlich geschieden war, trauen lassen. So ist also auch die andere erwähnte, der Lady gewordene Prophezeihung, daß sie eine Königliche Person heiraten werde, in Erfüllung gegangen.

Sofort nach Eintreffen des preußischen Kuriers unterzeichnete Markgraf Alexander am 2. Dezember 1791 ein Patent, worin er seinem Volke die Abdikation kund gab. Darin entfaltet der Markgraf noch einmal alle seine Titel und Würden. So erfahren wir daraus, daß er "des löblichen fränkischen Kreises Kreis-Obrister und Generalfeldmarschall, Ihro Röm. Kaiserl. auch Königl. Preuß. Majestät respekt. Generalmajor und Generallieutenant, auch Obrister über drei Kavallerie-Regimenter" war. Er nennt sich „Markgraf zu Brandenburg; in Preußen, zu Schlesien, Magdeburg, Cleve, Jülich, Berg, Stettin, Pommern, der Kassuben und Wenden, zu Mecklenburg und zu Crossen Herzog; Burggraf zu Nürnberg ober- und unterhalb Gebirgs; Fürst zu Halberstadt, Minden, Kamin, Wenden, Schwerin, Ratzeburg und Mörs; Graf zu Glatz, Hohenzollern, der Mark Ravensberg und Schwerin, Herr zu Ravenstein, der Lande Rostock und Stargard; Graf zu Sahn und Wittgenstein; Herr zu Limburg." Und dann ist noch ein „und so weiter" hinzugefügt. Das in mehrfacher Beziehung interessante Patent, welches in der Nummer 6 der Ansbacher Intelligenz-Zeitung vom 8. Februar 1792 veröffentlicht wurde, lautet: „Wir entbieten der Ritterschaft und den Vasallen, Lehenleuten, Einsassen, Unterthanen der beiden Fürstenthümer des Burggrafentums Nürnberg ober- und unterhalb Gebirgs, den Landes-Collegiis, den Civil- und Militär-, Hof- und anderen Bedienten und Beamten geistlichen und weltlichen Standes, den Magistraten der Städte 2c. Unsern Gruß und Gnade zuvor, und fügen denselben hiermit zu wissen: daß Wir aus eigenem Antriebe und nach den reiflichsten Überlegungen aus wichtigen Bewegungsgründen längstens den Vorsatz gefasset, Uns der Regierungsgeschäfte und der damit verknüpften Sorgen und Beschwerden gänzlich zu entledigen, um entfernt von denselben Unsere übrigen Tage an einem nach eigenem Gefallen zu wählenden Orte in Ruhe zuzubringen. Wir haben gegenwärtigen Zeitpunkt erwählt, um diesen ernstlichen und festen Entschluß auszuführen und ins Werk zu richten; legen solchem nach Unsere, wie wir Uns schmeicheln können, nicht ohne Ruhm und Segen geführte Regierung der beiden Fürstenthümer hiermit feierlich nieder, entsagen derselben auf beständig und entlassen unsere sämmtliche Lehenleute, Unterthanen und Diener ihrer Pflichten und Verbindungen gegen Uns. Wie nun hiedurch die Regierung dieser Lande Seiner Königlichen

Majestät von Preußen, Unserm hochgeehrtesten Herrn Vetter, als nächstem Agnaten und rechtmäßigem Landes= und Lehens= folger, auch Haupt des Hauses, vermöge der Reichslehen=Rechte, der Mitbelehnschaft, auch der Brandenburgischen Geschlechts= und Haus=Verträge, von selbsten und sofort anfällt: so ver= weisen Wir Unsere Unterthanen, Unsere Vasallen und Diener an des Königs von Preußen Majestät, an ihren nunmehrigen einzigen rechtmäßigen Landes= und Lehensherrn und ermahnen sie, denselben in dieser Eigenschaft zu erkennen und zu verehren, demselben hinfüro eine unverbrüchliche Treue und einen voll= kommenen Gehorsam zu erweisen und zu bezeigen, und von Sr. Königlichen Majestät dagegen Huld, Gnade und Beschirmung zu erwarten. Wir trennen Uns von Unsern geliebten Unter= thanen nicht ohne das zärtlichste Gefühl der herzlichsten Dank= barkeit für die Uns bewiesene Treue und Ergebenheit; und wie ihre Wohlfahrt und Glückseligkeit allezeit das vornehmste Augen= merk Unserer landesväterlichen Sorgen und Bestrebungen ge= wesen ist, so werden Wir auch in Zukunft an dem beglückten Zustande derselben und an den Schicksalen dieser Lande allzeit wahren Anteil nehmen. Geschehen und gegeben zu Bordeaux, den 2. Dezember 1791. Alexander, M. z. Br."*)

An demselben Tag schrieb der Markgraf einen Brief an den König von Preußen, worin er seine abgetrennten Länder noch einmal dem besonderen Wohlwollen des Königs empfahl.

---

*) Lady Craven gibt in ihren Denkwürdigkeiten über die Motive des Markgrafen an: „Mit seinem britischen Herzen, seiner französischen Cultur und einer italienischen Liebe für schöne Kunst fühlte er sich in Deutschland wie außer seiner Heimath, und entsagte lieber der Souverainität, als daß er, von ihrem Schein umgeben, sich im Spiel um kleinliche Interessen, im fruchtlosen Versuch das Unbedeutende bedeutend zu machen, im langweiligen deutschen Geschäftsgange hätte zwecklos abmühen sollen. Seine Entsagung entsprang übrigens aus einem wahrhaft fürstlichen Gedanken: er wollte dadurch sein kleines Land mit einem großen Staate vereinen, dessen höhere Interessen die Bedeutung seiner Unterthanen selbst erhöhte."

Auch die nunmehrige „Markgräfin" Elisabeth schrieb an den König. Der Markgraf war glücklich, der Geschäfte überhoben zu sein. Noch nie, schreibt er, habe ihm ein Kurier ein größeres Vergnügen bereitet, als der, welcher ihm die Nachricht gebracht, daß der Schleier von seinen Verhandlungen mit dem König vollends weggezogen worden sei und daß dieser nunmehr wirklich von den Fürstentümern Besitz ergriffen habe. Von Bordeaux aus segelte der Markgraf mit seiner Gemahlin nach England.

Dort wurde der Markgräfin von ihren Kindern und ihrem Bruder der Vorwurf gemacht, daß sie sich schon sechs Wochen nach Lord Cravens Tod wieder vermählt habe. Auch empfand sie es als eine Beleidigung, daß, obwohl sie von dem deutschen Kaiser zur Reichsfürstin von Berkeley erhoben worden war, von der englischen Königin nicht empfangen wurde, welches Benehmen auch den Markgrafen tief verletzte und weshalb auch er es unterließ, der Königin seine Aufwartung zu machen.

Gleich in dem auf die Ankunft in England folgenden Sommer kaufte der Markgraf auf seiner Gemahlin Zureden den Landsitz Brandenburgh-House an dem Ufer der Themse um 85000 Pfund Sterling. Bald darauf erwarb er auch von dem ältesten Sohne seiner Gemahlin Benham, den Stammsitz derer von Craven, und schenkte diesen herrlichen Besitz seiner Gemahlin.

Vierzehn Jahre lebte der Markgraf mit seiner Gemahlin als Privatmann auf seinen Landgütern. In ihren Denkwürdigkeiten schreibt die Markgräfin: Elisa „unsere Ausgaben waren unermeßlich, wir hatten in Brandenburgh-House 30 Bediente in Livree c." Sie veranstaltete zur Unterhaltung des Markgrafen Feste, schrieb Theater, dichtete und komponierte. Eine ihrer Hauptbeschäftigungen war dabei die Verschönerung der Besitzungen. Der Markgraf beschäftigte sich vorzugsweise mit Lektüre, mit Betrachtungen seiner Kunstschätze, sowie mit der

Pflege seiner Pferdeliebhaberei. Ein ausgewählter Kreis von Freunden verkehrte auf seinen Landsitzen.

In den zwei letzten Jahren seines Lebens stellte sich bei dem Markgrafen eine Lungenkrankheit ein. Als er das Herannahen des Todes fühlte, sprach er ganz offen darüber mit seiner Gemahlin. Diese suchte ihm die düstere Ahnung auszureden. Er aber gab die bezeichnende Antwort: „Die täuschende Hoffnung ist für die Jugend. Im siebzigsten Jahre muß man gelernt haben, dem Tode ins Angesicht zu sehen, oder man hat die Aufgabe des Greisenalters nicht verstanden. Ich habe den Muth gehabt, freiwillig einer Fürstenkrone zu entsagen; es soll mir der andere Muth nicht fehlen, das Leben zu verlassen, wenn die Ordnung der Natur und der Wink des Königs der Könige mich abrufen." Er starb zu Benham, als er fast sein siebenzigstes Jahr vollendet hatte, am 5. Januar 1806, und am 24. Februar, dem Geburtstage des Markgrafen, als man eben in seiner Residenzstadt in der Loge „Alexander zu den drei Sternen", die Trauerloge für ihn, als den Stifter derselben, feierte, rückte der französische Feldmarschall Bernadotte mit seinen Truppen in das Fürstentum Ansbach ein, — in der That eine seltsame Verkettung von Umständen.

Die Witwe setzte in ihren Denkwürdigkeiten ihrem verstorbenen Gemahl folgendes schöne, sie selbst ehrende Denkmal. „Ich verlor an ihm meinen treuesten Freund, dessen Andenken mir ewig heilig sein wird. Ich glaube, es gab keinen besseren Menschen auf Erden, keinen, dessen Herzensgüte die seinige übertroffen hätte. Diese reine Herzensgüte gab allen seinen Handlungen, den starken wie den schwachen, jene Milde und Liebenswürdigkeit, welche alle Menschen, die ihn näher kannten, zu seinen Freunden und aufrichtigen Verehrern machten."

Der Markgraf wurde in der Kirche von Benham begraben, wo ihm seine Witwe ein Denkmal aus carrarischem Marmor errichten ließ.

Ueber die letzten Stunden und die Beerdigung des Markgrafen Alexander fand ich in des Archivars Dr. Büttner Nachlaß folgende Aufschreibung des von Ansbach nach England mitgenommenen Stallmeisters Seffert:

„Speer, near Newbourg Bek, 20. Jan. 1806.

Ich ergreife die traurige Gelegenheit, welche mir die Krankheit und der erfolgte Tod meines gnädigsten Fürsten und Herrn darbietet, Ew. 2c. davon Nachricht zu geben. Am 2. Januar wurden Höchstdieselben mit den empfindlichsten Schmerzen im Unterleibe befallen, welche eine Entzündung der Eingeweide zur Folge hatten, und schon am 5. dieses, des Morgens um 1/2 5 Uhr, sein schätzbares Leben endigten. Am Sonnabend, den Tag vor seiner Auflösung, war ich den ganzen Morgen vor seinem Bette, in dem er bewußtlos lag und mich endlich nach einer Wiederkehr seines Bewußtseins erkannte. Er wollte mir das letzte Lebewohl stammeln, aber leider! seine Kräfte waren zu sehr erschöpft. Ich zerfloß vor Wemuth. Er blieb ruhig wie ein Christ. Mr. Keppel Craven und noch sechs andere Herren waren bei ihm mit Gebet und erbaulichem Zuspruch. Ebenerwähnter Mr. Keppel, der bei seinem Ende gegenwärtig war, besorgte seine Beerdigung, welche sehr feierlich begangen wurde. Am 15. Januar wurde der Prachtsarg, der mit rothem Sammet ausgeschlagen und mit acht starkvergoldeten Handgriffen versehen war, in seiner Bettstube öffentlich gezeigt. Oben befand sich eine auf Silberart verfertigte, hochgetriebene und in Feuer vergoldete Platte, auf welcher der Name, Titel und Alter zu lesen war.

Die Stube, in welcher der Sarg stund, war seinem Verlangen gemäß nicht mit schwarzem Tuch behangen und nur mit 17 weißen Wachskerzen auf silbernen Wandleuchtern und drei Keridons erleuchtet. Zu beiden Seiten des Sarges stunden zwei Gentlemens. An eben diesem Tage ging der Leichenzug von Benham nach der Speerskirche in folgender Ordnung:

1. ein mit schwarzem Samt bedecktes Trauerpferd, das von zwei Reitknechten geführt wurde, worauf der Groom of the Chamber ritt, mit gepudertem Haar und entblößtem Haupte, ein Kissen mit dem Fürstenhute tragend;

2. der Leichenwagen, von sechs mit schwarzem Samt bekleideten und sowohl an der Stirn als an der Seite mit den markgräflichen Wappen geschmückten Pferden gezogen. Über dem Sarg hing eine Decke von schwarzem Samt und um die Decke herum waren die markgräflichen Wappen angeheftet. Die vier Enden des Leichentuchs wurden von vier Gentlemens getragen und neben dem Sarge gingen zu beiden Seiten 24 der angesehensten Einwohner des Orts. 300 der Beks volunters formierten ein Spalier, auf jeder Seite mit 150 Mann, um den Pöbel vom Andringen abzuhalten;

3. hierauf folgte das Lieblingspferd des Verstorbenen (Duncanon) mit einer schwarzsamtnen Decke und mit dem Anspach'schen Wappen geschmückt, von zwei Stallofficianten geführt;

4. eine schwarzbezogene Kutsche mit sechs Pferden, in welcher der preußische Gesandte, Freiherr von Jacobi, Mylord Craven, Mr. Keppel und dessen Bruder Mr. Berkeley Craven saßen;

5. ein sechsspänniger Wagen, worin der Haushofmeister und Kammerdiener saßen;

6. fünf sechsspännige Wägen des hiesigen Adels;

7. sechs Reitknechte des Markgrafen in tiefster Trauer zu Pferde;

8. 150 hiesige Bürger zu Pferde.

Am 19. Januar, drei Tage nach der Beerdigung des entseelten Leichnams wurden in der Hauptkirche zu Newbourg die Worte der heiligen Schrift erklärt: Bestelle dein Haus, denn du wirst sterben (2. Könige 20 v. 4). In der Speers=Kirche war der Text Sirach XXII v. 11 u. 12 erwählt."

Die Markgräfin-Witwe überlebte ihren Gemahl noch 22 Jahre, sie starb im Jahre 1828. Es war ihr in der erwähnten Berliner Konvention vom 16. Januar 1791 vom König Friedrich Wilhelm II. und dem damaligen Kronprinzen — wohl für ihre Bemühungen um das Zustandekommen der Konvention — eine jährliche Pension von 20000 fl. als Wittum versprochen worden. Allein trotz dieser königlichen Unterschriften konnte sie doch nie zur Auszahlung dieser Pension gelangen. Es wurde ihr von Preußen entgegengehalten, die Pension sei eine auf den an Bayern abgetretenen Landesteilen haftende Provinzialschuld, was von Bayern nicht anerkannt wurde. Unter diesen Umständen blieb der Reichsfürstin nichts übrig, als sich an den Bundestag zu wenden. Nach langen Verhandlungen, während deren sie starb, erkannte das als Austrägalinstanz erwählte Oberappellationsgericht in Lübeck unterm 18. Mai 1830, daß die Krone Bayern die von der verstorbenen Frau Fürstin Berkeley in Anspruch genommene Witwenpension von jährlich 20000 fl. in ihrem ganzen Umfange und mit Einschluß sämtlicher Rückstände zu vertreten habe. Auf Grund dieses Urteils reichte sodann ihr Sohn Keppel Craven am 7. August 1830 ein Gesuch um Verabfolgung der judikatmäßigen Summe beim bayerischen Finanzministerium ein, welches indes den Gesuchsteller ab und auf den Rechtsweg verwies, indem es die Forderung als durch Verjährung erloschen erklärte, weil sie nicht, wie das bayerische Gesetz vom 1. Juni 1822 vorgeschrieben habe, bis zum 1. Oktober 1824 beim Finanzministerium oder der Staatsschuldentilgungsanstalt angemeldet worden sei. Im Jahre 1824 hatte allerdings Keppel Craven für seine Mutter eine Reklamation eingereicht, jedoch nicht bei den genannten Staatsstellen, sondern unmittelbar beim König Max I. von Bayern selbst. Auf erhobenen Prozeß wurde der Erbe der Fürstin Berkeley in allen Instanzen von den bayerischen Gerichten abgewiesen, indem die Bezugnahme des Fiskus auf das

Gesetz vom 1. Juni 1822 aus ausschlaggebend anerkannt wurde. Dieser Rechtsfall ist damals nicht nur in Deutschland, sondern auch in Frankreich und England als ein wahrer Rechtsskandal lebhaft erörtert worden. Ein Artikel in Nummer 35 der Allgemeinen Zeitung vom Jahre 1873 überschrieben: „Ein Rechtsfall aus der Zeit des Bundestags" schließt mit der Frage: „Wie wäre es möglich gewesen, ein solches Spiel mit wohlbegründeten und anerkannten Forderungen zu treiben, wenn der Fall vor einem obersten Gerichtshofe des Deutschen Reiches hätte zur Entscheidung gebracht werden können?" Der Fall sollte noch im Jahre 1874 die bayerische Kammer beschäftigen. Der früher bei der englischen Diplomatie verwendete Keppel Craven hatte sich an die Abgeordnetenkammer mit einer Eingabe gewendet, man möge ihm wenigstens aus Billigkeit etwas gewähren. Die Abgeordneten Marquardsen und Jörg haben sich dieser Eingabe auf wärmste angenommen und den Antrag gestellt, während der 12. Finanzperiode jährlich 7000 fl. Herrn Craven als Rente zukommen zu lassen. Nachdem auch Minister von Pfretschner wohlwollend betont hatte, eine Sache verlange eine exceptionelle Beurteilung, da sie mit politisch territorialen Verhältnissen zusammenhänge, wurde die Position von 7000 fl. ins Budget eingesetzt. Allein Keppel Craven konnte diese Wohlthat nicht lange genießen. Der hochbetagte Greis starb bald nach der Genehmigung seines Gesuches.

In den Herzen seiner fränkischen Unterthanen hat der Markgraf ein Andenken zurückgelassen, das nicht erloschen ist und sich bis auf unsere Tage lebendig erhalten hat. Aber auch bei hervorragenden Zeitgenossen stand dieser Markgraf in hohem Ansehen. Dafür zeugen die Worte, welche der bekannte österreichische Staatsmann Fürst Kaunitz in Wien einst an Lady Craven richtete, welche seine Frage, ob sie den Markgrafen Alexander kenne, mit ja beantwortet hatte, „dann kennen Sie den besten Souverain von Deutschland."

Unter preußischer Herrschaft.

Zweimal schon, von 1415 bis 1440 unter dem ersten Kurfürsten, dann von 1470 bis 1486 unter Albrecht Achilles, waren die fränkischen Stammlande, das Burggrafentum Nürnberg oberhalb und unterhalb Gebirgs, mit der Brandenburger Kurlinie unter einem Scepter vereinigt. In Folge der Thronentsagung des kinderlosen Markgrafen Alexander sollten sie noch einmal an die Kurlinie kommen und zwar vermöge der Konvention vom 16. Januar 1791 an das Haupt des brandenburgischen Hauses, König Friedrich Wilhelm II.

Gleichzeitig mit dem Abdikationspatent des Markgrafen Alexander vom 2. Dezember 1791 wurde das Patent des Königs Friedrich Wilhelm II. vom 5. Januar 1792 über die Besitzergreifung der fränkischen Fürstentümer promulgiert, welches von Hardenberg gegengezeichnet war. Dieser sollte nunmehr die Direktion der sämtlichen Regierungsgeschäfte in den brandenburgischen Fürstentümern behalten, aber unter Leitung des Kabinettsministeriums, an das er seine Berichte einzusenden und welches über alle wichtigen Gegenstände die Königlichen Entschließungen einzuholen hatte.

Einen Beweis, welch hoher Wert auf die Vereinigung des Königreiches mit den alten Stammlanden gelegt wurde, bildet der Umstand, daß schon im ersten Sommer, vom 13. bis 18. Juli 1792, König Friedrich Wilhelm II. in Begleitung des Kronprinzen und eines ansehnlichen Gefolges zum Besuch in die neuen fränkischen Besitzungen kam. Kurz bevor die Reise angetreten wurde, am 12. Juni, hatte der König ein Patent erlassen, worin es heißt: „. . . . Wir haben die Entschließung gefaßt, beim Antritt Unserer Regierung der brandenburgischen

Fürstentümer in Franken den von des Herrn Markgrafen von Brandenburg-Ansbach und Baireuth Liebden im Jahre 1777 erneuerten und wieder hergestellten Rothen Adler-Orden mit einigen Abänderungen zu bestätigen und zum zweiten Ritterorden Unseres Königlichen Hauses und Hofes zu erklären . . ." Ostentativ trug der König als Großmeister bei seiner Anwesenheit in Ansbach selbst die Insignien und das Band des Ordens und heftete höchst eigenhändig mehreren Ansbach'schen Geheimräten den Roten Adlerorden an. Zur bleibenden Erinnerung an diesen Königlichen Besuch wurden große und kleine Erinnerungsthaler geprägt und erstere an alle diejenigen Bürger ausgeteilt, die zum Empfang des Königs mitgewirkt hatten. Damals ward auch in dem gewölbten Vorplatze des Ansbacher Rathauses, gegenüber dem Treppenaufgang, die heute noch vorhandene Gedenktafel angebracht, welche auf schwarzem Grund mit goldenen Buchstaben folgende Inschrift zeigt: „Dieses Rathaus wurde erbaut im Jahre 1531, erweitert 1620 und erneuert im Monat Juli 1792, da Ansbach seinen geliebten König Friedrich Wilhelm II. und den allverehrten Kronprinzen Friedrich Wilhelm sah."

Zwar konnten sich die Bewohner der Fürstentümer anfangs nur schwer an die Regierungsänderung und an die etwas rasch eingeführten preußischen Gesetze und Verordnungen gewöhnen. Waren auch die Förmlichkeiten der preußischen Gerichtsverfassung etwas beschwerlich und die hohen Gerichtssporteln ungewohnt, so war man doch über den raschen, strammen Gang der Justiz erfreut, und welch ein unschätzbarer Vorzug! Die Justiz war unabhängig, frei und ungebunden durch Machtsprüche und Kabinettsordres. Das Hypothekenwesen war zwar weitläufig und kostspielig, aber es gewährte dem Gläubiger vollkommene Sicherheit, und der mutwillige, betrügerische Schuldenmacher fand rasch seinen verdienten Lohn. Eine unschätzbare Wohlthat war den Unterthanen noch in der letzten Zeit der

Staatskanzler Fürst von Hardenberg.

markgräflichen Regierung durch den Staatsminister v. Harden=
berg mit der Ausrottung des Wildes und Aufhebung der Jagd=
frohnen zugegangen, wofür man die sogen. Wildpretsteuer gerne
zahlte. Handwerker und Fabriken wurden reichlich unterstützt.
Hardenberg verstand es auch, den Bergbau im obergebirgischen
Teile des Fürstentums zu heben, wohin er den jungen Alexander
von Humboldt aus Berlin berief, der von 1792 bis 1797 die
Stelle eines Oberbergmeisters in Bayreuth versah und von da
auch mehrmals nach Ansbach kam. Kurz — Hardenberg,*)
der in allem den umfassenden und doch schonenden Geist eines
zur Gesamtregierung eines Landes wohl befähigten Mannes
bekundete, gab sich alle erdenkliche Mühe, die neuerworbenen
Landesteile für das preußische Herrscherhaus zu befreunden.
Und dies ist ihm auch in der That bald gelungen.

Neben Hebung der Sicherheit und des Wohlstandes faßte
er zugleich die politischen Machtverhältnisse ins Auge. Seine
Absicht war vornehmlich darauf gerichtet, Franken zu einem der
Hauptstützpunkte der preußischen Monarchie zu erheben. Hessen,
Sachsen und Bayern (mit dessen Regenten man damals in
Preußen sehr liirt war) sollten sich um Franken gruppieren,
um ein Gegengewicht gegen Österreich zu bilden. Bei den
Friedensverhandlungen in Basel (1795) wahrte Hardenberg die
Rechte der fränkischen Fürstentümer energisch, indem er sie
ausdrücklich in die Neutralitätszone einbezogen erklärte.

Man mag über die Neutralität des Basler Friedens vom
politischen Standpunkt aus denken, wie man will, dieselbe hat
insbesondere den fränkischen Landen viel genützt und der Schutz
des preußischen Adlers war ihnen gar wohl bekommen. Unter
Hardenbergs Regiment ließen bald die Verhältnisse der Residenz=

---

*) Das Brustbild Hardenbergs ist beigegeben. Auf der Schloß=
bibliothek in Ansbach hängt noch ein schöner Kupferstich des preußischen
Staatsmannes nach dem Gemälde von E. G. Wetsch (1795) gestochen und
gedruckt von dem churpfälzisch=bayerischen Hofkupferstecher Sintzenich.

stadt Ansbach) den aufgelösten markgräflichen Hof nur wenig vermissen. Denn in Folge der Neutralität Preußens ward die Stadt längere Zeit die Zufluchtsstätte von mehr als 2000 emigrierten Franzosen und Rheinländern. Bei der Assimilierung der Bevölkerungsschichten wurde der Minister auch von seiner lebenslustigen Gemahlin bestens unterstützt, die es verstand, einen glänzenden Cercle um sich zu versammeln.

Im Jahre 1796 gelang es ihm gegenüber dem französischen Heerführer Jourdan, die Respektirung der Neutralität für die von ihm verwalteten Fürstentümer durchzusetzen, so daß diese von den damaligen Raubzügen der französischen Heere verschont blieben. Hardenberg wurde sodann im Jahre 1796 vom König autorisiert, in Franken das bekannte Revindikationssystem durchzuführen. Das preußische Regiment trat nämlich mit der Behauptung auf, daß ihm die Landeshoheit über alle innerhalb des Markgrafentums befindlichen Besitzungen und Unterthanen benachbarter Fürsten, Reichsstädte und Reichsritter gehöre, da alle diese Besitzungen ursprünglich den brandenburgischen Fürstentümern Ansbach und Bayreuth unterworfen gewesen wären. Der Geschichtsschreiber Ritter von Lang half diese damals viel angefeindete, die preußische Herrschaft aber außerordentlich ausdehnende Maßregel durchzuführen.

Daß Hardenberg im Jahre 1796 auch die Reichsstadt Nürnberg zu bestimmen wußte, sich der Territorialgewalt ihrer alten Burggrafen zu unterwerfen, wurde auf Seite 5 bereits erwähnt.

Schon im Jahre 1795 ward unter Leitung des preuß. Kammergerichtsvicepräsidenten v. Kircheisen, des späteren Justizministers, die Justizorganisation in Franken begonnen und ein Jahr darauf, im Jahre 1796, das allgemeine preußische Landrecht zur Einführung gebracht, welches heute noch in beiden Fürstentümern gilt.

Zur Teilnahme an diesem Werke war als zweiter Direktor des Ansbacher Landesjustizkollegiums („ersten Regierungssenats") und zugleich als Vorsitzender der ständigen Kriminaldeputation „der schnell fassende und rasch entschlossene Bandel, vorher Regierungsrat zu Küstrin (geb. in Stettin), berufen worden, den der große Friedrich in dem jähen Eifer, durch seinen rächenden Pfeil die vermeintlich ungerechten Richter des Müllers Arnold zu verfolgen, mit unglücklichen Mißgeschick getroffen" (Ritter Langs Annalen S. 12). Dr. W. H. Puchta,*) der 1796 unter Direktor Bandel Kriminalrat in Ansbach geworden war, hat diesem seinem „Meister in praktischer Logik", seinem „Vorbilde, dem nachzustreben er sich fortan zur Aufgabe all seiner Bemühungen gemacht", folgende Worte der Erinnerung gewidmet: „Ihm ging schon ein ausgezeichneter Ruf als Märtyrer für Wahrheit und Recht voraus. Er war als Regierungs- (d. i. Landesjustizkollegial-) Rat in Neumark einer von den Räten, die in der Müller Arnoldischen Prozeßsache, welche in ihrer Zeit unter den Juristen und Nichtjuristen der zivilisierten Welt einen so ausgebreiteten Ruf erhalten, das Richteramt verwalteten und durch Friedrichs des Großen Machtspruch nicht nur ihres Amtes entsetzt, sondern auch mit Festungsarrest bestraft wurden. Des Arrests wurde Bandel zwar nach einem Jahre entlassen, jedoch nicht wieder in sein Amt eingesetzt, welche Gerechtigkeit zu üben Friedrichs Nachfolger, König Friedrich Wilhelm II. nach vorgängiger Revision des Prozesses vorbehalten war. Als Zug aus dem Charakter des Restituierten verdient hier erwähnt zu werden, daß, wie wenig auch daran zu zweifeln war, es sei ihm ein schweres Unrecht widerfahren, er doch des großen Königs nie anders als mit hoher Bewunderung, auch was dessen Gerechtigkeitsliebe in jenem famosen Prozesse anlangte, erwähnte und selbst die hier bewiesene Strenge mit den eigentümlichen Umständen des Falles zu entschuldigen

---

*) Erinnerungen aus dem Leben und Wirken eines alten Beamten, von Dr. W. H. Puchta. Erlangen 1843, S. 131—137, 89, 160, 175.

bemüht war. Das war nun der Mann, der bei dem neu organisierten I. Regierungssenat zu Ansbach als Direktor angestellt war. Der Ruf seines selbst vor Friedrichs Zorn sich nicht beugenden Sinnes für Wahrheit und Recht und seine übrigen Eigenschaften bestätigten sich gar bald in seinem neuen Wirkungskreise auf's vollkommenste. Begabt mit einem ungemein klaren Verstand verband er gründliches theoretisches Wissen mit seltener Lebenserfahrung und praktischer Gewandtheit. Mit dem gefälligen Äußern eines Mannes von der Welt, der aller Pedanterie, in welcher Form sie sich auch zeigte, abhold war, stund eine Leichtigkeit in der Auffassung kritischer Verhältnisse in der schönsten Harmonie und erregte oft Bewunderung. So war es denn zu erwarten, daß er bald ein neues reges Leben nicht nur in den von ihm mitdirigierten Gerichtshof, sondern überhaupt in die Rechtspflege der ganzen Provinz brachte. Man darf sagen, er war gleichsam der belebende Odem seines Kollegiums, das vorzugsweise ihm die Verbannung des Geistes pedantischer Mikrologie, schwerfälliger Bedenklichkeit und vorurteiligen Klebens an alten Formen, und damit sein jugendliches Aufblühen verdankte." —

Bandels Sohn Ernst, der berühmte Bildhauer und Schöpfer des Hermannsdenkmals auf der Grotenburg im Teutoburger Walde ist unter der preußischen Zeit am 17. Mai 1800 in Ansbach geboren. Dieser hat dem im Jahre 1818 gestorbenen Vater auf dem Ansbacher Friedhofe eine herrliche Büste aus carrarischem Marmor gewidmet. —

Die Tortur war im Ansbach'schen schon unter dem letzten Markgrafen Alexander im Jahre 1772 abgeschafft worden. Unter preußischer Herrschaft fand daselbst am 16. Februar 1798 die letzte Hinrichtung mit dem Rad statt. Der Delinquent Gg. Leonhard Klaus aus Mkt. Erlbach hatte als Knecht an verschiedenen Orten gedient und hiebei Betrügereien in besonderer Art begangen. Er entwendete Sachen, zeigte dann den Verlust an und suchte die Leute zu bereden, er könne machen, daß die Gegenstände wieder zum Vorschein kommen müßten; er ließ sich dann etwas bezahlen und es seiner Kunst zuschreiben, wenn das Vermißte an dem von ihm angegebenen Orte gefunden wurde. In der Folge bestahl er in Gesellschaft eines Schäfers einen Müller, der in einer abgelegenen Mühle wohnte. Dieser wandte sich, um wieder zu seinem Eigentum zu kommen, an den Dieb selbst, weil dieser im Rufe stand, gestohlenes Gut wieder herbeischaffen zu können. Klaus kam deswegen eines Abends in die Mühle, entzweite sich aber während der Unterhandlungen mit dem Müller und tötete diesen. Die That blieb einstweilen noch verborgen, aber die vorigen Betrügereien des Klaus wurden dem Amte kundbar. Er wurde wegen derselben eingezogen und den 7. Januar 1796 an das damalige Fraischamt abgeliefert. Hier ließ ihm sein Gewissen selbst keine Ruhe, bis er das freiwillige Geständnis seiner That abgelegt hatte. Er wurde als Mörder, Räuber und Dieb nach den Gesetzen verurteilt: daß er ohne Begleitung eines Predigers auf den Richtplatz geführt, daselbst mit dem Rade von oben herab vom Leben zum Tode gebracht, sein Körper auf das Rad geflochten und das Messer, womit er den Müller erstochen, an den Pfahl geheftet werden solle. Diese Strafe wurde auch an ihm vollzogen.

Die öffentliche Hinrichtung gab dem Publikum ein trauriges Schauspiel, das seit mehr als 20 Jahren nicht mehr gesehen war. Da das Hochgericht durch die Länge der Zeit, in der es nicht gebraucht worden, ganz verfallen und zur Vollziehung der Exekution untauglich geworden war, so mußte dasselbe einige Tage vorher repariert werden. Ein großer Teil der dabei beschäftigten Arbeitsleute tanzte während der 3 Tage, welche sie mit der Arbeit zubrachten, mit Weibspersonen von der niedrigsten Sorte auf und um den Rabenstein herum und ließen sich von den Musikanten das Volkslied „Freut euch des Lebens ꝛc." zu wiederholtenmalen dazu aufspielen. Der Delinquent, welcher in den beiden letzten Tagen vor seiner Hinrichtung in dem sogen. Armensünderstübchen zur Schau ausgesetzt war, wo sich den ganzen Tag über eine Menge Neugieriger einfanden, bewies hiebei eine für seine Lage in der That bewundernswürdige Fassung, indem er nicht, wie sonst dergleichen Leute zu thun pflegten, durch Winseln und Wehklagen das Mitleid der Umstehenden rege zu machen suchte, sondern vielmehr durch Warnungen und Ermahnungen, welche er vorzüglich den bei ihm sich häufig einfindenden Kindern und Dienstboten gab, seine letzten Tage und Stunden wenigstens noch einigermaßen lehrreich zu machen für andere bemüht war. —

Es sollte nicht ausbleiben, daß Minister v. Hardenberg auch angefeindet und bei seinem Könige angeschwärzt ward. Man sagte ihm nach, er verschwende die Staatsgelder, er und seine Gemahlin hätten im früher markgräflichen Schlosse zu Ansbach allerlei sybaritische Anstalten und Vorkehrungen getroffen, insbesondere habe die Frau Ministerin hängende Gärten im Schlosse einrichten lassen. Richtig ist nur, daß die Frau Ministerin in einer Bodenkammer des Schlosses ein Treibhaus mit Springbrunnen anlegte. Nachdem sich König Wilhelm III. bei einem Besuche, den er bald nach seiner Thronbesteigung mit seiner Gemahlin Luise zur Besichtigung der neuen Landesteile gemacht, überzeugt hatte, daß die ihm über Hardenberg überbrachten Nachrichten erfunden oder übertrieben seien, schenkte er ihm als Belohnung für seine Verdienste das bei Triesdorf gelegene Rittergut Neuenmuhr, welches Lehen gerade damals wegen Aussterbens des Lentersheim'schen Geschlechts heimgefallen war.

Charakteristisch sind die Worte, die der König bei einer den hohen Gästen damals im Königlichen Orangerie-Gebäude gegebenen Festlichkeit zu den ihn und die Königin durch allzunahes Vordringen belästigenden Bürgern gesprochen haben soll.

Er wies sie mit den Worten zurück; "Was seht Ihr an uns, ich bin ein Soldat und meine Frau da ist eine Soldatenfrau!"

Im Jahre 1797 erstattete Hardenberg dem Könige Friedrich Wilhelm II. einen Generalbericht über seine Verwaltung der Fürstentümer Ansbach und Bayreuth seit 1792, welch interessanter Bericht sich im preußischen Staatsarchiv befindet und von Leopold Ranke in seinem Werke "Denkwürdigkeiten des Staatskanzlers Hardenberg" auszugsweise mitgeteilt ist.

Ende 1796 und anfangs 1797 wurde das zur Schloßbibliothek gehörige markgräfliche Münzkabinett von Ansbach nach Berlin transferiert, wo es sich heute noch befindet und einen sehr wertvollen Bestandteil der dortigen Münzsammlungen bildet. Die Originale der Quittungen über diese Transferierung befinden sich in der Schloßbibliothek zu Ansbach und sind dem von Hofrat Wetzel geschriebenen Kataloge, benannt "Cimeliarchi dispositi brevis delineatio" vorgeheftet. —

Im Jahre 1798 brachte es Haugwitz unter Friedrich Wilhelm III. dahin, daß die Ansbachische Regierung nach Berlin verlegt, Hardenberg dahin berufen wurde und nur noch für einzelne Gegenstände ein Senat in Ansbach fortbestand. Der Minister verweilte von da an bald in der preußischen Hauptstadt, bald in Ansbach. Doch behielt er auch in Berlin die Leitung der fränkischen Angelegenheiten bei und bewahrte fort und fort den ihm lieb gewordenen Fürstentümern seine ganz besondere Teilnahme. Er zog mehrere talentvolle junge Leute nach Berlin, die dort bald zu den einflußreichsten Stellungen gelangten. Es war das insbesondere der spätere Generalpostmeister und Staatsminister Karl Nagler, der Begründer des modernen Postwesens. Dieser war anfangs in der Stellung eines Rats für das Ansbach=Bayreuthsche Departement nach Berlin berufen. Dann der spätere langjährige preußische Kultusminister Carl Frhr. v. Stein zum Altenstein. Beide waren Ansbacher Leute Kind und hatte sie Hardenberg als Referen=

darien in Ansbach kennen und schätzen gelernt. Auch Dr. Conr. Sigm. Carl Hänlein ist hier zu erwähnen. Er war markgräflich Ansbachscher Hof- und Regierungsrat und wurde von Preußen unter der Hardenbergschen Regierung übernommen. Als der Frankfurter Bundestag eröffnet wurde, war es Hänlein, der die Ehre hatte, dort Preußen als Gesandter zu vertreten. Er starb als preußischer Gesandter in Kassel.

Schon wieder im Jahre 1803 wurden die fränkischen Provinzen mit dem Besuche des preußischen Königspaares beehrt, wobei sie auch nach Ansbach kamen und im Schlosse Wohnung nahmen. Bei der Besichtigung des Schlosses gefielen der Königin Luise besonders folgende zur Bibliothekstiftung gehörige Gegenstände, welche alsdann noch im Jahre 1803 nach Berlin gesendet wurden. Es waren Zeichnungen und Vasen. Unter den ersteren befanden sich: ein Medusenhaupt; die mediceische Venus in Lebensgröße; ein Pyrrhus, vielleicht richtiger Ajax; die Meleager; die Ariadne; nach Winckelmann die Leucothea in Profil; ein unbeflügelter Genius; ein Antinous; die Niobe; Mercur; Ganymed; ein Kind der Niobe; der Kopf des vaticanischen Apollo; ein ruhender Mars; Apollo von Belvedere in Lebensgröße; die Gruppe des Laokoon; der sogenannte Borghesische Fechter; der Kopf der Leucothea; der Kopf des Laokoon. Wie in einer Anmerkung des Kataloges sich angegeben findet, sind alle diese nach antiken Formen ausgeschnittenen und in vergoldeten Rahmen gefaßten Zeichnungen von 2½ Fuß Höhe und 2 Fuß Breite von Direktor und Professor Seydelmann in Dresden zu Rom nach Antiken getuscht worden. (Jakob Cresc. Seydelmann war bekanntlich ein Meister von Sepiazeichnungen). Bezüglich der 3 Vasen lautet der Vortrag im Katalog: zwei vortreffliche Vasen von Majolica und eine Vase von Bronce, 2 Schuh hoch mit Vorstellungen des Opfers der Iphigenia. Die Empfangsbestätigung über diese Sendung nach Berlin befindet sich in dem auf der Schloßbibliothek noch vorhandenen Katalog-Akte. Hiebei ist in dem Akte bemerkt, daß die Bibliothek für die nach Berlin abgegebenen Gegenstände am 23. Juni 1804 12 Portraits von Markgrafen der jüngeren Linie erhalten habe.

Bei dem Besuche der fränkischen Provinzen von 1803 bestieg der König und die Königin am 10. Juni auch den Hesselberg, von wo aus sie einen herrlichen Blick auf ihr schönes fränkisches Land genossen. Ein Stein mit entsprechender Inschrift auf der Spitze des Berges erinnert an diesen Königlichen Besuch. Seitdem und zum Andenken daran wird alljährlich im Juni auf dem Hesselberg ein Jahrmarkt abgehalten, der stets sehr besucht ist.

Am 5. Juni 1805 traf Hardenberg mit König Friedrich Wilhelm III. in Fürth zusammen. „Damals", schreibt er in seinen Memoiren, „ahnte noch Niemand die Möglichkeit, daß der Zeitpunkt so nahe sein könne, wo dem König die schönen Provinzen, angefüllt mit treuen ächt brandenburgischen Unterthanen, entrissen werden würden; mir fiel es nicht ein, daß es das letzte Mal sei, wo ich sie, die meinem Herzen so theuer waren, sähe". In jenen Sommertagen war es auch, daß Friedrich Wilhelm III. und Luise in dem zum Bayreuthschen Fürstentum gehörigen Alexandersbad längere Zeit weilten, welcher Aufenthalt die Veranlassung gab, daß der ursprünglich Luchsburg geheißene Berg der Königin Luise von Preußen zu Ehren „Luisenburg" genannt und der Königin damit eines der großartigsten und gewaltigsten Naturdenkmale gewidmet wurde, über dessen Eindruck sich Göthe mit den Worten aussprach: „Die ungeheure Größe der ohne Spur von Ordnung und Richtung über einander gestürzten Granitmassen gibt einen Anblick, dessengleichen mir auf allen Wanderungen niemals wieder vorgekommen." —

Im Herbste 1805 war es sehr nahe daran, daß wegen Ansbach ein Krieg zwischen Preußen und Frankreich ausge=

brochen wäre.*) England, Rußland und Oesterreich hatten im Laufe des Jahres 1805 ein neues Bündnis geschlossen, um Europa vor Napoleon's Herrschsucht und Ländergier sicher zu stellen und Frankreich in seine früheren Grenzen zurückzudrängen. Nur Preußen glaubte in seiner durch den Basler Frieden inaugurierten Neutralitätspolitik verharren zu sollen, so sehr auch die kriegerisch gestimmte Partei, an ihrer Spitze die hochherzige, mit allen königlichen und bürgerlichen Tugenden geschmückte Königin Luise, den friedliebenden, unentschlossenen König zum Anschluß an die dritte Koalition zu bewegen bemüht war. Friedrich Wilhelm III. wollte die Neutralität gegen die kriegführenden Truppen aufrecht erhalten wissen. So wurde die Anfrage des Kaisers von Rußland, ob er seine Truppen durch Südpreußen und Schlesien nach dem Kriegsschauplatz an der Donau durchziehen lassen könne, mit Entschiedenheit zurückgewiesen. Umsomehr erwartete der König, daß auch von Napoleon die im Basler Frieden stipulierte Neutralität beobachtet werde. Um jeden Zweifel zu beseitigen, ließ die preußische Regierung durch Plakate an den Grenzen und namentlich auch in den fränkischen Fürstentümern Ansbach-Bayreuth eine Verordnung vom 21. September 1805 bekannt machen, wonach ohne ausdrückliche Genehmigung des Königs kein Durchmarsch geduldet, keine Requisition, kein Vorspann, keine Lieferung irgend einer Art geleistet, sondern gegen jeden solchen Versuch protestiert und selbiger unter keinem Vorwande gestattet werden solle. Allein Napoleon in seinem Uebermute und seiner Geringschätzung gegen Preußen trug kein Bedenken, sich über die bestandenen Neutralitätsbestimmungen hinwegzusetzen. In seinem Plane war gelegen, die Feinde einzeln anzugreifen und die Oesterreicher an der Donau zu schlagen, bevor die russischen Hülfsheere angekommen wären. Dem entsprechend dirigierte er seine Heeres-

---

*) Hiebei ist die Darstellung von Häusser, Pertz und Heilmann zu Grunde gelegt.

massen dem österreichischen Heere entgegen, das unter General Mack bei Ulm stand. Während die Hauptmasse der Franzosen über den Schwarzwald vorrückte, sollte sein Marschall Bernadotte von Norden her das Netz zuziehen helfen, in welchem Napoleon das österreichische Heer bei Ulm einzuschließen gedachte. Ob Bernadotte zur rechten Zeit an der Donau ankommen würde, hing davon ab, welchen Weg er nahm. Er kam von Hannover her, woselbst er das dem König von England gehörende Land in Napoleon's Auftrag besetzt und längere Zeit administriert hatte. Am 27. September war Bernadotte in Würzburg angekommen; dort vereinigte sich mit ihm — in der Stärke von 25610 Mann, 2983 Pferden und 48 Geschützen — das bayerische Korps unter General Deroy und Wrede. Zog das vereinigte französisch-bayerische Korps von Würzburg über Nürnberg, so war es zweifelhaft, ob es frühzeitig genug zu dem von Napoleon geplanten Schachzug ankäme; schlug es aber den geraden Weg über Ansbach ein, so war sein rechtzeitiges Erscheinen gewiß. Deshalb gab Napoleon am 28. September seinem Marschall Bernadotte den Befehl, durch Ansbach zu marschieren. Der preußischen Regierung in Ansbach wurde der Durchmarsch mit aller Höflichkeit angekündigt und dabei versichert, der Durchzug geschehe in aller Eile und ohne Aufenthalt, aber nach Lage des Kriegstheaters sei es nicht anders möglich. Von Seite der Ansbacher Regierung wurde ein Husarenpiquet an die Grenze bei Uffenheim dem Marschall Bernadotte mit dem Auftrag entgegengeschickt, nochmals in aller Form und mit allem Nachdruck gegen den Durchzug zu protestieren. Dies geschah. Aber der Marschall, auf den Befehl seines Herrn sich berufend, kehrte sich auch an diesen Protest nicht. Und so durchzog am 3. Oktober 1805 ein französisch-bayerisches Armeekorps in der Stärke von fast 100000 Mann das preußische Gebiet von Ansbach. Auf diese Weise wurde Napoleon's Zweck erreicht: das Armeekorps traf zur rechten

Zeit zwischen Eichstätt und Ingolstadt ein. Aber die politische Wirkung des Schrittes reichte doch viel weiter, als es in Napoleons Plan und Berechnung liegen mochte.

Schon in den Ansbacher tonangebenden Kreisen machte die flagrante Verletzung der Neutralität den übelsten Eindruck; es wurde der Durchmarsch als ein dem preußischen Namen angethaner Schimpf, als eine freventliche Störung des Friedens aufgefaßt — so insbesondere in den Salons der Schwester der Königin Luise von Preußen, Prinzessin Friederike von Solms-Braunfels, deren Gemahl die Stelle eines Majors im Ansbach'schen Husarenbataillon bekleidete. Dort, wo man auch die Antipathie der Königin Luise gegen die Franzosen kannte, wie von den höchsten Beamten und Offizieren wurde von dem französischen Durchmarsch nicht anders, als von einem Kriegsfall gesprochen. Von dieser Stimmung getragen, kam die Nachricht nach Berlin, wo dieser Gewaltschritt Napoleons das Ehrgefühl aller Preußen verletzte. Minister Hardenberg beschwor den König, Preußens Recht mit Energie und unerschütterlicher Festigkeit zu wahren.

Schon ging man in Berlin damit um, den französischen Bevollmächtigten, Duroc und Laforest, ihre Pässe zuzustellen; alle ihre Entschuldigungen und beruhigenden Versicherungen halfen ihnen nichts, zumal sie sich zu Sophismen der sonderbarsten Art verstiegen, so z. B. der Behauptung, die fränkischen Fürstentümer seien ja doch nur Enklaven und auf diese bezögen sich die Neutralitätsverträge nicht. Die Erbitterung minderte sich nicht, als Napoleon in einem eigenhändigen Schreiben an den König den Ansbacher Durchmarsch zu entschuldigen suchte, wobei er mit echt französischer Leichtfertigkeit über den Fall hinweggehen wollte und die Miene annahm, die Sache sei ja eigentlich nur eine Bagatelle. Diese vornehme Nachlässigkeit war nur geeignet, Öl ins Feuer zu gießen.

Am 14. Oktober 1805 erließ Hardenberg an die französische Gesandtschaft eine Note, die, durch die Zeitungen rasch veröffentlicht, die ganze Aufregung ungemildert kund gab, in der man sich befand. „Der König weiß nicht", heißt es darin, „ob er sich mehr über die Gewaltthätigkeit in Franken oder über die unbegreiflichen Gründe wundern soll, womit man sie zu rechtfertigen sucht. Es hätten die feierlichsten Verwahrungen der königlichen Behörden nicht genügt und es habe Hardenberg selbst dem Marschall Duroc und dem Gesandten Laforest mit der Karte in der Hand die Unzulässigkeit irgend eines Durchzuges durch die Markgrafentümer dargethan." Punkt für Punkt waren dann die Irrtümer und Sophismen der französischen Rechtfertigung widerlegt. „Fortan ohne Verpflichtungen", so lautete der Schlußsatz der Hardenberg'schen Note, „aber auch ohne Garantieen sehe sich der König genötigt, seine Armeen diejenigen Stellungen einnehmen zu lassen, welche für die Verteidigung des Staates unerläßlich seien." Diesen drohenden Worten folgte rasch die That. Auch für die Russen ward jetzt die Sperre aufgehoben und ihnen der früher verweigerte Durchmarsch gestattet. Preußen selbst machte mobil und stellte im Rücken Napoleons eine ansehnliche Heeresmacht auf. Von Seiten Rußlands und Österreichs geschah alles Mögliche, um die wegen der Gewaltthat in Franken erbitterte Stimmung des Königs zu erhalten und ihn zum formellen Anschluß an die Koalition gegen Napoleon herüber zu ziehen. Der Zar kam am 25. Oktober in eigener Person nach Berlin. Unter dem Eindruck des Ansbacher Ereignisses erfolgte am 3. November die bekannte Scene, bei welcher der Zar am Grabe Friedrich des Großen in demonstrativer Weise Abschied von dem König und der Königin nahm. An demselben Tage ward in Potsdam ein Abkommen geschlossen, durch welches Preußen die Vermittelung zwischen Frankreich und den Koalierten übernahm.

Zum Überbringer der Anträge an Bonaparte ward Haugwitz, jener geschmeidige Höfling und Gegner Hardenbergs ausersehen. Napoleon, von den Bedingungen des Potsdamer Vertrages unterrichtet, war tief erbittert auf Preußen. Er brach, als er davon hörte, in die Worte aus: "Der König von Preußen soll mir's vergelten", und verstand es, den preußischen Unterhändler, der ihn in sein Hauptquartier nach Brünn gefolgt war, hinzuhalten, indem er ihn zu näherer Besprechung mit Talleyrand nach Wien verwies. Aber noch während Haugwitz dahin unter Weg war — am 2. Dezember —, dröhnten die Kanonen von Austerlitz und erfocht Napoleon einen entscheidenden Sieg über die vereinigte österreichische und russische Armee. Nun war der Potsdamer Vertrag faktisch hinfällig und es beeilte sich Haugwitz, auf eigene Faust am 15. Dezember zu Schönbrunn einen Vertrag zu vereinbaren. Hierbei ward von Napoleon unter Anderem, wie zur höhnischen Antwort auf die Auffassung, die dem Durchmarsch Bernadotte's durchs Ansbachsche Gebiet begegnet war, ein Schutz- und Trutzbündnis angeboten und vorgeschlagen, daß der König von Preußen die Markgrafschaft Ansbach an Bayern abtrete, während Preußen Besitz ergreifen möge von den Staaten des englischen Königs in Deutschland.

Als Haugwitz mit diesem "Traité secret" d. dto. Schönbrunn 15. Dezember 1805 nach Berlin zurückkam, brausten die kriegerischen und patriotischen Kreise auf. Der König berief einen großen Staatsrat. In dieser denkwürdigen Sitzung sprach sich namentlich Hardenberg entschieden gegen die Abtretung von Ansbach aus; er wollte nur dann ein Bündnis mit Frankreich gutheißen, wenn man im Besitz der fränkischen Fürstentümer bleibe, durch welche man in Süddeutschland festen Fuß gefaßt habe. Er forderte, daß man Ansbach behalte und stellte vor, wie gefährlich es sei, Landschaften, welche der König mit vollem anerkanntem Rechte besitze, für ein Kurfürstentum (Hannover) wegzugeben, welches Napoleon nicht einmal gehöre. Man beschloß, den Vertrag nur bedingungsweise anzunehmen und schickte

Haugwitz nach Paris, um entsprechende Änderungen des Vertrags herbeizuführen.

Als die Bürgerschaft Ansbachs davon gehört hatte, daß das Land vertauscht werden sollte, ließ sie am 21. Januar 1806 eine vom Vicepräsidenten Hänlein verfaßte, ungemein warm gehaltene Vorstellung an den König durch eine Deputation übermitteln, worin unter Versicherungen der Treue und Anhänglichkeit um Abwendung dieser bedrohlichen Maßregel gebeten wurde. Darauf ward in allgemeinen Ausdrücken, welche nichts gutes ahnen ließen, eine Resolution folgenden Inhalts erteilt: „Die Äußerungen der Treue und herzlichsten Anhänglichkeit in Eurer Vorstellung vom 21. v. Mts., wozu Euch die durch das verbreitete Gerücht einer Vertauschung des Markgrafentums Ansbach entstandene Besorgnis veranlaßt hat, haben mich sehr gerührt. Ich danke Euch sehr dafür und werde es Euch nie vergessen als Euer gnädiger König. Berlin, den 8. Februar 1806. Friedrich Wilhelm." Um dieselbe Zeit erschien in Petersburg anonym eine kleine Broschüre, worin gegen eine ohne den Willen der Bevölkerung vorzunehmende Besitzveränderung hinsichtlich des Fürstentums Ansbach feierlich Protest eingelegt wurde.

Ein sehr verdienter Beamter, der schon erwähnte Königl. Archivar Büttner, dem das künftige Schicksal seines engern Vaterlandes schwer am Herzen lag, sendete nachstehenden poetischen Schmerzensschrei*) anonym durch die Post an den König:

„An König Friedrich Wilhelm III.
Im Namen seiner fränkischen Unterthanen.

O Friedrich Wilhelm! Was man Dir
Für uns auch bieten möchte, König,
Was Du empfangen kannst, bei Gott, ist viel zu wenig!
Das denken und das fühlen wir.

---

*) Unter Büttners hinterlassenen Papieren aufgefunden.

> Du hast hier keine Unterthanen,
> Hast keine Schützlinge, die feil nach Brot und Lohn
> Nur haschen, gleichviel unter welchen Fahnen,
> Und schlecht umkriechen jeden Fürstenthron.
>
> Du weißt es, unsre Herzen sind Dir eigen,
> Nicht wir gehören Dir, auch Du gehörst uns an.
> Vergönn' es uns, wir wollen jedem zeigen,
> Daß uns kein Erdengott Dich je entreißen kann.
>
> Bei uns hier war einst Deiner Ahnen Wiege —
> Sie waren sicher und sie wurden groß.
> Mit uns erfochten sie die ersten Siege
> Und unsrer Väter Blut errang ihr hohes Loos.
>
> Noch sind wir nicht entartet. Mark in Knochen
> Und Kraft im Arm und Leib und Muth
> Sind uns noch eigen. Ruf uns! Ungerochen
> Bleibt sicher nichts, was man Dir thut.
>
> Noch einmal, König! Vater! was auch Dir
> Kaufslustige immer für uns bieten möchten, —
> Vertausch' uns nicht! Man handelt nur mit Knechten —
> Und Deine treuen Kinder sind ja wir.
>
> Von einem treuen Diener,
> der die Stimmung des Volkes kennt."

Ansbach's Schicksal war jedoch im Rate der Vorsehung entschieden. Napoleon, durch den Erfolg von Austerlitz (2. Dezember 1805) trunken gemacht, nahm den preußischen Unterhändler höchst ungnädig auf. Er beharrte kategorisch auf der Abtretung von Ansbach und so wurde am 15. Februar 1806 zwischen Duroc und Haugwitz der Vertrag abgeschlossen, wonach Preußen an Napoleon für die Krone Bayern das seit 1331, also 475 Jahre lang im Besitze der Hohenzollern gewesene Fürstentum Ansbach abtrat. Am 3. März sanktionierte König Friedrich Wilhelm III. mit schwerem Herzen den Vertrag, während er am 3. März von Napoleon genehmigt ward. Es war ein eigentümlicher Zufall, daß an dem Tag, an welchem der König von Preußen den Abtretungsvertrag ratifizierte, ein solcher Sturm wütete, daß infolge davon die auf dem Berliner Zeughause im Angesicht des Schlosses angebrachte Siegesgöttin herabgeschleudert wurde. Dem Kaiser Napoleon mußte an dem Vollzuge des Pariser Vertrages viel gelegen sein; denn noch vor der Sanktion, schon am 24. Februar 1806, hatte er durch seinen Marschall Bernadotte von dem Ansbacher Land schleunigst Besitz ergreifen lassen.

Noch am nämlichen Tage ward folgende in französischer und deutscher Sprache bereit gehaltene Proklamation an die Obrigkeiten und Bewohner der Ansbach'schen Lande verkündigt: „Zufolge eines zwischen Frankreich-Preußen geschlossenen Vergleichs hat Seine Kaiserliche Majestät genehmigt, das Ansbach'sche Land an den König von Bayern abzutreten, und durch diesen Vergleich ist die Besitznahme dieses Landes für denselben Zeitpunkt bestimmt worden, an welchem die Truppen Seiner Majestät des Königs von Preußen das hannöversche Land besetzen werden. Da aber Preußen gedachtes Kurfürstentum schon besetzt, so habe ich auch von meinem Souverän den Befehl, das Ansbach'sche Land in Besitz zu nehmen. Die Einkünfte und Hilfsquellen werden in Beschlag genommen werden zum Unterhalt der Truppen, die es, so lange es für nötig erachtet wird, besetzen werden. Die Armee, deren Kommando mir anvertraut ist, wird die beste Mannszucht beobachten, und Ich werde denjenigen, der von dieser Mannszucht abweichen und die Ruhe der Einwohner stören würde, nach der Strenge des Gesetzes bestrafen lassen. Meinerseits darf ich hoffen, daß die Bewohner des Ansbach'schen Landes die unter meinem Befehl stehenden Truppen, wie sich's geziemt, empfangen werden. Im Hauptquartier zu Ansbach, den 24. Februar 1806. Der Reichsmarschall Bernadotte."

Die Franzosen, von denen es anfänglich hieß, daß sie das Land nur auf acht bis vierzehn Tage besetzen wollten, blieben wohlweislich bis zum Ausbruch des preußisch-französischen

Krieges und mußten mit schweren Kosten ernährt werden. Die Besetzung des Ansbach'schen Gebiets durch französische Armeekorps stand im engsten Zusammenhang mit dem System Napoleons I., seine Truppen nach dem Preßburger Frieden in Süddeutschland stehen zu lassen, von wo aus er Österreich und Preußen zugleich bedrohen konnte. Während Marschall Davoust ins Hohenlohische und an den Neckar, Ney nach Oberschwaben, Augereau und Lefebre nach dem Main beordert wurden, sind Bernadotte und Mortier mit dem 1. und 5. Armeekorps ins Ansbach'sche entsendet worden.

Auf der Königlichen Schloßbibliothek in Ansbach befindet sich noch ein Generaltableau des Bernadotte'schen Besatzungskorps nach dem Stand vom 10. März 1806. Darnach waren es zwei Armeekorps, das 1. und 5., welche das früher preußische Fürstentum besetzt hielten: im Ganzen 37218 Mann mit 11383 Pferden. Kommandant des ersten und Oberkommandant über beide Armeekorps war der Reichsmarschall Bernadotte. Dieser war ein himmellanger Mann mit feurigen Augen unter dicken schwarzen Brauen. Wenn er zu Pferde saß, hatte er eine vornehme, nachlässige, etwas zurückgewandte Haltung. Er war von angenehmen Manieren und zeigte ein menschenfreundliches Benehmen. Daß er die Rolle eines Generals gern mit der eines Fürsten vertauschte, davon gab der Marschall schon während seines Ansbacher Aufenthaltes Beweise. So berichtet Geheimrat Ritter von Lang, der mit Bernadotte dienstlich viel zu verkehren hatte, es habe dieser einmal im Verlauf des Gesprächs geäußert, es gehöre zu seinen schönen Träumen, sich einzubilden, daß Ansbach sein Fürstentum und durch ihn glücklich zu werden bestimmt wäre.

Auch in Nürnberg ließ der Marschall durch seinen Adjudanten Berton, der bei Lang im Quartier lag, anklopfen. Berton suchte die Nürnberger Patrizier von den unendlichen politischen und kommerziellen Vorteilen zu überzeugen, wenn sie ihre Stadt und Gebiet freiwillig dem Kaiser Napoleon mit der Bitte unterwerfen würden, er möchte der Reichsstadt in einem seiner großen Kriegsgefährten einen Lehensfürsten geben, wobei Berton auf seinen Chef, den Marschall Bernadotte, anspielte. Dieser diplomatische Exkurs sollte indes dem Adjutanten übel bekommen. Die Nürnberger Ratsherren ließen von dem ihnen gemachten Anerbieten durch den Generalkommissär Grafen von Thürheim die bayerische Regierung in Kenntnis setzen, worauf Berton alsbald von dem damaligen Generalstabschef Berthier nach München berufen wurde. Hier empfing ihn Berthier mit der kurzen Frage, ob er dem Rat zu Nürnberg den Antrag gemacht, die Stadt dem Kaiser zu unterwerfen. Auf das bejahende offene Geständnis erwiderte Berthier: es macht dies Ihrem französischen Herzen Ehre; als einem Offizier aber, der sich in solche diplomatische Angelegenheit nicht zu mischen hat, soll ich Ihnen vier Wochen Arrest geben. Gehen Sie alsbald wieder zurück und melden Sie sich bei dem Marschall!" Ritter v. Lang berichtet: „Der Arrest wurde in meinem Hause ausgehalten, wo ich zur Tröstung des Gefangenen für tägliche Gesellschaft und verlängerte Tafelfreuden sorgte."

Bernadotte's Ehrgeiz sollte indes noch während seines Ansbacher Aufenthalts befriedigt werden, denn im Juni 1806 erhielt er hier seine Ernennung zum Fürsten von Ponte Corvo. Im Jahre 1810 wählten die Schweden den beim Heere beliebten Marschall zum Thronfolger des kinderlosen Königs. Als schwedischer Kronprinz verfolgte er mit Ausdauer seine Lieblingsidee, das damals zu Dänemark gehörige Norwegen zu erwerben. Zur Erreichung dieses Zieles bot indes ein Anschluß an Rußland mehr Aussicht, als ein Bund mit Frankreich. Deshalb kämpfte der schlaue Gascogner in den Freiheitskriegen mit seinem schwedischen Hilfskorps zwar an der Seite der Russen und Preußen, aber er zeigte doch stets eine schwankende und zweideutige Haltung und war bei vielen Gelegenheiten mehr hinderlich als förderlich, so insbesondere bei Großbeeren und Dennewitz. Der Berliner Witz ergoß sich des öftern in beißender Weise über den schwedischen Kronprinzen. Die etwas zurückgewandte Haltung, welche ihm eigen war, wenn er zu Pferde saß, wollten die Berliner daraus erklären, daß „er immer umsehe, ob der Bonaparte hinter ihm her sei."

In Ansbach hatte man alle Ursache, mit seinem ganzen Auftreten zufrieden zu sein, er hielt, wie er in der Proklamation versprochen, strenge auf Mannszucht. Doch war es ihm nicht immer möglich, die Ausschreitungen der ihm Untergebenen zu hindern, denen er vielmehr in gar manchen Fällen durch die Finger sah.

Den mehrmonatlichen Aufenthalt im Ansbacher Land benützte Bernadotte, um dem Nürnberger Maler Kreul (demselben, der auch den weltbekannten Findling Caspar Hauser portraitierte) zu einem Portraitbild zu sitzen. Dieses Bild wurde dann später in Kupfer gestochen. Ein Exemplar davon mit der Bezeichnung „Jean Julien Baptiste Prince héréditaire des Suédois, peint par Kreul à Anspac" besitzt der historische Verein von Mittelfranken.

Als Generalstabschef fungierte beim Marschall Bernadotte der Divisionsgeneral Leopold Berthier, der Bruder des bekannten Marschalls Alexander Berthier, der von Napoleon zum souverainen Fürsten des im Pariser Frieden von Preußen abgetretenen Neuschatel erhoben und dem wegen seiner glänzenden Dienste in der Schlacht von Wagram der Titel eines Fürsten von Wagram erteilt ward.

Beim Generalstab Bernadotte's attachiert war ferner General Maison, welcher später Gouverneur von Paris, Kommandant der französischen Expedition in Morea, Gesandter in Wien und Petersburg, Minister des Äußern und des Krieges wurde und 1840 in Paris starb. Von ihm rühmt Ritter von Lang, bei dem er anfangs im Quartier lag, daß er sich als ein ganz rechtlicher Mann gezeigt habe, ein Lob, das aber, wie später dargethan werden wird, nicht auf seine Frau Gemahlin paßt.

Zum ersten Armeekorps gehörten zwei Divisionen Infanterie, welche von den Generalen Tilly und Drouet d'Erlon befehligt waren. Der letztgenannte hatte bei Waterloo den Hauptangriff auszuhalten. Nach der Kapitulation von Paris floh er geächtet nach Bayern, wo er in der Nähe von Bayreuth lebte. Unter den Divisionären standen die Brigadegenerale Pakthod, Picard, Dumoulin, Frère, Maridy und Werlé. Die erste Kavalleriedivision war befehligt von dem berühmten Reitergeneral Nansouty und den Brigadegeneralen Piston, Lahoussay und St. Germain. An der Spitze der vierten Dragonerdivision stand General Bourcier, dem die Brigadegenerale Sahuc und Laplanche zugeteilt waren. Der Artilleriepark war befehligt vom Divisionsgeneral Eblée, der eine umfassende organisatorische Thätigkeit entwickelte und es meisterhaft verstand, für alle Bedürfnisse der Artillerie zu sorgen.

Der Kommandant des neugebildeten fünften Armeekorps war Marschall Mortier, dem 1812 als Gouverneur von Moskau der Auftrag zu Teil ward, den Kreml in die Luft zu sprengen und der im Jahre 1835 auf dem Boulevard du Temple durch die Höllenmaschine Fieschi's tötlich verwundet wurde. Bei Mortier versah General Godinot die Funktion eines Generalstabschefs. Unter ihm standen drei Divisionsgenerale: Breillard, Suchet und Gazan. Die Brigaden wurden kommandiert von den Generalen Lasalle, Becker, Claparede, Reille, Graindorges und Campannes. Bei den zwei im Fürstentum Ansbach dislozierten Armeekorps befanden sich nicht weniger als 33 Generale, darunter auch Lalance, von dem unten eine bemerkenswerte Episode zu berichten ist.

Schon drei Tage nach der Ankunft der Franzosen klagte der Magistrat Ansbachs in einem Schreiben an die Regierung: „Es kommen bei uns augenblicklich die dringendsten Beschwerden vor, wie sehr die Bürger von dem französischen Militär mißhandelt werden. Die vorzüglichsten Klagen gehen dahin, daß das französische Militär die kostbarsten Speisen und in Specie Wein stürmisch verlange. Mehrere Bürger sind hierbei gewaltsam mißhandelt worden und das Hinzurufen der Wache hat nichts bewirkt, indem solche nicht zu Hülfe gekommen. Der Jammer und das Elend, womit hiedurch die sämtlichen städtischen Einwohner belästigt werden, ist unaussprechlich groß, worüber wir die rührendsten Beschwerden anhören müssen."

Darauf hin ließ Marschall Bernadotte sofort vom 26. zum 27. Februar 1806 durch seinen interimistischen Generalstabschef, General Maison, folgenden Tagesbefehl bekannt machen:

„Große Armee. I. Korps. Französiches Kaisertum. Generalstab.

Im Hauptquartier zu Ansbach, den 26. Februar 1806.

Tagsbefehl vom 26. zum 27.

Der Herr Marschall, dem bekannt geworden ist, daß Soldaten, welche bei den Einwohnern einquartiert sind, zu ihrem Unterhalt weit mehr fordern, als ihnen nach den Reglements zukommt, diese Mißbräuche aber abgeschafft und die Hilfsquellen des Landes geschont wissen will, befiehlt, daß der Soldat täglich nur zu fordern hat: $1^{1}/_{2}$ Pfund gutes Brot, $^{1}/_{2}$ Pfund Fleisch und Zugemüse und 1 Flasche Bier. Die Hauswirthe, welche statt des Bieres lieber $^{1}/_{2}$ Flasche Wein geben wollen, steht es frei, dies zu thun. Der Herr Marschall beauftragt die Herren Generale, Oberoffiziere und andere, diese Verordnung zu vollstrecken, und diejenigen zu strafen, welche dagegen handeln.

Der Chef des Generalstabes der Armee (par interim)
Maison."

Es finden sich von da an in den magistratischen Akten keine Klagen mehr über ungebührliche Forderungen oder Excesse der Soldaten bei den beiden Armeekorps, wenn auch die preuß. Kriegs- und Domänenkammer unterm 6. März im Allgemeinen klagt: „Die Last der jetzigen außerordentlichen Militäreinquartierung in den Städten und Flecken des Fürstentums ist so groß, daß sie zum baldigen Ruin der Einwohner führt." Kolossale Ansprüche finden sich seitens der Generale verzeichnet. Wie hätte es auch anders sein können? Schrieb doch Napoleon selbst in einem Briefe an seinen Bruder Joseph: „Die Generale müssen in Überfluß leben."

Den Generalen mußten von der Stadt Zimmer- und Kücheneinrichtungen, silbernes Tafelgeschirr und anfangs auch die Tafelbedürfnisse in natura beschafft werden. Und was hat da ein General nicht alles verlangt?

Allein die zur täglichen Lieferung begehrten Küchenbedürfnisse des Stadtkommandanten General Pakthod bestanden, nur was die Fleischsorten anlangt, in Folgendem: täglich 30 Pfund Rindfleisch, 20 Pfund Kalbfleisch, 20 Pfund Hammelfleisch, 15 Pfund Schweinefleisch, 1 Lamm, 1 Gans, 2 Kapaunen. Und in dem Maßstabe ging es mit den einzelnen Tafelbedürfnissen fort, so täglich 2 Pfund Kaffee, 6 Pfund Zucker, 2 Pfund Chokolade, 1 Pfund Thee. An Wein mußten täglich dem genannten General 37 Flaschen geliefert werden, darunter vier Flaschen echten Champagner. Auch Spielkarten wurden verlangt. In der betreffenden Rechnung finden sich nicht weniger als 203 Spiele gelieferte Pikettkarten aufgeführt. Freilich war gerade Pakthod einer derjenigen Generale, welche durch ihre Sultanslaunen überall in Deutschland bekannt waren. Aus dem Angeführten mag ermessen werden, welch kolossale Summen diese Naturalbeschaffung für die Generale gekostet hat. Nach Umfluß eines Monats wurde denn auch auf Vorstellung der Stadt die Naturalverpflegung aufgehoben und verfügt, daß für die Generale Tafelgelder ausgewiesen werden sollen. Von da an erhielt jeder Divisionsgeneral zu seiner Gage täglich 100 Francs und jeder Brigadegeneral 66²/₃ Francs aus Mitteln des occupierten Landes ausbezahlt, wogegen die betreffenden Generale sich selbst zu verpflegen hatten. Indessen der Stadtkommandant Pakthod war mit den täglichen Tafelgeldern nicht zufrieden, er wußte es durchzusetzen, daß ihm eine tägliche Extrazulage von 3 Carolin, d. i. ca. 60 Mark, für Rechnung der Ansbacher Bürgerschaft bezahlt wurde.

Aber nicht genug. Stadtkommandant Pakthod ließ dem Magistrat bemerklich machen, es sei üblich, daß die französischen Stadtkommandanten und ihre Adjutanten „Douceurs" erhielten. Der Magistrat berichtete über dieses Begehren an die Regierung und als er keine Antwort erhielt, bat er um schleunige Genehmigung mit der Motivierung, daß sonst zu besorgen sei, es möchte weniger Rücksicht auf die Bestrafung der Excesse seitens der Mannschaft genommen werden. Auch erhoffte der Magistrat von der Bewilligung des Douceurs eine Erleichterung der Einquartierung. Darauf erfolgte von der Königlich preußischen Kriegs- und Domänenkammer unterm 29. März 1806 eine Entschließung, worin genehmigt wurde, daß dem Herrn General Pakthod von Seiten der Stadt Ansbach zum Beweis ihrer Dankbarkeit für seine auf die Erhaltung der guten Ordnung und guten Mannszucht bisher verwendete Sorgfalt ein Geschenk von 200 Carolin (ca. 4000 Mark) und für dessen Adjutanten und Bureau 75 Carolin angeboten werden. Am 1. April 1806 überreichte eine Deputation von Vätern der Stadt dem General Pakthod dieses ansehnliche „Douceur".

Vom 2. April 1806 an versah General Maison, da Pakthod in Würzburg zu thun hatte, auf vierzehn Tage die Stelle eines Stadtkommandanten. Wie der Magistrat in einem Bericht vom 9. April 1806 bemerkt, erwartete auch General Maison für die auf Erhaltung der Ordnung und guten Mannszucht verwendete Sorgfalt ein gleiches Douceur wie Pakthod und ließ den Magistratsvorstand mehrmals darauf aufmerksam machen. Am Schlusse des magistratischen Berichts, der die traurige Notwendigkeit dieser abermaligen unvermeidlichen Ausgabe betont, heißt es: „Wir wissen überdies bestimmt, daß der Herr Marschall diese unsere Proposition nicht mißbilligt." Mit Entschließung vom 18. April 1806 wurde sodann der Magistrat von der vorgesetzten preußischen Kriegs- und Domainenkammer autorisiert, dem General Maison, der zugleich Chef d'Etat major war und daher eine Erleichterung der Einquartierung herbeiführen konnte, als eine Erkenntlichkeit der Stadt für die während der vierzehntägigen Abwesenheit des Generals Pakthod als Stadtkommandant erhaltene gute Mannszucht ein Douceur von 100 Carolin, d. i. ca. 2000 Mark, und den Adjutanten 20 Carolin anzubieten. Das Douceur wurde, wie es in den Akten heißt, „unter den Ausdrücken des Wohlwollens angenommen."

Eine wahrhafte Verschwendung wurde seitens der französischen Generale mit den Wachslichtern getrieben, die ihnen außer ihren Tafelgeldern in natura geliefert werden mußten. Jeder General verlangte täglich 5 Pfund Wachskerzen. Das Pfund kostete 2 Gulden und bezifferte daher der durchschnittliche Bedarf pro General monatlich 150 Pfund oder 1½ Zentner Wachslichter mit einem Kostenaufwand von 300 Gulden. Und Notabene, das war sogar in den Sommermonaten der Fall. Über den übermäßigen Verbrauch von Wachskerzen findet sich in den magistratischen Akten folgende Bemerkung: „Es ist zwar richtig, daß öfters ganze Nächte hindurch bis an den Tag die Pakthod'schen Zimmer beleuchtet bleiben, es ist aber demungeachtet nicht wahrscheinlich, daß eine so große Quantität Wachslichter notwendig sein sollte, und daher möglich, daß Verschleppungen hiebei vorgehen."

Nachdem die Besetzung des Fürstentums Ansbachs drei Monate gedauert, war das Geschäft der Übergabe desselben an den Bevollmächtigten Bayerns, Grafen Thürheim, vollendet und damit der Grund zur ferneren Okkupation des Landes durch die Franzosen weggefallen. Aber Napoleon dachte nicht an die Räumung, die Fortdauer der Okkupation war ihm vielmehr ein erwünschtes Mittel, um gegen Preußen gerüstet zu sein, mit dem er es noch in diesem Jahre zum Bruch treiben wollte.

In die Zeit, da Bernadotte das Ansbach'sche Gebiet besetzt hielt, fällt die Stiftung des Rheinbundes — 12. Juni 1806 — und die formelle Auflösung des heiligen römischen Reiches deutscher Nation — 6. August 1806 — durch Entsagung des Kaisers Franz II. auf die Kaiserwürde. In jenen traurigen Tagen war es auch, daß der wackere Buchhändler Palm von Nürnberg unter der Anschuldigung, die anonyme Schrift „Deutschland in seiner tiefsten Erniedrigung" verlegt zu haben, auf Befehl des despotischen Machthabers verhaftet und in das Hauptquartier des Marschalls Bernadotte nach Ansbach gebracht worden ist. Hier wurde ihm indessen das verlangte Gehör abgeschlagen. Der Adjutant des Marschalls erklärte, Palm's Verhaftung gründe sich auf einen unmittelbaren Befehl Napoleons aus Paris. Palm wurde unter sicherer Bedeckung von Ansbach nach Braunau abgeführt. Da er bei seiner plötzlichen Verhaftung ohne alle Mittel war, streckte ihm der menschenfreundliche Graf Thürheim, der von bayerischer Seite zur Übernahme des Landes delegiert worden war, eine Summe vor. In Braunau hatte Palm am 24. und 25. August vor einer eigens hiezu bestellten Militärkommission zwei Verhöre wegen absichtlicher Verbreitung politischer Broschüren wider Frankreich und dessen Kaiser zu bestehen. Tags darauf, Vormittags 11 Uhr, wurde ihm das Todesurteil verkündet und drei Stunden darnach ward es vollzogen — ein schmachvoller Justizmord. Auf Anordnung des deutschgesinnten König Ludwig I. von Bayern wurde an Palms Wohnhaus zu Nürnberg eine Tafel angebracht, auf der er als „ein Opfer Napoleon'scher Tyrannei" bezeichnet ist, und 1866 wurde ihm zu Brau=

nau ein lebensgroßes Standbild errichtet, wozu König Ludwig I. das Erz hergab.

Während der sieben Monate dauernden Anwesenheit des französischen Hauptquartiers wurden verschiedene Festlichkeiten veranstaltet. So fand am 3. April 1806 im Schloßtheater zu Ehren des Reichsmarschalls Bernadotte eine Festvorstellung statt, bei welcher das Schauspiel „Der Marschall von Sachsen" von Zschokke aufgeführt wurde. Die Theaterzettel zu dieser Festvorstellung sind in französicher und deutscher Sprache nicht auf Papier, sondern auf weiße Seide gedruckt worden. In der Sammlung des historischen Vereins von Mittelfranken wird ein Exemplar jenes Theaterzettels aufbewahrt.

Marschall Bernadotte gab des öfteren Ballfeste in dem von ihm bewohnten königlichen Schlosse und erließ dazu Einladungen an die Offiziere auch der umliegenden Garnisonsorte. Es sind da oft bei 500 auswärtige Offiziere eingeladen worden; für diese mußte dann auf einige Tage Logis in der Stadt beschafft werden, was große Mühe und Not verursachte.

Auch der Veranstaltung von Gastereien war Marschall Bernadotte nicht abhold. Hiezu lud er öfters den Baron Gaston ein. Dieser stammte, wie Bernadotte aus der Gascogne. Er war ehemals französischer Oberst und Kommandant von Longwy, einer an der Grenze von Luxemburg gelegenen Festung, die auch im deutsch=französischen Feldzuge von 1870/71 eine Rolle spielte, indem sie nach sechstägiger Beschießung in die Hände der Deutschen fiel. Diese wichtige Bergfestung Longwy hatte sich im ersten Koalitionskrieg am 23. August 1792 durch Kapitulation den Preußen ergeben, man sagt in Folge von Verrat seitens des Kommandanten Gaston. Dafür erhielt er von Preußen eine Pension, die er in Ansbach in einer ihm im Flügelbau des Schlosses eingeräumten Wohnung verzehrte. Trotz dieses Makels, der in französischen Augen auf Gaston lastete, mochte Bernadotte diesen seinen Landsmann wohl

leiden, zumal er ein wackerer Zecher und unterhaltender Gesell=
schafter war. Nicht so aber der General Lalance, der einmal
öffentlich bei einer Tafel an Monsieur Gaston vorüberging und,
indem er ihm einen leisen Schlag auf die Schulter versetzte, zu
ihm sagte: „Wie, Monsieur Gaston? Seid Ihr ein Verwandter
des Schuftes, der Longwy verraten hat?" Worauf Gaston die
Sache als Spaß nehmen wollte, vom Stuhl aufstand, sich mit
der Hand die Schulter rieb und erwiderte: „Aber, mein Ge=
neral, wie stark Ihr seid, Ihr habt mich getroffen, wie der
Teufel!" So wenigstens berichtet in seinen Memoiren der unter
dem Namen „der Hammelburger Reisende" bekannte Ritter
Heinrich von Lang — und der konnte es wissen, da er dienst=
lich und außerdienstlich viel mit Bernadotte und seinem General=
stab verkehrte.

Selbstverständlich fanden während der Okkupation auch
öfters große Mannöver der in der Stadt und Umgegend ein=
quartierten Truppen statt.

Der Geburtstag Napoleons — 15. August — mußte
auf Befehl des Marschalls so festlich als möglich gefeiert werden.
Weil für den Kultus der katholischen Kirche nur ein kleines
Bethaus zu Gebote stand, ward die protestantische Kirche St.
Gumbertus mit der Schwanenordenskapelle dazu ausersehen,
daß in ihr ein feierliches Tedeum für den französischen Kaiser
celebriert wurde. Zu diesem Zwecke war der Dechant von
Herrieden mit vier Canonikern nach Ansbach beordert. Die
Kirche wurde prachtvoll mit Blumen, Orangebäumen und
Draperien aus Tuch und Flor dekoriert. Alle hölzernen Stände
waren für diese Feier aus dem Schiffe der Kirche entfernt
worden. Damit das Hochamt mit Orchestermusik begleitet
werden konnte, wurde ein eigener hölzerner Vorbau auf der
Orgel errichtet. Mehr als 100 Tambours schlugen im Moment
der Wandelung ein, was nach den Berichten von Ohrenzeugen
von wahrhaft betäubender Wirkung war. Während des Gottes=

dienstes veranstalteten zwei Damen eine Geldsammlung, deren Erträgnisse den Stadtarmen zugewendet wurden. Die eine der Damen war die französische Generalin Maison, von der nachher die Rede sein wird, die andere die Gattin des oben erwähnten preuß. Regierungsdirektors Bandel. Für den Abend des Napoleonstages ward eine allgemeine Illumination angesagt, allein sie fiel, wie berichtet wird, ziemlich kümmerlich aus. Um auf das Wohl des Kaisers der Franzosen an dessen Geburtstag trinken zu können, sollte jeder der im Kantonnement gelegenen Soldaten auf Anordnung des Marschalls eine Flasche Wein erhalten. Die Väter der Stadt hatten für die Anschaffung des Weins zu sorgen, wobei Bernadotte die Vergütung aus den Einkünften des Fürstentums zusicherte. Als nun darnach die Rechnung mit 12000 Francs präsentiert und an die versprochene Zahlung erinnert wurde, zeigte es sich, daß der unterdessen abgegangene Kriegszahlmeister Michaux, ein großer Schmutztiegel, das Geld schon geraume Zeit in Empfang genommen hatte, um davon, Gott weiß wo, noch einmal auf des Kaisers Gesundheit zu trinken. Die Stadt hat heute noch auf die 12000 Francs von den Franzosen zu warten.

Um jene Zeit war es auch, daß von der Stadt den französischen Offizieren ein Gelage in dem hinter dem Weinberg romantisch gelegenen Waldthale gegeben wurde, welches davon her noch heute die Bernadotteswiese heißt.

Über die französischen Offiziere liefen fortwährend von den Forstbeamten Beschwerden ein, daß sie die Jagd unberechtigterweise ausübten. Es wurde zwar diesem Jagdvergnügen der Offiziere von den Generalen Einhalt zu thun versucht, aber vornehmlich aus dem Grunde, damit nicht ihren Tafeln das Wildpret mangele.

Im September 1806 — nach siebenmonatlicher Dauer — ging die Okkupation zu Ende. In Preußen drängte es nach dem aufgedrungenen Februar=Bündnisse endlich zum Bruche mit Napoleon. Nach vielen Kränkungen und Demütigungen, die dieser dem Lande und seinem Herrscherhause angethan hatte, gab dort den Ausschlag, daß man im August in Erfahrung brachte, Napoleon habe die Rückgabe Hannovers den Engländern versprochen und den Russen die Aussicht auf ein Stück von Preußisch=Polen eröffnet. So entschloß man sich in Preußen zum Krieg, zu dem aber Napoleon mehr gerüstet war als Friedrich Wilhelm III. Nun zeigte sich's, weshalb der schlaue Imperator seine Truppen in Franken und Bayern an der Grenze von Preußen hatte stehen lassen.

Noch vor dem Abzuge aus Ansbach ließ der mehr= erwähnte General Pakthod bei der Stadt in Anregung bringen, wie es eine gewöhnliche Sache sei, daß französi= schen Stadtkommandanten und deren Bureaux bei dem Abgang aus einer Stadt angemessene Douceurs zum Beweise der Er= kenntlichkeit für die auf die allgemeine Ruhe und Sicher= heit verwendete Sorgfalt angeboten würden, es werde daher einem angemessenen Douceur „ohnfehlbar" entgegengesehen. Auf ergangenen Anfragebericht des Stadtmagistrats wurde von der Regierung genehmigt, daß dem General Pakthod nochmals 200 Carolin und dessen Bureau wieder 75 Carolin ausbezahlt werden. Auf diese Weise erhielt General Pakthod während der siebenmonatlichen Okkupation außer seiner Gage als Divisions= general an Tafelgelderzulagen und Douceurs 41600 Mark!! Und neben General Pakthod war noch eine große Anzahl von Generalen in Ansbach, die, wenn sie auch nicht alle so an= spruchsvoll waren, wie gerade dieser, doch der Stadt der Opfer genug auferlegten.

Um die Mitte September wurden die Marschälle ange= wiesen, sich mit ihren Truppen in Franken zu konzentrieren, um auf ein gegebenes Zeichen rasch vorrücken zu können. Bernadotte sollte am 2. Oktober sich bei Bamberg konzen=

trieren, Davoust ihm einen Tag später folgen und Ney um dieselbe Zeit bei Ansbach mit ihm vereinigt sein.

So rückte daher zwar Bernadotte mit dem 1. Korps von Ansbach ab, aber dieses mußte unmittelbar darauf den Durchmarsch des ganzen Ney'schen Armeekorps aushalten, das von Oberschwaben herkam. Aber auch der Abzug Bernadotte's legte der Stadt neue Lasten auf, insbesondere wegen des Vorspanns. Zu der am 29. September 1806 erfolgten Abreise des großen Hauptquartiers mußten 100, zur Überführung der Bagage des Generalstabes 96 Vorspannpferde gestellt werden. Beim Durchmarsch des Ney'schen Korps wurde dann wieder eine große Anzahl von Wagen und Pferden requiriert. Das konnte natürlich die Stadt nicht alles leisten, es mußten deshalb auch die Anspannbesitzer der Landgemeinden zur Gestellung mit beigezogen werden. Aber die Franzosen gaben meist Wagen und Pferde nicht wieder heraus. So klagte ein benachbartes Amt in einem Berichte vom 16. Oktober: „Von den vielen Pferden, die wir auf Requisition gestellt haben, ist nur ein einziges wieder zurückgekommen." Und das Kameralamt Kolmberg berichtete unterm 17. Oktober: „Im Ganzen sind wenigstens 60 Stück Anspann im hiesigen Amtsdistrikt zu Grunde gegangen. Die Knechte kamen ohne Pferde und Wagen zurück. Mit was sollen die Leute ihren Feldbau bestellen?" Dem Wirt Leuchs in Lichtenau, der im September einen vierspännigen Wagen mit Wein für den Marschall Bernadotte bis nach Lichtenfels führen lassen mußte, wurden dort von den Franzosen zwei Pferde gestohlen und der Knecht mit Hohn heimgeschickt. Ein Bürger von Ansbach, Namens Hirsch, wurde von den Franzosen bis Roda, eine Stunde vor Jena, mitgeschleppt. Dort wurde ihm angekündigt, daß seine Pferde und Chaise, sowie er selbst, beim französischen Fuhrwerk behalten werde. Um seine Person zu retten, ließ er Wagen und Pferde im Stich und eilte nach Hause. Er hat sich unterm 14. Oktober 1806, während die

Kanonen um Jena donnerten, von dem Amtsschultheißen in Roda folgendes Zeugnis ausstellen lassen: „Konnte sich nicht anders helfen, als daß er seine Sache im Stich hat lassen müssen in Roda bei Jena." Wie bemerkt, marschierte das französische Korps vom Ansbach'schen direkt nach Jena und Auerstedt, wo gerade ein Jahr nach der Katastrophe von Ulm in der für die Preußen so unglücklichen Doppelschlacht über das Schicksal der Länder zwischen Rhein und Elbe entschieden wurde.

Über die Aufführung der französischen Generalität finde ich in den Akten folgenden bezeichnenden Bericht des Stadtmagistrats Ansbach an die Regierungskammer vom 10. Oktober 1806: „Zum Gebrauch des dahier im königlichen Gesandtenhaus und im königlichen Schlosse einquartiert gewesenen Generals Maison sind 30 Bestecke, silberne Messer, Gabeln und Löffel, 1 silbernes Lavoir, 1 silberner Vorleglöffel, 36 silberne Kaffeelöffel, 1 silberne Zuckerzange und 2 silberne Salzlöffel angeschafft und nach dem Abgang des Generals von dessen Kapitän schriftlich zurückverlangt worden. Es ist uns hierauf zwar die Zurückgabe mündlich zugesichert worden und wir haben auch solche täglich mehrere Male erinnern lassen. Diese Erinnerungen bewirkten aber weiter nichts, als daß der dahin abgeschickt wordene Rathsdiener Schwab jedesmal wieder auf einen andern Tag verwiesen und dann mit leeren Worten abgefertigt wurde. Dies war auch heute der Fall, und unsere bisherige Besorgnis, daß man nicht daran denken werde, dieses ca. 800 bis 900 fl. im Werth betragende Silbergeräthe zurückzugeben, ob solches gleich beim Empfang versichert worden, scheint immer gegründeter zu werden. Wir werden noch alles Mögliche anwenden, die Generalin Maison, welche dahier anwesend ist, morgen aber nach Mainz abreist, zur Zurückgabe dieses Silbers zu vermögen, verfehlen aber nicht, zu unserer Deckung gegenwärtige Anzeige von der Sache zu machen." Das Silberzeug wurde nicht mehr zurückgegeben. Es wurde einfach mitgehen geheißen, d. i. gestohlen.

Den Verläumdungen gegenüber, welche fort und fort von den Franzosen über angebliche von der deutschen Armee in ihrem Lande verübten Gewaltthätigkeiten und Ungehörigkeiten ausgestreut werden, schien es mir am Platze zu sein, ein aus archivalischen Akten geschöpftes Spiegelbild entgegenzuhalten, wie sich französische Generale im deutschen Lande gelegentlich einer nicht einmal feindlichen Okkupation benommen haben.

Das Abtretungsgeschäft in Franken ward von König Friedrich Wilhelm III. dem schon erwähnten Geheimen Legationsrat von Nagler übertragen. In der Vollmacht an Nagler bemerkte der König, er trenne sich nur mit Schmerz und in der Überzeugung von seinen getreuen Ansbachern, daß dieses für das allgemeine Beste dieses guten Landes erforderlich sei. Nagler war, wie Hardenberg in seinen von Leopold Ranke mitgeteilten Memoiren bemerkt, „voll Eifers für den König und sein Vaterland und arbeitete nach allen Kräften, um das Schicksal seiner Landsleute zu sichern und es ihnen zu erleichtern; er suchte für den König zu retten, was irgend möglich war."

Dies bewies er namentlich durch reichliche Zuwendungen an die damals noch preußische (früher bayreuthische) Universität Erlangen aus den Mitteln des fränkischen Fürstentums Ansbach. Schon bald nach der Erwerbung der fränkischen Fürstentümer trug sich die preußische Regierung mit der Absicht, den hauptsächlichsten Teil der Ansbacher Schloßbibliothek an die im Jahre 1743 von dem Markgrafen Friedrich von Bayreuth gestiftete Universität Erlangen abzugeben, um diese Landes-Universität in besseren Flor zu bringen. Die Ausführung dieses Vorhabens nahm indes einen sehr langsamen Verlauf. Bis in die zweite Hälfte des Jahres 1805 waren nur 471 Bände Incunabeln, 521 Bände Doubletten, 47 Bände Landkarten und 85 Bände Kunstwerke nach Erlangen abgeliefert. Unter den dahin gesendeten Kunstsachen und Antiquitäten befanden sich u. a.: eine unbekannte Figur aus Bronze (vielleicht der Aeolus), der schreitende Mars von Bronze; eine Ares von Bronze; die Flora von weißem Marmor; eine neue Figur, wahrscheinlich Kurfürst Friedrich Wilhelm von weißem Marmor.

Am 16. Februar 1806 erging von Berlin aus der Auftrag zur Beschleunigung der Bibliothek=Transferierung. In der Zeit vom 7. bis 19. April wurde ein großer kostbarer Schatz von Büchern in 61 großen Kisten von Ansbach nach Erlangen gebracht. Es wurde darauf noch eine kleine Nachlese gehalten und weitere drei Kisten mit 476 Bänden dahin geschafft. Die Bändezahl der ganzen von Ansbach nach Erlangen transferierten Bibliothek betrug gegen 12400, und verbreiteten sich die bezüglichen Werke über alle Werke der Wissenschaft und Kunst. Das Bedeutendste darunter waren die Incunabeln, die alten Drucke und die Kunstsachen, insbesondere sieben Bände mit Silber beschlagene Bibeln, eine auf Pergament geschriebene und mit vielen Gemälden verzierte Vulgata aus dem zwölften Jahrhundert im größten Folioformat (aus dem ehemaligen St. Gumbertusstift), ein vortreffliches Exemplar einer Vulgata aus der Bibliothek des Königs Corvinus von Ungarn. Zu den kostbarsten Seltenheiten gehörten namentlich die prächtig auf Pergament gedruckten Dekretalen, deren Anfangsbuchstaben mit den schönsten Farben gemalt sind. Unter den Kunstwerken befanden sich u. a. ein Band Kupferstiche und Holzschnitte, z. B. von Caracci und Rembrandt; mehrere Bände Holzschnitte, Kupferstiche, zum Teil auch Handzeichnungen von Albrecht Dürer, Holbein, Raphael, Rubens, Coreggio, Schenfelin u. a. Die Landkarten bestanden in einer Sammlung aus dem 16. und 17. Jahrhundert. Ferner wurden dahin abgegeben zwei große und höchst seltene Globen von Coronelli, eine Mosaik, Friedrich den Großen als Prinzen darstellend (5 Fuß 2 Zoll hoch und 4 Fuß breit), Ölgemälde, den Markgrafen Alexander und die Markgräfin Christiane Charlotte vorstellend (von Kupetzky), die Einsetzung

des heiligen Abendmahls in Alabaster, zwei vortrefflich ge=
arbeitete Köpfe in Alabaster u. a.

Aber nicht blos nach Erlangen, auch nach Berlin rettete
Legations-Rat von Nagler einen Teil der bei der Ansbacher
Schloßbibliothek befindlichen Kunstgegenstände. So wurden
unterm 10. Dezember 1805 (Empfangs-Bestätigung vom 22.
Jan. 1806) folgende Gegenstände an das Kunstkabinett nach
Berlin abgesendet: ein Buch, worin verschiedene Portraits alter
fürstlicher Personen aus dem Brandenburgischen Hause en
miniature, dann mehrere zum Teil vorzüglich schöne Blumen=
gemälde enthalten waren; ein Kästchen, welches die bei der
Ansbach'schen Schloßbibliothek bisher verwahrt gewesenen ge=
schnittenen und ungeschnittenen Steine (Gemmen), 41 an der
Zahl, dann 20 alte eherne, silberne und eiserne Ringe enthält;
dann eine in Frankreich ausgegrabene, goldgefaßte Halskette
und Schmucknadel.

Zuletzt — kurz vor der Übergabe an Bayern — am 25.
März 1806 wurden noch folgende Kunst- und Altertumsgegen=
stände aus der Ansbacher Schloßbibliothek nach Berlin geschafft:
ein Bacchanal aus einem Elefantenzahn; ein silberner Becher
mit elfenbeinerner Kapsel; ein Freskogemälde, ein griechisches
Opfer vorstellend; ferner aus Elfenbein: die Köpfe von zwölf
römischen Kaisern, eine in den Armen ihrer Tochter sterbende
Mutter im antiken Styl, das Brustbild einer Matrone, ein
betender Mönch vom Teufel belauscht, ein sehr künstlich ge=
arbeiteter Stockknopf, ein Basrelief, die aus dem Bade steigende
Diana vom Satyr belauscht, angeblich von Albrecht Dürer,
eine Madonne en miniature, angeblich von Raphael, zwei
streitende Bauern; die Feder Voltaire's; eine gläserne Büchse
mit vier silbernen Würfeln, ehemals beim Unterricht der mark=
gräflichen Prinzen gebraucht; ein gläserner Becher mit Glas=
knöpfen aus den bayreuthischen Glashütten; zwei Leuchter aus
Bernstein; ein schön in Marmor gearbeiteter Kopf, wahrschein=

lich der eines Kurfürsten von Brandenburg; zwei Jagdstücke — eine Schweins- und eine Hirschjagd — in Holz geschnitten; zwei Schlachtstücke von Hofmann mit Wasserfarbe gemalt; zwei Muschelgemälde auf schwarzem Grund; ein Portrait des Kardinals Richelieu auf Marmor gemalt.

Kurz vor der Übergabe an Bayern wurde auch noch ein von der Markgräfin Christiane Charlotte herrührendes für Universitätszwecke gestiftetes Kapital von 150000 fl. der Universität Erlangen zugewendet.

Am 20. Mai 1806 war das Abtretungsgeschäft vollendet, und ergriff von da an Bayern förmlich Civilbesitz von dem Fürstentum Ansbach. „So wie die Markgrafschaft bisher von Sr. Königl. Majestät von Preußen besessen worden ist", ging sie an Bayern über (Besitznahme-Patent vom 20. Mai 1806).

Die bayerische Regierung hat es verstanden, durch eine stetige wohlwollende Fürsorge die fränkischen Landesteile zu assimilieren. Allein es brauchte Jahrzehnte dazu, bis das äußerlich eingefügte fränkische Land mit dem bayerischen so völlig verwachsen war, wie es seit geraumer Zeit in der That der Fall ist. Die Erinnerung an die Hohenzollernherrschaft unter den Markgrafen und den preußischen Königen war zu lebhaft, die durch Jahrhunderte zwischen dem fränkischen Stammland und der Mark Brandenburg nach jeglicher Richtung unterhaltenen und sorgfältig gepflegten Beziehungen waren zu tiefgehend, als daß das Andenken an die Zusammengehörigkeit so bald hätte entschwinden können.

Wenn man im Jahre 1871 in Franken die Einfügung des Königreichs Bayern in das Deutsche Reich unter Hohenzollern'scher Führung mit besonderer Sympathie begrüßte, so wird man kaum fehlgehen, wenn man die dort Jahrhunderte lang bestandenen Beziehungen zu den Hohenzollernfürsten mit als einen der hauptsächlichsten Gründe hervorhebt. —

Zusätze und Berichtigungen.

Zu S. 8 oben: Civitas war Ansbach spätestens schon im zwölften Jahrhundert; ausdrücklich werden als Mitschenkende in der Inschrift der Bibel des Dekan Gotebold (nicht Gotibold) „sigelo coriarius et ceteri cives" aufgeführt. Das war vor dem Todesjahr Gotebolds, welcher 1195 starb. Übrigens bestand Marktzoll bereits vor 1056. 1094 und 1113 kommt ein Ebo als „tribunus" vor; 1165 wird ein praedium als juxta „portam" aufgeführt und in einer Urkunde von 1307 der vallum „vetus" genannt.

Zu S. 8 unten: Dem Gumbertusstift stand das Archidiakonat im Rangau zu und der Probst von St. Gumbertus saß bei den Synoden in Würzburg an zweiter Stelle. Das Recht, die Pfarrstelle bei St. Johannis stets mit einem Chorherrn von Gumbertus zu besetzen, hatte das Stift schon 1139.

Zu S. 9 Z. 9 v. o.: statt „Barbarus": „Babarus".

Zu S. 22, 23, 28 und 29: Statt „Prädella": „Predella".

Zu S. 28 Z. 11 v. u.: Auch am 1. September 1880 besuchte Kronprinz Friedrich Wilhelm den Gumbertuschor.

Zu S. 29 Z. 3 v. o.: Statt „November": „September".

Zu S. 32: Von dem übermalten Kelterbilde konnte leider eine bessere Abbildung als die beigegebene nicht erreicht werden. Doch wird man auch aus dem mangelhaften Bilde eine allgemeine Vorstellung des interessanten Vorwurfs zu gewinnen vermögen.

Zu S. 35: Über die Blutfahne Albrecht Achill's, wie sie im „Silicernium Gumbertinum" gezeichnet zu finden ist, bemerkt Herr Eugen Frhr. v. Löffelholz in einer Zuschrift an mich: „Diese Zeichnung läßt auf den ersten Blick erkennen, daß hier von einer gewissenhaften Kopie des Originals keine Rede ist. Gewiß ist die allgemeine Anordnung des Ganzen dem letzteren entsprechend, wie ein Vergleich mit den noch vorhandenen Überresten der Fahne und mit anderen, ganz ähnlichen noch vorhandenen und besser erhaltenen Fahnen am gleichen Orte lehrt; dagegen fehlte es dem Zeichner, der dem achtzehnten Jahrhundert angehört, vollkommen an dem Verständnis der Ornamentik jener Kunstepoche, welcher das Original entstammt, und an der Kenntnis der am Ende des 15. Jahrhunderts noch so charakteristischen, sachlich und formell an ganz bestimmte Regeln gebundenen Heraldik. Dies beweist das vom goldenen Kranze umrahmte Wappenbild auf bemerkter Zeichnung, welchem nahezu jegliches Erkennungszeichen mangelt; denn statt einer Schildfigur sehen wir hier nur eine einfache Spiral=Damaszierung, und als Helmkleinod fungiert ein auf einem en face gestellten Helme seitwärts gestellter Doppelflug. Nun kann es aber kaum einem Zweifel unterliegen, daß der Markgraf auf seiner Blutfahne sein eigenes, also das Brandenburgische Wappen führte, und dazu stimmt der wenn auch ganz unvollständig, doch immerhin zweifellos als solcher sich darstellende Doppelflug auf jener Zeichnung; denn im alten Ansbacher Wappenbuch vom Jahre 1491 führt das Seite 62 verzeichnete Wappen des „marckgraff von brandenburck in vrancken" als einziges Helmkleinod den schwarzen, offenen, mit dem goldenen Kleestängel und den goldenen Lindenblättern belegten Flug. Daraus würden wir uns denn auch den Wappenschild mit der damals gebrauchten Schildeinteilung des brandenburgischen Wappens (roter Adler, Burggrafenwappen ꝛc.) rekonstruieren können."

Zu S. 38 letzte Zeile: Statt „1556": „1456".

Zu S. 41—43. Über die Sage, daß im 13. Jahrhundert zwei Söhne des Burggrafen Friedrich III. von Nürnberger Sensenschmieden erschlagen worden, sind in S. W. Ötters „Wöchentlichen Historischen Nachrichten" Jahrgang I 1766 zwei Abhandlungen erschienen. Darnach hätte Burggraf Friedrich III. aus der im Jahre 1246 mit Elisabetha von Meran eingegangenen Ehe zwei Söhne gehabt. In einer Belehnungsurkunde über Creußen aus dem Jahre 1251 finden sich des Burggrafen „pueri procreati" als mitbelehnt erwähnt. Daher hält Ötter die Zeit von 1251 bis 1262 für die Zeit des fraglichen Todes der zwei burggräflichen Prinzen. Ötter erzählt (S. 11 ff.), er habe in Nürnberg in der Nähe des Burggrafenhofs an der Mauer eines Hauses, welches man den „Mondschein" nannte, ein drei bis vier Ellen hohes Kreuz gesehen und über diesem Kreuze sei die „ganze Mordgeschichte mit lebendigen Farben abgemahlet" gewesen. Er beschreibt das Bild wie folgt: „Diß Gemählde hat drey Abtheilungen. In dem ersten Theile wird vorgestellet, wie ein Hund ein kleines Kind, welches vor der Thüre sitzet, am Halse hält, und wie dessen Mutter unter der Thüre stehet und die Hände über diesen Anblick zusammenschläget. Der zweite Theil stellet vor, wie die zwey Burggrafen in grüner Kleidung auf die Jagd reiten und mit Jägern und Hunden umgeben sind. Der Dritte aber bildet die greuliche Mordgeschichte ab, da die Sensenschmidte, welche in ihrer damaligen Tracht vorgestellet sind, einen von den jungen Herren Burggraven umringen und mit Sensen und andern Instrumenten zu tod schlagen. Der andere Burggrav wird als auf der Erde oder im Sumpf liegend vorgebildet. Alles dieses ist al fresco abgemahlet, und zwar so abgemahlet, daß es heut zu Tage kein Mahler nachmachen kann..." Ötter glaubt, die ganze Nürnberger Bürgerschaft habe zur Sühne das Marter=Kreuz an der Stelle, wo die Erschlagung der Burggrafensöhne stattgefunden, aufrichten müssen. Vermutlich sei an diesem Kreuze die Mordgeschichte abgebildet gewesen, mit der Zeit aber unkenntlich geworden, . . . „so daß derjenige, der am ersten ein Haus in selbiger Gegend bauen, und den Hof mit einer hohen Mauer einfassen lassen, ist bewogen worden, diese Mordgeschichte zu erneuern und sie über dem Kreuz an der Wand abmahlen zu lassen." Noch am Ende der dreißiger Jahre dieses Jahrhunderts hat man Spuren des Gemäldes und ebenso das Kruzifix an der Mauer des Mondscheinwirtshauses (früher L. 1416) gesehen. Nun aber ist die Mauer verbaut, und wo die Martersäule hingekommen, weiß man nicht.

Zu S. 53 oben: Babylon war damals = Cairo.

Zu S. 98 ff.: Auch an den im Jahre 1365 verstorbenen und zu Heilsbronn bestatteten Fürstbischof Berthold von Eichstädt, Sohn des Burggrafen Friedrich IV., erinnert ein Epitaphium in der Heilsbronner Münsterkirche. Dasselbe — 5 Fuß hoch und 1³/₄ Fuß breit — enthält unter einem Muttergottesbilde auf einem Betstuhl knieend das Bildnis des mit den Pontificalgewändern bekleideten Bischofs Berthold, der im Jahre 1351 von Pabst Clemens IV. zum Bischof von Eichstädt verordnet war. Unter dem Bilde sind zwei Wappenschilde, das von Zollern und das von Eichstädt, und die Inschrift angebracht: Anno Domini MCCCLXV de Euphemiae Virginis obiit Reverendus Pater et Dominus, Dominus Bertholdus, Burggravius de Nürnberg, Episcopus Eystettensis et Sacrae Imperialis Aulae Cancellarius, et est hic sepultus cum progenitoribus suis. (Et pns. tabula renovata est Anno Domini 1467). Von Johann, dem Alchymisten, einem Sohne des ersten Kurfürsten, war, wie Hocker in seinem Antiquitätenschatz berichtet, eine Grab=

schrift auf einer Tafel vorhanden, des Inhalts: „Nach Christi Geburd MCCCC und im LXIV jahr am Freytag nach S. Martin tag ist todes verschieden der durchleuchtig hochgebohrne furst und Herr, Herr Johannes Marggraff zu Nürnberg, dem Gott gnädig sey."

Zu S. 196 Z. 14 v. o.: Statt „Reinhold": „Reinhard".

Zu S. 221 Z. 13 v. u. statt „realisierend": „rivalisierend".